KB155092

후크 선장의
보이지 않는 손

후크 선장의 보이지 않는 손

초판 1쇄 펴낸날 | 2014년 5월 1일

지은이 | 피터 T. 리슨
옮긴이 | 한복연
펴낸이 | 조남철
펴낸곳 | (사)한국방송통신대학교출판문화원
110-500 서울시 종로구 이화장길 54
전화 (02)3668-4764
팩스 (02)741-4570
홈페이지 http://press.knou.ac.kr
출판등록 1982년 6월 7일 제1-491호

출판위원장 | 권수열
편집 | 장웅수
마케팅 | 전호선
본문 디자인 | 토틀컴
표지 디자인 | 피앤피디자인
인쇄 | 삼성인쇄(주)

ISBN 978-89-20-00586-2 03320

값 13,000원

※ 잘못 만들어진 책은 바꾸어 드립니다.

후크 선장의
보이지 않는 손

피터 T. 리슨 지음 | 한복연 옮김

지식의날개

일러두기

해적은 "배를 타고 다니면서 다른 배나 해안 지방을 습격하여 재물을 빼앗는 강도"라는 사전적 의미로 인식된다. 그런데 역사에 등장하는 해적의 모습은 단순하지 않다. 16세기에 국가에서 인가한 해상 강도로서 전시에 적국의 상선을 공격하고 나포할 수 있는 권리를 위임받아 국가 대신 해상 세력 경쟁에 나섰던 '사략선(privateer)'이 그 시초였다. 이것이 후에는 정부의 통제를 벗어나 약탈 행위를 저지르는 완전한 무법자로 탈바꿈했다. 이 책에서는 18세기 해적의 황금시대를 만들었던 순수한 의미의 '해적(pirate)'을 논의 대상으로 삼는다.

작은 범죄자는 종종 운명에 굴복하지만,

위대한 악당은 당당히 세계를 차지한다.

— 새뮤얼 가스, 「더 디스펜서리」(*The Dispensary*)

| contents |

프롤로그

애덤 스미스가 후크 선장을 만난다면

    나는 역사학자가 아니다. 또 해적도 아니다. 어느 날 우연히 해적들이 정부가 없이 어떻게 협력했는지에 대해 호기심을 가진 이후, 사적(私的)으로 제정된 그들의 법과 질서에 오랫동안 관심을 갖고 있는 경제학자일 뿐이다. 많은 다른 문제에 대한 것처럼 해적들에 대한 나의 관심도 여러 해 전부터 시작되었다. 여덟 살 때 디즈니랜드에 갔는데, 당시 '캐리비언의 해적'은 내가 제일 좋아하던 놀이기구였다. '캐리비언의 해적' 앞의 기념품 가게에서 루비 눈이 달린 은으로 만든 해골 반지를 아버지한테 선물로 받았다. 아직도 그 반지를 갖고 있다고 생각하는데, 여전히 그 반지가 내 손에 맞다면 끼고 싶을 것이다. 그 뒤 몇 년 후에 부모님은 캐리비언으로 휴가를 갔는데, 야자나무 토막에 해적 머리를 새긴 기념품을 가지고 돌아왔다. 아주 반가운 선물이었는데 그 해적 머리를 놓고 색연필로 정물화를 그리는 데 이용했다. 그때 그린 그림 중 일부는 아직도 갖고 있다.

    해적에 대하여 학문적으로 관심을 갖게 된 때는 그로부터 한참 후였다. 찰스 존슨(Charles Johnson) 선장의 『해적의 일반 역사』(*General History of the Pirates*)를 읽었는데 그 책은 나의 마음을 사로

잡았다. 그 후 바로 나는 내가 찾을 수 있었던 해적의 역사에 관한 모든 자료를 읽었다. 환상적인 이야기로 가득했지만, 무언가 중요한 것이 빠졌다고 생각했다. 그 무엇이 바로 경제학이었다.

경제학에 대한 관심은 거의 해적에 대한 관심만큼이나 오래 되었고, 더욱 깊어지고 있다. 경제학을 처음 만난 나이는 17살이었고, 내 오른쪽 이두박근에는 수요와 공급의 문신이 있다. 이 책은 경제학과 해적이라는 두 가지 큰 열정을 결합한 산물이다. 여러분도 이 이야기를 즐기기 바란다. 이 책을 쓰면서 나는 매우 즐거웠다. 지금까지의 경험 중 학문적으로 가장 재미있었다고 생각한다.

앞에서 언급했듯이 물론 나는 역사학자가 아니다. 이런 사실 때문에 해적에 관한 나의 연구가 이런저런 면에서 불충분하다는 것은 의심의 여지가 없다. 내가 역사의 일부를 잘못 알고 있다고 해도 역사학자들이 용서해줄 것으로 기대한다. 이러한 실수를 피하기 위해 최선을 다했지만 완벽할 수는 없을 것이다. 해적에 관한 연구는 역사적 기록들을 연구함을 의미하는데 나는 이 일에는 훈련되지 않았다. 내가 가진 비교우위는 역사적 분석방법이 아니라 경제학을 논의의 장으로 불러들이는 것이다. 나는 이러한 기술(역사적 기록을 경제학의 렌즈로 여과하는 능력)이 나의 역사에 대한 훈련 부족을 메워 주기를 기대한다. 나는 이 책 전반에 걸쳐 이러한 여과 과정을 통해 얻은 결론이 단지 추론에 불과한 경우에, 이를 밝히기 위해 가능한 한 많은 주의를 기울였다. 중요한 것은 이러한 추론의 결과가 나타나게 된 것이 경제학에 결함이 있어서가 아니라 역사적 기록이 (또는 역사적 기록에 대한 나의 이해가) 불완전하기 때문이라는 것이다. 확실한 결론을 얻지 못하는 경우가 있기는 하지만 나는 역사 자체만으로 접근할 때보다, 또는 경제학이 아닌 다른 렌즈로 들여다볼 때보다, 경제학을 통해서 진실에 더욱 가깝게 다가갈 수 있다고 확신한다.

이 책을 쓰는 데 여러 사람의 결정적인 도움을 받았다. 첫 번째이자 가장 중요한 사람은 친구인 애니아 벌스카(Ania Bulska)이다. 끊임없이 격려해 주었고, 최고의 아이디어 창고 역할을 했다. 역사 자료를 찾아내고 국회도서관 매디슨 빌딩의 필사본 독서실에서 기록들을 사진 촬영하느라 여가를 모두 포기한 채 나를 도와준 지칠 줄 모르는 후원자였다. 그녀에게 어떻게 감사해야 할지 모르겠다. 그녀가 없었다면 내가 어디에 있었을지 알 수 없다. 애니아에게 이 책을 바치며 청혼한다. 만약에 내가 이 책을 쓰는 동안 나의 계획을 숨기는 데 성공했다면 애니아는 매우 놀랄 것이다. 청혼을 받아 줄 것으로 기대하지만 그렇게 되지 않는다면 아마도 해적으로 변신할지 모른다. 항해하는 방법을 모르기 때문에 (비록 배우려고 노력했지만) 그것은 매우 힘든 생활이 될 것이지만 말이다.

또한 탁월한 편집자인 세스 디트치크(Seth Ditchik)에게도 정말 큰 감사를 드린다. 기획과 집필 과정 내내 세스의 편집적인 도움, 비평과 제안 그리고 지도는 소중했고, 덕분에 이 책이 한층 좋아졌다. 깊이 감사해야 할 또 다른 사람은 프린스턴대학교 출판부의 경제학 분야 편집자였고 지금은 펭귄북스에 몸담고 있는 팀 설리번(Tim Sullivan)이다. 팀은 이 책의 집필과 관련하여 처음 내게 접근했던 사람이다. 그가 아니었다면 이 책은 탄생하지 않았을 것이다.

그가 이 프로젝트를 제안했을 때까지는 해적의 경제학에 관하여 그렇게 오래 연구할 계획을 갖지 못했다. 이 프로젝트를 지원해준 프린스턴대학교 출판부의 다른 이들에게도 깊은 감사의 마음을 전한다.

또 이 책의 모든 내용을 읽고 의견을 제시해 준 어머니, 앤 리슨(Anne Leeson)에게도 특별한 감사를 드린다. 그녀의 조언 덕분에 일반 독자가 읽기 쉽도록 여러 부분에서 문장이 향상되었다. 가까운 친구이자 동료인 피트 보엣케(Pete Boettke)와 크리스 코인(Chris Coyne)도 늘 그렇듯이 이 책을 준비하는 동안 적재적소에서 나를 즐겁게 해주었던 정말로 귀중한 논평과 충고를 해 주었다. 그들은 항상 나의 연구를 향상시켜 주는데, 이 프로젝트도 예외가 아니었다.

특별히 감사해야 할 사람들이 더 있다. 먼저, 에드워드 글래서(Edward Glaeser)는 내게 해적의 경제학에 관한 책을 쓰도록 격려했고, 그로 인해 이 프로젝트를 추진하기로 결심했다. 스티븐 레빗(Steven Levitt)은 해적의 경제학에 관한 나의 첫 논문을 『정치경제학 저널』(Journal of Political Economy)에 실어 주었는데, 그것은 내가 명성이 있던 것도 아니고 그 논문에 방정식이나 회귀분석이 단 하나도 없다는 점에서 매우 위험한 행동이었다. 당시 나의 논문이 우리 학계에서 요구하는 전형적인 모델에 적합하지 않은데도 그가 이러한 위험을 기꺼이 감수하고 논문을 수용했다는 데 대하여 레빗 교수에게 깊이 감사하고 있다. 이 논문 「무정부: 해적 조직의 법과 경제학」(An-*arrgh*-chy: The Law and Economics of Pirate Organization, 2007)은 이 책의 제2장과 제3장의 여러 논의의 기초가 되었다. 논문의 일부를 재사용하도록 허락해준 시카고대학교 출판부에도 감사드린다. 그리고 다른 논문 「보이지 않는 갈고리 손: 해적의 인종적 관용의 법과 경제학」(The Invisible Hook: The Law and Economics of Pirate Racial Tolerance)의 일부를 제7장에서 재사용하도록 허락해준 뉴욕대학교 『법과 자유 저널』(NYU Journal of Law and Liberty, 2009)에도 감사드린다.

앤드레 슬레이퍼(Andrei Ssleifer)는 많은 다른 프로젝트에서처럼 이 프로젝트에서도 훌륭한 제안과 격려를 아끼지 않았다. 그의 지원에 깊이 감사드린다. 수많은 다른 사람들도 줄곧 도움이 되는 논평과 비평을 해 주었다. 익명의 심사자 3명도 이 책의 초고에 대하여 유용하고 철저한 논평을 해 주었다. 그 밖에 타일러 코웬(Tyler Cowen), 제임스 호먼(James Hohman), 벤 파웰(Ben Powel), 빌 리스(Bill Reece), 러스 소벨(Russ Sobel), 버질 스토르(Virgil Storr), 워너 트로스켄(Werner Troesken), 빌 트럼벌(Bill Trumbull), 그리고 특별히 데이비드 프리드먼(David Friedman)에게도 감사의 말을 전한다. 또한 이 프로젝트에 꼭 필요했지만 찾기 어려웠던 역사적 기록에 접근할 수 있도록 도와준 케이트 휴릿(Kate Huleatt), 크리스 워너(Chris Werner), 로버트 윌리(Robert Wille)에게도 감사드린다. 18세기 신문 기사를 샅샅이 검색해 주었고, 혼자 힘으로는 버거웠던 여러 가지 장애물을 해결하는 데 도움을 주면서 연구지원을 해주었던 덕 로저스(Doug Rogers)의 특별한 도움에도 깊이 감사한다. 마지막으로 충분한 재정 지원을 해준 조지메이슨 대학교의 이어하트 기금(Earhart Foundation)과 머캐터스 센터(Mercatus Center)에 감사드린다.

그들의 지원이 없었다면 이 책을 쓰지 못했을 것이다.

감사의 말을 전한 개인과 기관들은 독자들이 읽으려는 작품의 좋은 부분에 대해서는 책임을 지지만, 이러한 개인과 기관들은 그 작품의 어떤 실수에 대해서도 책임이 없다고 독자들에게 말하는 것이 보통이다. 이것은 이 책에도 적용된다. 그리고 이 책의 어떤 실수에 대해 지적하는 독자가 나타난다면 나는 오히려 환영할 것이다.

제 **1** 장

보이지 않는 갈고리 손

⋮

　해적 소설에는 뱃사람들이 낭만적인 생각으로 또는 자유와 평등과 우정에 관한 오도된 이상을 좇아 해적의 삶을 선택한 것으로 묘사된다. 물론 해적선에는 더 많은 자유가 있었고 권력이 공유되었으며 화합이 가능했지만, 이러한 것들은 해적 사회의 목표라기보다는 해적이라는 범죄 조직 내에서 협력을 이끌어 내기 위한 수단일 뿐이었다.

⋮

그들은 카리브디스(Charybdis, 옮긴이 주: 시칠리아 섬 앞 바다의 소용돌이를 의인화한 그리스 신화의 괴물)가 바다 속으로 토해 낸 것이 확실하다. 그들이 저지른 범죄는 모든 상황에서 너무나 추악하고 지독해서 그들의 범죄에 대해 다루었던 사람들은 그 범죄에 담겨 있는 수많은 추행을 어떤 말로 표현해야 할지 모를 정도였다. 같은 시대에 살던 사람들은 그들을 바다 괴물, 악마, 강도, 그리고 '인류와 신의 모든 법을 반대하고 어기는 자들'이라고 불렀다. 어떤 사람은 그들이 악마의 화신이라 믿었고, 어떤 이들은 악인의 자손, 그 자체가 아닌가 하고 생각했다. 그들이 짓는 미소 속에는 위험이 도사리고 있었다.

수십 년 동안 그들은 세계에서 가장 강력한 정부들조차 공포에 떨게 하며 바다를 위협했다. 법은 그들을 진정으로 인류의 적이라고 부를 수 있는 인종으로 낙인 찍었고, 인류의 자연권과 인권을 파괴하고 소멸시키려는 그들의 의도에 대하여 죄를 물었다. 그들은 전 세계에 전쟁을 선포했고, 열성적으로 전쟁을 수행했다. 얼룩

덜룩한 옷을 입고 연출했던 폭력적이고 광적인 신비로운 분위기는 그들의 기이한 삶의 방식에 대해 흥미를 유발한다. 우리가 충분한 근거를 갖고 인간의 본성을 더럽혔다고 욕하는 그들은 각종 악행을 일삼고 약탈 행위로 살아갔으며, 자취를 감춘 지 거의 3세기가 지난 후에도 세상에 흔적을 남겼다. 그들은 바로 역사상 가장 악명 높은 범죄자인 해적들이고, 이 책은 그들 활동의 원동력이 되었던 숨겨진 힘, '보이지 않는 갈고리 손(invisible hook)'에 관한 이야기다.

애덤 스미스, 후크 선장을 만나다

1776년 스코틀랜드의 윤리철학자인 애덤 스미스(Adam Smith)는 현대 경제학 연구의 시작을 알리는 기념비적인 저서를 출간하였다. 스미스는 자신의 책에 『국부론』(*An Inquiry into the Nature and Causes of the Wealth of Nations*)이라는 제목을 달았다. 그 책에서 그는 '보이지 않는 손(invisible hand)'이라는 경제학의 가장 중요한 개념을 소개했다. 보이지 않는 손은 경제적인 협력을 유도하는 숨겨진 힘이다. 스미스에 의하면 사람들은 이기적이어서 자신에게 가장 유리한 일을 하려고 한다. 그런데 사람들이 자신에게 가장 유리한 일을 하기 위해서는 다른 사람에게도 가장 유리한 일을 해야만 할 때가 자주 있다. 그 이유는 명백하다. 우리 대부분은 다른 사람들과의 협조를 통해서만 이기심을 충족시킬 수 있기 때문이다.

그림 1-1 '보이지 않는 손'이라는 말을 만든 현대 경제학의 아버지 애덤 스미스

자료: Charles Coquelin, *Dictionnaire de l'économie politique*, 1854.

다음번 식사를 확보하는 것부터 시작해서 다음번 신발을 얻는 것까지 혼자서는 우리의 이기적인 목적을 달성할 수 있는 것이 거의 없다. 만약 자신이 마실 우유를 직접 생산해야 하고, 자신이 입을 코트를 직접 만들어야 하고, 자신이 탈 자동차를 직접 제작해야 한다면 얼마나 다양한 기술과 많은 시간이 필요할지 생각해 보라.

이러한 이유로 스미스는 우리가 자신의 이익을 추구하면 '보이지 않는 손'에 이끌리어 다른 사람의 이익도 충족시키게 된다는 것을 알아차렸다. 또한 우리가 다른 사람의 이익을 충족시켜 주면 그들도 우리의 이익을 위해서 협력하게 된다. 예를 들어 우유 생산자는 자신의 이기심을 위해, 즉 돈을 벌기 위해 가장 좋은 우유를 가장 낮은 가격에 제공해야 한다. 우유 생산자는 싸고 품질 좋은 우유를 얻으려는 고객의 이기심을 간접적으로 충족시켜 준다. 그리고 우유를 사 먹는 고객들은 다시 다른 상품의 생산자로서 그들의 능력 내에서 그들의 고객에게 가장 낮은 가격에 가장 좋은 품질의 상품을 제공해야 한다. 그 결과, 이기심을 추구하는 사람들로 구성된 집단에서 각각의 개인이 좁게는 자신의 이기심을 추구하는 데 집중하지만 자신도 모르게 다른 사람에게 도움을 주는 일에도 집중하게 된다.

스미스의 '보이지 않는 손'은 일반인에게만 아니라 범죄자들에게도 잘 들어맞는다. 범죄자들이 도모하는 협력은 비록 다른 사람들에게 손해를 입히지만, 그들이 1인 강도체제에서 벗어나기 원한다면 자신들의 이기심을 충족시키기 위해 다른 범죄자와 협력하지 않으면 안 된다. 우리의 이야기인 해적으로 돌아와 봐도 1인 해적은 많은 것을 얻을 수 없다는 뜻이다. 해적이 원하는 만큼 많은 물건을 빼앗으려면 다른 해적들과 협력해야 한다. 불가사의한 일은 부도덕한 집단의 악당들이 어떻게 협력을 끌어내는가 하는 점이다. 이러한 불가사의한 일을 풀어내는 단서가 '보이지 않는 갈고리 손(invisible hook)'이다. 이는 애덤 스미스의 보이지 않는 손의 해적판 용어로서 해적들의 이기심 추구가 어떻게 해상 강도들 사이에 협력을 끌어냈는가를 설명해준다. 이 책에서 이 문제를 분석할 것이다.

보이지 않는 갈고리 손은 여러 가지 면에서 애덤 스미스가 말한 보이지 않는 손과 차이를 보인다. 첫째, 보이지 않는 갈고리 손은 범죄적인 이기주의가 해적 사회의 협력에 미치는 영향을 고려한다. 이는 범죄 조직이 어떻게 작동하는가와 관련이 있다. 이에 반해서 보이지 않는 손은 전통적인 소비자와 생산자의 이기주의가 시장에서 협력에 미치는 영향을 고려한다. 보이지 않는 손은 합법적인 시장이 어떻게 작동하는가와 관련이 있다. 보이지 않는 손이 은유적으로 시장의 무질서 속에 감추어진 질서를 분석한다면, 보이지 않는 갈고리 손은 말 그대로 해적 사회의 무질서 속에 숨겨진 질서를 탐색한다.

둘째, 보이지 않는 손에 의해 이끌리는 전통적인 경제 주체와 달리 해적들은 기본적으로 무언가를 판매하는 사업이 아니었다. 따라서 그들에게는 만족시켜 주어야 할 고객이 없었다. 더욱이 전통적인 경제 주체들의 이기심 추구가 사회 전체에 이득을 가져다주는 데 반해서 해적의 이기심 추구는 사회 전체에 이득을 가져다주지 못했다. 예를 들어, 기업가들은 이윤을 추구하는 과정에서 우리의 생활을 더욱 편리하게 해 주는 물건을 생산하여 우리의 생활 수준을 향상시킨다. 그러나 해적들은 다른 사람의 생산에 기생하며 번창했다. 따라서 해적들은 부를 창조해서 사회에 이득을 주지 못했고, 자신들을 위해 기존의 부를 부당하게 뺏어감으로써 사회에 피해를 주었다.

이러한 차이가 있지만 일반인들과 마찬가지로 해적들도 모험적인 사업의 성공을 위해 협력해야 했다. 그리고 그들의 협력을 유도하는 것은 다름 아닌 이기심의 추구였다. 해적과 합법적인 사회의 구성원에게 공통적으로 나타나는 이러한 중요한 특성 때문에 후크 선장과 애덤 스미스의 보이지 않는 손이 연관성을 갖는다.

이 책의 제목이기도 한 '후크 선장의 보이지 않는 손'은 해적 집단을 이해하기 위해 경제적 사고방식을 적용한 것이다. 경제적 사고방식은 몇 가지 명백한 가정에 근거를 둔다. 첫 번째 가정은 개인들은 '이기적'이라는 것이다. 이것은 사람들이 자기 자신 외에 다른 사람에게 관심을 두지 않음을 의미하는 것이 아니다. 대부분의 사람들이 대부분의 시간에 다른 사람들을 이롭게 하는 데 관심을 두기보다, 자기 자신 또는 자신과 가장 가까운 사람들을 이롭게 하는 데 더 많은 관심을 갖는다는 의미다. 두 번째 가정은 개인들은 '합리적'이라는 것이다. 이것은 사람들이 기계처럼 일을 한다거나 실수를 하지 않는다는 것을 의미하는 게 아니다. 단지 개인들은 자신이 알고 있는 최선의 방법으로 각자의 이기적인 목표를 달성하려고 노력한다는 것을 의미한다. 세 번째 가정은 개인은 '인센티브'에 반응한다는 것이다. 어떤 활동의 비용이 증가하면 개인들은 그러한 활동을 줄이고, 어떤 활동의 비용이 감소하면 개인들이 그러한 활동을 더 많이 한다. 활동에 따른 이득에 대해서도 같은 논리가 성립한다. 어떤 활동의 이득이 커지면 사람들이 그러한 활동을 더 많이 하고, 어떤 활동의 이득이 작아지면 사람들이 그러한 활동을 덜 한다. 요약하면, 사람들은 비용을 피하고 이득을 얻으려고 노력한다.

경제학자들은 이러한 개인의 의사결정 모델을 '합리적 선택'이라고 부르는데, 합리적 선택의 가설이 일상적인 행동을 보이는 정상적인 개인에게만 적용되는 것은 아니다. 합리적 선택의 가설은 특이한 행동을 보이는 비정상적인 개인에게도 적용된다. 특히 해적들에게도 적용된다. 해적들에게는 앞에서 설명한 경제적 사고방식의 모든 가정이 충족된다. 우선 해적들은 이기적이었다. 물질적인 관심이 해적들을 탄생시켰고, 이윤은 해적들에게 강력한 동기를 부여했다. 대중문화에서 묘사된 것과 달리 해적들은 매우 합리적이었다. 이 책의 뒷부분에서 살펴보겠지만, 해적들은 이윤을 감소시키는 비용을 회피하기 위해, 그리고 약탈을 위한 여행에서 더 많은 수입을 얻기 위해, 뛰어난 계략 때로는 악명 높은 계책을 고안해 냈다. 해적들 역시 인센티브에 반응했다. 법 때문에 해적들이 더욱 위험해지면 (따라서 더 많은 비용이 발생하면) 해적들은 이러한 위험을 상쇄하기 위해 현명한 방법을 고안해 냈다. 해적들이 최고의 해적 행위를 한 선원들에게 상을 내려줄 때 선원들은 큰 상을 기대하고 더 열심히 일했다.

경제학을 해적에게 적용하겠다는 생각이 그다지 환영받을 만한 일이 아닐 수도 있다. 그러나 합리적 선택의 개념은 거리낌이 없고 괴이하며 놀라운 해적의 관습을 진실로 이해할 수 있게 해 주는 유일한 방법을 제시해 준다. 예를 들어, 왜 해적은 해골과 뼈다귀를 교차한 모양의 깃발을 휘날렸을까? 왜 그들은 포로들을 무자비하게 고문했을까? 어떻게 해적이 성공을 거두었을까? 왜 그들은 해적 규약을 만들었을까? 이러한 질문에 대한 대답은 '알려지지 않은 해적의 경제학'에 있으며, '합리적 선택'이라는 가정만이 그 비밀을 밝혀준다. 역사는 이러한 질문을 제기하는 재료가 되며, 경제학은 그 답을 찾는 논리적이고 정밀한 렌즈가 된다.

우리가 해적들을 이러한 렌즈를 통해서 보면 겉으로 비정상적으로 보이는 그들의 행동이 아주 정상적인 행동이 된다. 해적들의 이상한 행동은 그들이 처해 있는 비정상적인 경제적 상황, 즉 비정상적인 비용과 이득이 발생하는 상황에 합리적으로 대응해서 나타난 결과이지, 해적들이 갖고 있는 특유의 괴이함 때문에 나타난 결과가 아니다. 앞으로 이 책에서 논의하겠지만, 해적선은 윌리엄 골딩(William Golding)의 『파리대왕』(Lord of the Flies)에 묘사된 야만스러운 학생 사회보다는 「포춘」 500대 기업의 경영 조직과 매우 닮아 있다. 의족과 앵무새를 무시한다면 결국 해적 행위는 일종의 사업이었다. 해적 행위가 범죄적인 사업이기는 했지만 그럼에도 사업이라는 사실은 명백하고, 이런 점에서 검토해 볼 가치가 있다.

해상 강도의 다양한 유형

많은 문헌에서 해적을 해적(pirate), 버커니어(buccaneer), 사략선(privateer), 코세어(corsair) 등의 용어로 번갈아가며 사용한다. 여기에는 이유가 있다. 모두 해상 강도를 의미하지만, 해상 강도를 의미하는 각각의 용어에는 차이가 있었다. 순수한 의미의 해적(pirate)은 완전히 불법이었다. 그들은 자신의 이익을 위해 상선을 무차별적으로 공격했다. 사우스캐롤라이나 주의 법무장관이었던 리처드 얼라인(Richard Allein)은 그들을 다음과 같이 묘사했다. "해적들은 국적과 종교를 가리지 않고 자신과 같은 종족과 동포를 포함해서 모든 인류를 강탈한다." 18세기의 해상 강도는 이러한 유형이 지배적이었다.

사략선(私掠船)은 정부에서 인가해 준 해상 강도였다. 정부는 전시에 그들에게 적국의 상선을 공격하고 나포할 수 있는 권한을 주었다. 따라서 사략선은 전혀 해적이 아니었고, 정부의 후원을 받았다. 이와 비슷하게 정부는 코세어의 약탈 행위도 허용해 주었다. 코세어는 종교를 이유로 선박을 노렸다는 점에서 차이가 있다. 예를 들어 북아프리카 해안의 바버리(Barbary) 코세어는 그리스도교의 선박을 공격하였다. 그러나 몰타(Malta) 기사단과 같은 천주교도의 코세어도 있었다. 이 책에서는 전형적인 불법이 아니었던 사략선과 코세어는 논의하지 않는다.

버커니어의 경우는 전형적인 불법이었다. 버커니어의 시조는 17

세기 초에 히스파니올라(Hispaniola) 섬(옮긴이 주: 현재의 아이티 섬)에 살고 있던 프랑스 국적의 사냥꾼이었다. 그들은 주로 야생동물을 사냥했지만 때때로 해적 행위도 마다하지 않았다. 1630년에 버커니어는 히스파니올라 섬 주변에 있는 거북이 모양의 작은 섬 토르투가(Tortuga)로 이주했다. 그 뒤 이 섬에는 영국과 네덜란드의 범죄자들도 몰려들었다. 히스파니올라 섬과 토르투가 섬은 공식적으로 스페인령이었는데, 스페인은 이들 섬에 범죄자들이 정착하는 것을 원치 않았다. 스페인 정부는 그들을 몰아내기 위해 사냥꾼의 식량이었던 야생동물을 멸종시켜 버렸다. 그러나 버커니어는 섬을 떠나는 대신 전혀 다른 대상을, 즉 스페인 선박을 사냥하기 시작했다.

1655년에 영국은 스페인에게서 자메이카 섬을 빼앗았고, 섬을 되찾으려는 스페인의 공격을 방어하기 위해 버커니어가 섬에 정착하도록 권장했다. 버커니어는 금과 여러 가지 화물을 싣고 스페인과 미주 지역의 스페인 식민국을 오가는 스페인 선박을 강탈하는 데 많은 시간을 보냈다. 이러한 공격은 대부분 불법적인 해적 행위였다. 그러나 그렇지 않은 경우도 많이 있었다. 영국과 프랑스는 1494년 토르데시야스(Tordesillas) 조약(옮긴이 주: 스페인과 포르투갈이 세력 확장 범위를 정하기 위해 맺은 조약)에 따라 새로운 세계에서 스페인이 누리고 있던 독점적 지위를 와해시키기 위해 버커니어를 사략선으로 위임하여 스페인을 괴롭히도록 했다. 따라서 버커니어는 일반 해적 행위와 사략선 활동을 혼합한 독특한 형태로서 이 두 가지 활동을 구분해 내기가 쉽지 않은 경우가 종종 있었다. 그러나 버커니어 활동의 목적과 수단이 명백한 해적 행위였기 때문에 버커니어를 해적, 또는 최소한 원시적인 해적으로 취급하는 것이 보통이고, 이 책에서도 버커니어를 해적으로 간주한다.

버커니어는 순수한 의미의 해적이 아니었지만 18세기 초에 순수한 해적의 조직을 구상했고 그러한 조직에 영향을 미쳤다. 이러한 점 때문에 앞으로 논의 과정에서는 여러 가지 관점으로 그들을 참고하는 것이 중요하다. 이러한 사실은 1690년부터 1700년까지 활동했던 인도양 해적에게도 똑같이 해당된다. 인도양 해적은 사략선에 가까운 버커니어와 1716년부터 1726년까지 활약했던 완전히 불법적인 해적 사이에 가교 역할을 했다. 17세기 말, 당시 '붉은 뱃사람'이라 불리기도 했던 인도양 해적은 무어인(옮긴이 주: 711년부터 이베리아 반도를 정복한 아랍계 이슬람교도)의 보물선을 강탈하는 데 적합한 장소였던 마다가스카르(Madagascar) 섬과 그 주변 섬에 정착했다. 인도양 해적은 전반적으로 평범하고 단순한 해적이었다. 그러나 그들 중 일부는 합법적인 선박으로 가장하고 항해했다. 그들 이후로는 아무도 그렇게 하지 않았다. 이 책은 대략 1670년부터 1730년까지의 해적들을 다루고 있지만, 블랙비어드(Blackbeard), 바르톨로뮤 로버츠(Bartholomew Roberts), '캘리코' 잭 래컴('Calico' Jack Rackam)과 같은 해적들이 바다를 떠돌던 해적 황금기의 마지막 단계(1716~1726년)에 초점을 맞추고 있다.

자메이카 총독이었던 니콜라스 로스(Nicholas Lawes)경은 해적들을 국제적인 악당으로 묘사했다. 예를 들어 1715~1725년 사이에 카리브 해안에서 활동했던 700여 해적들을 대상으로 출신국을 조사한 결과를 보면 영국인 35%, 미국인 25%, 서인도인 20%, 스코틀랜드인 10%, 웨일즈인이 8%인 것으로 나타났다. 그밖에 스웨덴, 네덜란드, 프랑스, 스페인, 포르투갈, 스칸디나비아, 그리스, 동인도 출신도 있었다.

해적의 숫자는 정확하게 산출하기 쉽지 않지만 누구에게 들어도 그 숫자가 상당했다. 1717년에 버뮤다 총독은 적게 잡아도 1,020 명의 해적들이 바다를 누볐던 것으로 추산했다. 1718년에 또 다른 관료는 해적의 수가 2,000여 명이 될 것이라 추산했다. 1720년 제레미아 덤머(Jeremiah Dummer)가 무역경작위원회에 보고한 내용에 따르면 활동 중인 해적의 수가 3,000여 명에 이르렀다. 그리고 1721년에 찰스 존슨 선장은 인도양에만 1,500여 명의 해적이 나타난다고 말했다. 이러한 보고들과 해적 역사가의 추산에 근거해서 볼 때 1716년과 1722년 사이에 매년 1,000명에서 2,000명 사이의 해적들이 카리브 해안, 대서양, 인도양에서 기승을 부렸던 것으로 보인다. 이것은 특별히 놀라운 일은 아니라고 생각할 수 있다. 그러나 해적의 수를 역사적 관점에서 보면 이야기가 달라진다. 이를 테면 영국 왕실해군이 1716년과 1726년 사이에 한 해 동안 고용한 인원이 13,000명이었다. 따라서 전성기 해적의 수는 영국 왕실해군의 15% 이상을 기록했다. 또 다른 자료와 비교해 보면, 1680년에 북아메리카 지역 식민지의 총인구는 152,000명에 미치지 못했다. 사실 미국이 최초로 국가인구조사를 실시한 1790년까지 미국에서 24개 지역만이 2,500명이 넘는 인구를 갖고 있었다.

1718년 우즈 로저스(Woods Rogers)가 바하마 제도의 뉴프로비던스 섬을 정복했던 것처럼 많은 해적들은 육상 기지에서도 생활했다. 그러나 해적 사회에서 가장 중요한 구성 단위이자 해적 사회가 존재하는 가장 뚜렷한 근거는 해적선 선상에 있는 조직체였다. 대부분의 사람들이 해적선에 관하여 상상하는 것과 달리 이 조직체는 방대했다. 1716년과 1726년 사이에 37척의 해적선에서 조사된 수치에 의하면 해적선 한 척당 평균 80여 명의 선원이 승선했다. 일부 해적선의 선원은 120명에 육박했고, 선원수가 150~200명인 해적들도 흔하게 있었다. 예를 들어 새뮤얼 벨라미(Samuel Bellamy) 선장의 해적선은 200명의 활기찬 다국적 선원들로 구성되었다. 어떤 해적들은 이보다 더 큰 규모로 구성되기도 했다. 블랙비어드 선장의 '앤 여왕의 복수(Queen Anne's Revenge)'호에는 300명 이상의 건장한 사내들이 승선했다. 이와는 대조적으로 18세기 초 200~300톤 규모의 상선은 평균 13~17명의 선원만으로 운항되고 있었다.

더욱이 일부 해적 집단은 배 한 척에 전원이 탈 수 없을 정도로 규모가 컸다. 이런 경우에 그들은 해적 함대를 만들었다. 예를 들어, 바르톨로뮤 로버츠 선장은 4척의 배로 구성된 함대를 지휘했는데, 총인원이 508명에 달했다. 해적들은 때때로 연합하여 약탈 원정에 나서기도 했다. 가장 인상적인 해적 함대는 버커니어에 소속된 것이었다. 예를 들어 버커니어인 알렉산더 엑스케멜린(Alexander Exquemelin)은 모건(Morgan) 선장이 카리브해의 해안지대 마을을 공격하기에 충분한 37척의 배와 2,000명의 인원을 지휘했다고 기록하고 있다. 그는 또한 일단의 버커니어들이 약탈을 위해

적어도 20척의 선박으로 구성된 부대를 갖고 있었다고 언급하기도 했다. 비슷한 취지로, 윌리엄 댐피어(William Dampier)는 10척의 선박과 960명의 선원을 자랑하는 해적 원정대에 관해서 기록했다. 18세기 해적들 역시 함대 규모는 그렇게 크지 않았지만 기꺼이 불법적인 동업자 관계를 맺고 합동 해적 원정대에 참여했다.

거의 모든 해적들은 항해 경험을 갖고 있었다. 대부분은 상선에서 항해를 했고, 많은 사람들은 사략선 선원이었으며, 일부는 해군으로서 (모두가 기꺼이 지원하지는 않았지만) 그들의 국왕을 위해 봉사했다. 18세기 초에 169명의 해적을 대상으로 마커스 레디커(Marcus Rediker)가 분석한 결과에 의하면 해적의 평균나이는 28.2세였다. 이들 해적 중 가장 나이 어린 자는 14세였고, 가장 연장자는 50세였는데, 이는 18세기 선원을 기준으로 볼 때 매우 많은 나이였다. 그러나 대부분의 해적들은 20대 중반의 나이였다. 레디커가 조사한 해적들의 50%는 20세에서 30세 사이였다. 이 자료를 보면 해적 사회가 나이는 많지만 경험이 많은 일부 선원과 소년티를 갓 벗은 일부를 제외하면 매우 젊었다는 것을 알 수 있다. 해적 사회는 매우 젊다는 것 외에도 남성 중심이라는 특징이 있었다. 우리가 알기로 18세기에 활동한 해적 중 여성은 4명뿐이었다. 따라서 해적 사회는 더러 의족을 했거나 이가 다 빠진 자들이 있었고, 또 다툼을 해결하는 방식으로 레슬링보다 권총 결투를 선호하는 남자들로 구성되었다는 점만 빼면, 매우 원기왕성하고 정력적인 남자들로 구성된 대학의 동아리와 비슷했다.

그들은 왜 해적이 되었나

해적 소설에는 뱃사람들이 낭만적인 생각으로 또는 자유와 평등과 우정에 관한 오도된 이상을 좇아 해적을 선택한 것으로 묘사된다. 이 책에서 논의하겠지만, 해적선에서는 더 많은 자유가 있었고 권력이 공유되었으며 화합이 가능했지만, 이러한 것들은 해적들이 흔히 주장했듯이 해적의 목표라기보다는 해적이라는 범죄 조직 내에서 협력을 이끌어 내기 위한 수단이었다.

이것은 평화로운 관념들이 해적들의 활동에 전혀 동기 부여가 되지 않았음을 의미하는 것은 아니다. 역사학자인 마커스 레디커는 『악마와 깊고 푸른 바다 사이』(*Between the Devil and the Deep Blue Sea*)에서 18세기 바다에서의 생활이라는 보다 넓은 맥락에서 해적을 생각했다. 레디커는 해적들이 산업혁명 이전에 국가자본주의의 권위주의적이고 착취적이며 엄격한 계급조직에 대항하는 사회혁명가의 역할을 담당했다고 설득력 있게 주장한다. 일부에서는 해적들이 부분적으로 인종과 여성의 평등권 확대에 대한 관심에서 출발해 활동했다고 주장하기도 한다.

물론 해적이 된 대부분의 선원들은 보다 잘 알려진 이유, 즉 돈 때문에 해적이 되었다. 이런 점에서 해적에 관한 가공된 이야기로 수수께끼 같은 일들이 잘 알려져 있지만, 해적 이야기에서 해적의 보물을 강조하는 전통은 적절한 것이다. 바다에서의 약탈은 돈벌이가 되는 사업이었다. 해적이 될 수 있는 사람들이 전쟁 중에는 사략선의 바다 도적으로 합법적으로 일할 수 있었고, 그들은 실제로 그렇게 했다. 스페인의 왕위계승전쟁(1701~1714년) 중에는 영국의 선원들이 기꺼이 사병(私兵)으로 근무했다. 선주들과 정부는 사략선의 약탈품을 나누어 가졌다. 그러나 항해가 성공하면 선원들도 상당한 돈을 벌 수 있었다. 영국의 1708년 포상법에서는 정부가 자신의 몫을 포기하고, 선원들과 선주들에게 약탈품 전부를 줌으로써 선원들의 배당금을 두둑하게 해 주었다. 따라서 사략선에서 일하는 것은 전쟁이 한창일 때 훌륭한 선택이었다. 그러나 전쟁이 끝나면서 사략선의 돈줄이 말라버렸다. 이 해상 강도들은 무슨 일을 해야 했을까?

한 가지 가능성은 영국의 왕실해군에서 일을 찾는 것이었다. 그러나 전쟁이 끝나면 왕실해군은 선원들을 고용하지 않았다. 왕실해군은 그들을 고용하는 데 관심이 없었다. 예를 들어 스페인 왕위계승전쟁이 끝나기 1년 전에 영국해군은 거의 50,000명의 선원을 고용했다. 2년 후에는 고용인원이 13,500명 이하로 줄었다. 대부분의 선원들이 합법적으로 바다에서 일할 수 있는 유일한 선택은 상선에서 일하는 것이었다. 더 이상 바다에서 약탈 행위를 하는 데 흥미를 느끼지 못했고, 월급이 깎이는 것에도 신경 쓰지 않았던 사람들에게는 이 일이 괜찮았다. 그러나 월급이 깎이는 것을 걱정하는 사람들에게는 문제가 되었다. 1689년과 1740년 사이에 경험이 많은 선원들의 평균 월급은 25~55실링이었다. 이 금액은 연간 15~33파운드에 해당했고, 미국 달러화의 현재가치로 약 4,000~8,000달러에 해당한다. 이 범위 내에서 최고 수준의 급여는 사략선과 해군이 선원들의 임금을 경쟁적으로 올렸던 전쟁 중에 지급된 것이었다. 최저 수준의 급여는 수많은 사략선의 선원들과 해군 병사들이 일자리를 찾기 위해 노동시장에 쏟아져 나오던 평화 시기에 지급된 것이었다. 사략선의 선원들과 상선의 선원들도 전쟁 중에 높은 임금에 익숙해져 있었기 때문에 전쟁이 끝난 후 급여가 반토막 나는 것을 좋아할 수 없었다.

그 대안이 해적이었다. 해적은 상선에서 일할 때에 비해서 몇 가지 유리한 점이 있었다. 그중 하나가 해적은 사략선에서 일하던 선원들이 가장 잘 알고 있는 거래, 즉 바다 약탈을 계속할 수 있게 해준다는 것이었다. 당시 일부 해적들은 이러한 점을 이해했고, 전쟁 중에 사략선이 일종의 해적 훈련소의 역할을 했기 때문에 평화가 오면 해적이 폭발적으로 증가할 것을 염려했다. 이것을 존슨 선장은 '전시에 사략선은 평화를 앞둔 해적의 양성소'라고 설명했다. 해적과 가까이 지냈던 존경받는 성직자인 코튼 매더(Cotton Mather) 목사도 이것을 주목했다. 코튼 매더는 "사략선의 사업 솜씨는 아주 쉽게 해적행위로 타락한다"라고 말했다. 당시 다른 해적들은 전쟁이 끝나고 정부가 사략선의 포획특허를 취소한 후에 나타나는 선원 실업의 증가를 근본적인 문제점으로 지적했다. 자메이카 총독 니콜라스 로스 경은 1720년에 짧은 기간 동안 지속되었던 4대 동맹전쟁이 끝났을 때 이 문제를 지적했다. 로스는 "우리가 사략선의 포획특허를 취소한 이후 미처 직업을 찾지 못한 수많은 선원들이 직업을 찾기 위해 짧은 시간 안에 우리를 떠나 해적이 될 것을 매우 염려한다"라고 불평했다. 로스가 옳았다. 많은 전직 사략선 선원들이 그들의 종전 사업에서 보상을 많이 받지 못하자 해적이 되기로 결심했다.

해적으로 취업하는 데 따르는 부정적인 측면은 사략선과 달리 해적 행위가 불법이라는 것이다. 그러나 충분한 소득을 얻을 수 있다는 기대감이 이러한 불편한 마음을 보상해 줄 수 있었다. 그리고 해적 행위는 사략선 생활보다 훨씬 많은 돈을 벌 수 있게 해 주었다. 사략선과 달리 해적들에게는 힘들게 얻은 약탈품의 일부를 가져가는 골치 아픈 선주들이 없었다. 해적들은 1페니까지 모든 약탈품을 가질 수 있었다. 해적들의 평균임금을 계산할 수 있는 자료는 없지만 적어도 해적들이 해적 행위로 믿을 수 없을 만큼 큰 부자가 될 수 있는 기회를 갖게 되었다는 증거들은 있다. 마다가스카르 섬으로 향하는 무역선에 승선한 영국계 미국인들이 1년에 12파운드 이하를 벌고 있었을 때, 원양에서 활동하는 해적들은 그것의 100배 또는 1,000배 이상을 벌 수 있었다. 예를 들어 1695년에 헨리 에브리(Henry Every) 해적 함대는 600,000파운드 이상의 귀금속과 보석을 운반하던 선박을 나포했다. 그 결과 해적 1인당 1,000파운드의 배당금을 받았는데, 이 금액은 당시 경험 많은 상선 선원의 약 40년치 수입에 해당했다. 18세기 초 존 보윈(John Bowen) 선장의 해적선이 선박을 강탈해서 해적 1인당 500파운드 이상을 나누어 가졌다. 몇 년 뒤에 토머스 화이트(Thomas White) 선장의 해적들은 약탈 원정을 끝내고 마다가스카르 섬에서 은퇴했는데, 이 원정에서 해적 1인당 1,200파운드를 벌었다. 1720년에는 크리스토퍼 컨덴트(Christopher Condent) 선장의 해적들이 선박을 나포해서

1인당 3,000파운드를 벌었으며, 1721년에도 존 테일러(John Taylor) 선장과 올리버 라 부쉬(Oliver La Bouche) 선장의 해적 연합은 단 한 번의 공격으로 해적 1인당 4,000파운드의 경이로운 수입을 올렸다. 1772년 존 에반스(John Evans) 선장이 지휘하는 작은 규모의 해적선조차도 몇 개월 만에 30명이 9,000파운드, 즉 1인당 300파운드를 나누어 가질 만큼의 전리품을 챙겼다. 1년에 25파운드의 급여로 상선에서 고되게 일을 해야 하는 다른 대안을 생각해 볼 때 해적의 수입은 나쁜 것이 아니었다.

이러한 증거는 물론 조심스럽게 해석되어야 한다. 전리품이 변변치 않은 경우가 훨씬 자주 있었다. 많은 해적들은 거의 굶주리며 자신들에게 부를 가져다줄 행운을 찾아 헤맸다. 그런데 적지만 정기적인 수입이 보장되는 상선의 선원으로 고용되는 것과 달리 해적은 단 한 번의 성공적인 원정에서 은퇴 준비에 충분할 만큼의 돈을 벌 수 있었다. 그리고 소수이긴 해도 일부 해적들은 그것을 해냈다. 예를 들어 컨텐트 선장의 해적들에게 납치되어 그들의 목적지인 리유니언(Reunion) 섬으로 붙잡혀온 리처드 무어(Richard Moore)는 컨텐트의 부하들이 "해적 행위를 통해서 살아 있는 동안 멋진 생활을 유지하기에 충분한 돈을 벌었고, 그래서 해적을 떠났다"라고 하는 말을 엿들었다. 바르톨로뮤 로버츠는 해적선에 승선하지 않고 합법적인 직업을 선택한 선원들은 무능한 사람들이라고 말했다. "정직한 직업에는 부족한 음식, 낮은 임금, 고된 노동이 있다. 하지만 이곳에는 풍요와 포만, 환락과 편안함, 자유와 권력이 있다. 굵고 짧은 인생은 나의 좌우명이다."

막대한 약탈품에 대한 기대만이 일부 선원들이 상선보다 해적선을 선택하게 된 주요 관심사는 아니었다. 선박에서의 근무 환경도 이러한 결정에 중요한 역할을 했다. 상선은 바다에서 몇 개월을 보내야 하는 원거리 무역에 참여했다. 따라서 취업 결정을 할 때 고려하는 전체적인 복리후생 조건 중에서 중요한 부분은 선상에서 어떤 생활을 할 것인가 하는 점이었다. 불행하게도 두려움과 양심 때문에 해적 사회에 진입하지 못한 선원들에게는 상선의 상대적으로 낮은 금전적인 보수와 함께 불쾌하고 비참하기까지 한 근무 조건이 따라왔다.

상선은 계급으로 운영되는 조직이었다. 가장 높은 자리에 선장이 있었고, 선장 아래 관리직이 있었으며, 가장 낮은 곳에 보통 선원들이 있었다. 이러한 계급 사회로 인해서 선장은 선원들에 대하여 독재적인 권력을 가질 수 있었다. 선장은 작업 배분, 식량 공급, 임금 지급, 그리고 선원들의 훈련 등 선상 생활의 모든 부분에서 권력을 행사했다. 법에서는 선장이 화물 손상, 반항적인 행동, 근무 태만에 대해 선원의 급여를 삭감하는 것을 허용했다. 또한 법은 선장이 선원을 교화하기 위해 합당한 체벌을 할 수 있는 권한도 주었다. 제2장에서는 이러한 독재 조직의 원인을 논의한다. 여기에서는 선장의 심각한 권력 남용 가능성을 초래하는 독재 조직의 결과만을 지적하려고 한다. 영국인 선장 윌리엄 베타프(William Betagh)는 이 문제를 "선박의 지휘관 한 사람에게서 무제한의 권력, 잘못된 판단, 나쁜 인성, 무원칙이 동시에 모두 나타나며, 그는 모든 규제 바깥에 있다"라고 규정했다. 문제는 상선의 선장들이 개인의 이익을 위해 선원들을 착취하는 등 자신들의 권력을 선원들의 이익에 반하여 행사하려는 유혹에 빠진다는 데 있었다.

착취를 일삼는 선장들은 경비를 절감하기 위해, 또는 자신과 관리직들이 먹을 식량을 더 많이 남겨 놓기 위해 선원들의 식량배급을 줄였다. 예를 들어 한 선원은 "선원들에게는 배급량이 줄어 먹을 빵이 부족했지만, 관리직들은 배 위에서 어떤 것도 부족함이 없는 것처럼 충분한 생활물자와 술을 제공받았다"고 증언했다. 그들은 사기를 쳐서 선원들의 임금을 깎았고, 가치가 하락한 식민지 통화로 임금을 지급했으며, 선원들이 항해계약을 체결하지 않은 지역까지 항해했다.

배고프고 심기 불편한 선원들을 통제하기 위해 착취적인 선장들은 배 위에 실린 모든 물건들을 반항적인 선원들에게 벌을 주기 위한 무기로 사용했다. 선원들의 머리를 기중기나 다른 단단한 물건으로 가격해 얼굴을 깨뜨리기도 했다. 선장의 권력 남용이 선원을 죽음에 이르게 할 정도로 심한 경우도 있었다. 1724년에 한 상선의 선장은 선원 2명의 머리, 목, 어깨를 매우 잔인하고 야만적인 방법으로 온 힘을 다해 100대 이상 때렸다. 두 선원은 며칠 후에 죽었다. 권력을 남용한 또 다른 선장은 어떠한 도발 행위도 일어나지 않은 상태에서 그의 부하에게 다가가 그를 쓰러뜨리고, 있는 힘을 다해 두 번이나 그를 짓밟았다. 그것은 명백한 폭력 행위였다. 얼마 안 있어 그 선원은 죽었다. 이러한 잔인성 때문에 너대니얼 어링(Nathaniel Uring)이라는 선장이 자신의 배에서 선동적인 부하에게 내린 조치는 심지어 자비로운 것으로 보이기까지 한다. "내가 부하들을 벌주려고 준비했던 지팡이로 그를 두세 번 쳤더니 눈 주위로 피가 흘렀고, 그는 제발 살려달라고 애원했다."

어떤 선장들은 그들의 권력을 선원들에게 보복하는 데 사용했다. 영국의 해군본부법은 명령불복종을 체벌로 제재하는 것을 허용했기 때문에 선장들은 징벌이 합법적이라고 생각했다. 따라서 그들은 마음에 두고 있던 선원들을 마음대로 학대할 수 있었다. 다른 착취적인 선장들은 더욱 흉악한 방법으로 그들의 권력을 남용했다. 새뮤얼 노원(Samuel Norwon) 선장은 한 어린 선원에게 양동이에 물을 가져와 다리와 가랑이 그리고 음부를 씻으라고 명령했다. 소년은 반항했지만 선장은 강요했다. 소년이 지시한 곳을 씻고 나자 선장은 소년의 바지를 벗기고 성폭행했다. 이것은 한 차례에 그치지 않았다. 노원 선장은 그 후에도 똑같은 방법으로 소년을 학대했다. 이처럼 포악한 대우 때문에 일부 선원들은 착취를 일삼는 선장 아래서 비참하게 사느니 차라리 죽는 게 낫다는 결론을 내렸다.

선장의 착취에 관한 수많은 혐의가 역사 기록에 남아 있지만 이러한 권력 남용을 과장해서 말하지 않는 것이 중요하다. 상선의 관리직들이 광범위하게 그들의 선원을 착취했지만 이런 일이 아무런 제한 없이 이루어진 것은 아니었다. 선장의 착취는 경제적인 그리고 법적인 요인들에 의해 어느 정도 제한되었다. 그러나 누구도 그것을 완전히 막을 수는 없었다. 예를 들어, 영국 법은 선장의 착취에서 선원들을 보호해 주는 몇 가지 법적인 보호 장치를 만들었다. 이러한 보호 장치는 어느 정도 성공을 거두었다. 상선의 선원들은 착취적인 선장들을 고소를 통해 법정에 세울 수 있었고, 이러한 법적 절차가 여러 차례 성공하기도 했다.

그러나 법적인 소송에서 자주 볼 수 있듯이 많은 경우에는 실패했다. 어려움의 원인은 부분적으로 바다라는 환경의 불확실성에 있었다. 일단 바다 위에는 선장에 대항하여 선원들의 말을 증명해 줄 공정한 관객이 거의 없다. 선원이 화물을 손상시켰기 때문에 선장이 법에서 주어진 권리를 행사하여 선원의 임금을 깎았는가? 아니면 선장이 단순히 개인적으로 전용했는가? 법이 허용한 체벌의 권한을 넘어섰는가? 아니면 체벌이 정당화될 수 있는 것인가? 많은 경우에 판단이 어려웠다. 더욱이 이 문제에 관한 법률 자체가 불명확했을 수도 있었다. 일부 선원들은 단순한 절도죄로 선장을 고소하여 승소하기도 했다. 다른 소송에서는 법이 선장의 학대 행위를 편들어 주기도 했다. 한 소송의 경우를 보면 어떤 선장이 욕설을 하며 굵은 밧줄로 선원을 때렸다. 법원은 그가 원고를 교화시키기 위해 합법적인 자극 수단을 사용했고, 인간적인 체벌의 범위를 넘어서지 않았다고 판결하고 선원의 고소를 기각했다.

평판도 일부 선장의 착취 행위를 제한했다. 18세기 중엽에는 선원의 수가 80,000명에 가까웠지만 선장의 수는 아주 적었다. 그리고 선장의 수가 상대적으로 적어서 선장의 행동에 관한 정보가 쉽게 알려졌다. 상선은 자발적으로 지원하는 선원을 고용했기 때문에 선장에 관한 정보 공유는 선장의 착취적인 경향을 자제시키는 역할을 했다. 그렇지만 일부 선장과 선원의 관계는 익명성이 있었고 반복성이 없었다. 예를 들어 1722년 상선의 선장이었던 아이샴 랜돌프(Isham Randolph), 콘스탄틴 케인(Constantine Cane), 윌리엄 할

러데이(William Halladay)는 선원들이 처벌에 대한 공포가 부족해서 반항적이라고 불평하며 버지니아 식민지 총독에게 선원들을 처벌하기 위해 더 많은 권한을 요구하는 다음과 같은 청원서를 제출하였다. "기질과 성격을 모르는 선원들에게 업무를 부여하며 영국에서 해외로 항해를 준비하는 일이 선장에게는 자주 있는 불행이다." 그들의 편지는 어떤 경우에 상선의 선원을 구하는 시장에 익명성이 있었다는 것을 말해 준다. 선장은 때때로 그들이 고용하는 선원을 알지 못했고, 선원도 때때로 그들을 고용하는 선장을 알지 못했다. 많은 선원들은 일자리와 급여의 상황이 변하는 데 따라 육지와 바다 사이를 왔다 갔다 하며 취업을 하는, 정작 위급한 때에는 믿지 못할 유형이었다. 어떤 사람들은 정규직을 쉬는 사이에 바다로 가서 선원 사회의 소수 구성원들과 간헐적으로 친분을 맺었을 뿐이다. 상선에 승선하는 선원들의 노동시장이 갖고 있는 이러한 특성으로 인해 정보 공유가 어려워졌고, 그 결과 평판이 선장의 착취 행위를 제한하는 효과가 줄어들었다.

앞에서 논의한 것과 같이 선장의 착취라는 관점에서 볼 때 해적들이 불법 거래에 참여하게 된 이유 중 첫 번째로 선장들의 잔혹성이 거론되는 것은 놀라운 일이 아니다. 예를 들어, 해적 선장이었던 존 필립스(John Phillips)는 그가 납치한 상선의 한 관리를 부하들을 굶주리게 하고 해적으로 몰아가는 무지막지한 '개새끼'라고 불렀다. 해적이었던 존 아처(John Archer)가 사형을 당하기 전에 마지막으로 한 말도 필립스의 말을 반복한 것이었다. 그는 "선장들이, 많은 선장들이 그렇게 하고 있었지만, 그래도 부하들을 그처럼 혹독하게 학대해서 우리들이 큰 유혹에 노출되지 않도록 해 주었으면 하고 바랐다"라고 탄식했다. 1726년에는 해적이었던 윌리엄 플라이(William Fly)가 사형 집행을 기다리는 동안 비슷한 말을 했다. "선장과 그 동료들은 우리를 야만스럽게 써먹었다. 불쌍한 우리에게 정의란 없었다. 우리는 지휘관들에게 우리를 그토록 학대하지 말고 개처럼 취급하지 말아 달라는 것 말고 달리 할 말이 없었다." 목에 올가미를 건 채 플라이는 교수형을 구경하러 모인 군중을 향해 마지막 말을 했다. 그리고 그는 자신이 당했던 것처럼 선원들이 희생당하지 않도록 부하들을 잘 이끌어 달라고 선장들에게 충고했다.

해적선에서 선장의 학대 가능성은 다음 2개 장에서 다뤄지므로 여기에서는 더 이상 논의하지 않는다. 여기에서는 해적들이 대체로 그러한 위협을 극복할 수 있는 선상 조직을 갖추었다고 말하는 것으로 충분하다. 해적들은 그러한 조직을 마련함으로써 해적선의 근무 환경을 개선시켰다. 상당한 금전적 보상 가능성과 함께 해적선의 근무 환경 개선은 많은 선원들에게 상선에서 기대할 수 있는 것과 비교해서 전반적으로 더욱 매력적인 보상 체제로 다가왔다. 물론 상선에서 일하는 것과 달리 해적이 되면 대포의 탄환을 맞아 다리가 날아갈 수도 있고 때 이른 죽음을 맞을 수도 있었다. 그러나 더 많은 돈과 더 좋은 대우는 포기하기 어려운 유혹이었다. 사실 1716년과 1726년 사이에 4,000명의 선원들이 해적에 합류했다. 이러한 선원들은 물질적인 이해관계로 해적에 참여했고, 다음 장에서 논의하겠지만, 해적 생활의 물질적인 보상을 극대화하기 위해 해적들의 전형적인 관행을 따랐다.

항해를 위한 지도

이 책은 핵심적인 6개 장과 부록으로 구성되어 있다. 이어지는 제2장에서는 해적 민주주의를 살펴본다. 17~18세기 상선과 정부의 조직과 달리 해적들은 그들의 지도자들을 민주적으로 선출했고, 구성원에 영향을 미치는 중요한 모든 일을 투표로 결정했다. 해적들이 민주적인 형태의 정치조직을 채택한 것은 우연이 아니었다. 그것은 선장들이 독재 권력을 갖고 마음대로 권력을 악용했던 상선에서 일했던 선원들의 경험에서 탄생했다. 상선에서 독재적인 조직을 유발한 것은 상선의 소유구조였다. 그러나 범죄자들이었고 선박을 약탈한 해적들은 그들의 선박에 대하여 매우 다른 소유구조를 갖고 있었다. 해적의 범죄성으로 유발된 이러한 중요한 차이 때문에 해적들은 선장에게 책임을 부여하고 해적선 생활의 중요한 문제에 대한 선장의 통제권을 억제하는 민주적인 견제와 균형이라는 제도를 만들 수 있었다. 민주적인 견제와 균형은 선장이 선원들을 희생시켜 자신의 이익을 추구할 수 있는 능력을 제한함으로써 해적의 협동을 용이하게 했고, 그러한 협동을 통하여 해적들의 범죄적인 기업이 발전하였다.

제3장에서는 해적들이 그들의 해양 사회를 통치하기 위해 사용

했던 규율들을 검토함으로써 해적선의 질서와 조직에 대하여 깊이 파헤쳐 본다. 해적들은 범죄적인 조직을 보다 평화롭게 유지하기 위해 배 위에서 그들을 규율했던 '협약' 또는 '해적 규약'을 만들었다. 이러한 규약에 내포된 규칙과 규제는 해적선에서 나타날 수 있는 부정적인 외부효과로 인해 약탈에 필요한 해적들의 일사불란한 협동심이 약화되는 것을 방지할 수 있었다. 또한 해적의 규율로 인해서 해적 간부들과 일반 선원들이 법적으로 동등한 지위를 갖게 되는 절대적인 규칙이 만들어졌다. 해적이 채택한 입헌민주주의 체제는 프랑스, 스페인, 미국, 그리고 논란의 여지가 있기는 하지만 영국의 입헌민주주의보다 시대적으로 앞섰다.

제4장에서는 해적들의 악명 높은 해적기(海賊旗)에 경제적 사고 방식을 적용한다. 경제학자들이 신호발송(signaling)이라고 부르는 개념을 소개하고, 해적들이 핵심적인 문제를 개선하기 위해 어떻게 이러한 수법을 활용했는지 소개한다. 해적기에 그려진 해골과 뼈다귀 그림은 해적의 생활양식 이상의 것을 상징했다. 그것은 상대방이 싸우지 않고 항복하도록 유인하기 위해 합리적으로 고안된 장치였다. 해적기의 성공은 해적들의 이익을 증가시켰을 뿐 아니라 그들의 희생자들이 불필요하게 피를 흘리고 죄 없이 목숨을 빼앗기는 것을 막아줌으로써 희생자들에게도 도움을 주었다.

제5장에서는 해적들이 즐겨하는 고문에 대하여 평판 만들기의 경제학을 적용한다. 해적의 희생자들이 그들을 습격한 자들에게 재화를 감추려는 것은 이해할 만하다. 어떤 희생자들은 그들이 갖고 있는 귀중품을 숨기거나 파괴하기도 했다. 그러한 행동은 해적

들의 수입을 감소시킬 우려가 있었다. 이것을 방지하기 위해 해적들은 무시무시한 브랜드를 만들어 야만적이고 광기로 가득하다는 평판을 얻기 위해 노력했다. 이를 위해 해적들이 사용한 한 가지 중요한 방법이 저항자들을 야만스럽게 고문하는 것이었다. 그러나 해적들이 고문을 이용한 데에는 또 다른 이유가 있었다. 우선 해적에 대한 정부 당국의 습격을 막으려는 이유가 있었다. 또 정부가 착취적인 상선의 선장들을 처벌할 능력이나 의지가 없을 때 해적들이 착취적인 상선의 선장들을 처벌하려는 것이었다. 거짓된 상선 선장들에 대한 처벌은 상선 선장들의 학대 행위가 줄어들게 만들었고, 따라서 해적의 고문이 상선의 선원들에 대하여 중요한 공공복지를 제공하는 데 기여했을 수도 있었다.

제6장에서는 해적의 징집제도에 관한 경제학을 논의한다. 해적들은 그들이 납치한 배에서 순진한 선원들을 강제로 징집하여 해적의 수를 늘렸다고 흔히 알려져 있다. 이 장에서는 많은 경우에 해적의 언론 활동이 해적의 현명한 계략에 불과했다는 것을 설명한다. 해적 행위에 위협을 가했던 18세기 법적 변화에 대응하여 해적들은 반해적법의 허점을 이용하려고 선원들을 강제징집한 것처럼 꾸몄다. 해적들은 모든 훌륭한 사업가들과 마찬가지로, 비용 증가로 이익이 감소할 우려가 있을 때 이익을 증가시키기 위해 강제징집 위장과 같은 해결책을 고안해 냈던 것이다.

제7장에서는 해적의 관용에 관한 경제학을 검토한다. 영국의 상선들이 흑인 노예들을 승선시켜 노예로 부리던 때에 일부 해적선에서는 흑인 노예들을 어엿한 자유인으로서 선원에 합류시켰다.

해적들의 흑인 선원에 대한 대우는 일관성이 없었다. 어떤 해적들은 노예를 거래했고, 어떤 해적들은 선상에서 흑인과 백인에게 동등한 권리를 주었다. 또 어떤 해적들은 노예를 거래하는 동시에 흑인과 백인에게 동등한 권리를 주었다. 그렇지만 해적들은 독립선언문이 세상에 나오기 이전에 독립선언문의 서문에 구체화된 이념을 미국인들이 그들 나라를 세우고 거의 100년 후에 적용했던 것보다 훨씬 일관되게 적용했다. 그러나 해적의 관용이 인간의 평등이나 보편적 권리에 관한 계몽적인 사상을 배경으로 나타난 것은 아니었다. 불법적인 고용의 보상 체계에서 도출된 단순한 '비용─편익 분석'의 결과로서 해적의 관용이 나타난 것이었다.

각 장의 끝부분에는 악명 높은 블랙비어드 선장이 강의하는 「해적 선장의 경제학 교실」이 마련된다.

소개는 이것으로 마친다. 자, 이제 본격적인 항해에 나서 보자!

해적 선장의 경제학 교실

장소: **앤 여왕의 복수(Queen Anne's Revenge)호**
일시: **매주 화요일, 목요일 오후 1:00**
담당: **해적 선장 블랙비어드 교수**

18세기 해적의 전성기는 10년 이상 지속되었다. 해적들은 위기 상황에서도 영리하게 생존을 연장했고, 활동하는 동안 믿기지 않을 정도로 성공적이었다. 어떤 때는 단지 몇 달 동안의 수입이 합법적으로 일하는 선원이 40년 동안 벌 수 있는 수입과 같았다. 해적들이 평화를 유지하거나 협력을 강제하는 정부 조직이 없이도 그만큼 세력을 유지했다는 것은 그들 집단의 효율성을 보여 주는 확실한 증거다. 다른 얼마나 많은 악당들의 모임이 그토록 짧은 시간에 세계에서 가장 강력한 정부를 상대로 그렇게 많은 문제를 일으키는 데 성공했는가? 비슷한 예를 찾기는 힘들다. 그렇다면 해적의 성공 비결은 무엇이었을까?

이 질문의 해답을 연구하는 곳이 바로 '블랙비어드의 경제학 교실'이다. 수업 시간에 늦지 않도록 하라. 나는 정말로 성질이 고약하다.

제 **2** 장

선출된 권력, 블랙비어드:

해적 민주주의의 경제학

⋮

　해적선에서 해적들은 선장과 사무장을 민주적으로 선출했다. 또한 투표를 통해 선장을 해임시킬 수 있었고, 그에 따라 선장을 대리할 사무장도 자주 선출해야 했는데 이러한 관행이 해적선 안에서 간부들 사이에 경쟁을 불러왔다. 그 결과 해적 선장들은 학대 행위를 자제해야 했으며 선원들의 이익을 위해 일해야 했다. 민주적인 견제와 균형이 제대로 작동하려면 "야심이 야심을 꺾도록 설계되어야 한다"고 한 제임스 매디슨의 말이 해적선에서 먼저 구현된 것이었다.

⋮

지도자가 되려는 경쟁자가 4명으로 줄었다. 한 후보자를 열렬히 지지하는 한 사람이 중요한 연설을 하려고 일어섰다. 그는 지도자를 선출할 동료 유권자들에게 눈물로 호소했다. "지도자는 사려와 용기로써 이 조직을 가장 잘 지켜줄 수 있고, 불안정한 요인에 따르는 위험과 폭풍우로부터 그리고 무질서의 치명적인 결과에서 우리를 가장 잘 보호해 줄 수 있어야 합니다." 그는 동료들의 마음을 움직이려고 마지막 확인을 하며 연설을 끝냈다. "그러한 사람으로 나는 로버츠를 선택합니다. 동지여, 나는 모든 면에서 그가 당신들의 존경과 지지를 받기에 충분하다고 생각합니다."

당신이 이 현장에 있었다면 거기가 어디라고 설명하겠는가? 대통령 선거운동의 일부분이라고 짐작할지도 모른다. 어쩌면 전국전당대회에서 발췌한 것이라고 생각할 수도 있다. 아니면 선거를 몇 달 앞둔 정당의 군중대회 광경을 묘사한 것이라고 여길 수도 있다.

당신이 이런 장면 중 하나를 생각했다면 틀렸다. 이 광경은 합법적인 정치 지도자의 선출과는 아무런 관계가 없다. 민주주의를 사실적으로 묘사한 이 광경은 18세기의 해적선인 로열 로버(Royal Rover)호 선상에서 일어났던 일이다. 선원 중 한 사람인 데니스가 악명 높은 해적이었던 바르톨로뮤 로버츠를 그들의 선장으로 선출하기 위해 동료 무법자들에게 선거 유세를 하는 장면이었다. 데니스의 선거운동은 효과가 있었다. 이 연설은 선장 후보자 중 한 사람으로서 자신이 선장에 선출될 것으로 남몰래 기대했던 심슨 경을 제외한 모든 사람들에게 큰 호응을 얻었고, 해적들은 새로운 지도자로 로버츠를 선출했다. 다른 해적의 선거가 그렇듯이, 로버츠의 당선 축하연은 차고 넘칠 정도의 펀치(옮긴이 주: 포도주나 화주에 우유·물 등을 타서 설탕·레몬·향료로 맛을 낸 음료), 시끄럽고 저속한 언행, 그리고 전 세계에 전쟁을 선포하는 축배가 수반되었을 것이다. 권총이 사방으로 발사되고, 새로운 선장은 만세삼창으로 하례 인사를 받았을 것이다.

이러한 민주주의 모형이 하나의 해적선이 아니라 모든 해적선에서 시행되었을 뿐 아니라, 미국의 대륙회의가 독립선언문을 승인하기 반세기 전에, 그리고 영국 왕정이 마지막 재가를 보류한 지 10년이 조금 넘어선 시점에 발생했다는 것을 생각하면 정말 놀랍다. 영국에서 1868년 제2차 선거법 개정을 통해 비슷한 제도를 도입하기 거의 150년 전에 해적 민주주의는 해적들에게 지도자를 선출할 때 발언권을 행사하도록 무제한의 권한을 주었다. 게다가 앞으로 논의하겠지만, 해적 민주주의는 우리가 잘 알고 있는 단순한 거수기 기능에 그치지 않았다. 해적들은 잘 발달되고 보다 정교한 제도적인 권력분산의 체제 안에서 그들의 민주주의를 세우고 운영했다.

해적들의 제도적인 권력분산도 17~18세기에 정부들이 권력분산을 시도하기 전에 이루어졌다. 예를 들어, 프랑스에서는 1789년까지 권력분산이 이루어지지 않았다. 스페인에서도 최초의 권력분산은 1812년에야 이루어졌다. 이와 대조적으로 해적들은 적어도 이것보다 한 세기 전에 권력이 분산된 민주적인 '정부'를 해적선에서 갖고 있었다. 논쟁의 여지가 있기는 하지만, 해적의 견제와 균형은 영국이 유사한 제도를 채택한 시기보다도 앞선다. 영국은 1688년 명예혁명 뒤에야 권력분산을 이룩했다. 그러나 버커니어는 그들의 계승자인 해적만큼은 완전하지 않지만 민주적인 권력분산 제도와 유사한 제도를 채택했고, 그 결과 영국의 권리장전보다 거의 10년 앞서 부분적으로 민주적인 견제와 균형을 시행했다.

물론 이것이 해적 사회가 최초로 민주적인 조직을 갖추었다거나 권력을 분산했다는 말은 아니다. 최초의 민주주의는 고대 아테네에 존재했다. 게다가 버커니어가 토르투가 섬에 집결하기 시작할 때쯤 뉴잉글랜드의 식민지들이 민주정부를 시도하기 시작했다. 1630년대에 원래 영국의 무역회사였던 매사추세츠만 식민국(Massachusetts Bay Colony)이 대표적인 민주정부로 발전해서 일반투표로 선출된 식민지 마을의 대표자들이 법률을 만들었고, 총독을 선출했으며, 마을 주민들이 지금은 잘 알려진 공회당 회의에서 지방 법률에 대하여 투표했다. 17세기 초에 나타난 뉴잉글랜드의 민주주의는 청교도 정착민의 교회조직에 기반을 둔 17세기 이전의 민주주의 전통에서 유래되었다.

해적의 권력분산보다 앞서 존재했던 권력분산 제도도 있었다. 예를 들어 중세유럽에서 왕정정부의 지배구조 아래에서 교회와 왕, 영주와 왕의 경쟁적인 이해관계가 정부권력에 대하여 부분적으로 견제하는 기능을 했다. 13세기에는 베네치아 공화국이 정부권력의 명시적인 분산을 시도했다. 원로원과 집정관이 별도로 권력을 행사했던 로마공화정에서도 약간의 권력분산이 이루어졌다.

그러나 해적 이전의 이러한 민주주의와 권력분산은 해적의 제도만큼 완전하지 않았다. 해적 민주주의와 달리 고대 아테네와 식민지 시절 뉴잉글랜드의 민주주의에서는 실제로는 소수만이 투표에 참여할 수 있었다. 아테네는 아테네인 부모에게 태어난 자유로운 신분의 남자 시민들만이 투표할 수 있었다. 매사추세츠만 식민국은 회사의 남성 주주들에게 제한적으로 투표권을 주었고, 후에는 청교도 교회의 남성 신도들에게만 투표권을 주었으며, 일부 마을에서 이러한 제한이 철폐되었을 때도 남자인 부동산 소유주들에게만 투표권을 주었다. 더욱이 앞으로 논의하겠지만, 해적의 권력분산은 해적 이전의 권력분산처럼 소수의 귀족들이나 정치적으로 특권을 갖고 있는 엘리트들 사이에 이루어진 것이 아니라, 공동체 차원에서 최고의 지배구조로 자리 잡았다. 해적 민주주의는 급진적이었다. 역사가 휴 랜킨(Hugh Rankin)은 해적 민주주의를 '무정부 상태의 경계에 있는 민주주의'라고 했다. 무정부 상태가 맞다. 그러나 앞으로 논의하겠지만, 무질서라고만은 할 수 없는 무언가가 있었다.

해적 민주주의는 해적 사회에서 집단적인 의사결정이 필요했다는 것을 의미한다. 통상적으로 우리는 특정 국가와 정부에 대한 개인의 시민권, 거주지, 그리고 의무감에 따라 사회를 규정하고 구별한다. 그러나 해적이라는 상황에서는 사회를 구분하는 이러한 전통적인 척도 중 어느 하나도 의미가 없다. 대부분의 해적들은 특정한 나라의 시민으로 태어났더라도 30세가 되기 전에 그들 정부와의 관계를 끊었다. 한때 여러 유럽 국가들의 사략선에서 봉사했던 버커니어를 제외하면 해적들은 그들이 항해할 때 게양하는 해적기 외에는 어떤 국기에도 마음을 주지 않았다. 그들은 한 나라의 시민이라는 것을 인정하지 않았고, 그들의 조국을 팔면서 그들이 할 수 있는 모든 나쁜 짓을 저지른다는 것을 자랑스럽게 여겼다.

그것은 해적들이 정부를 차버렸다는 의미다. 정부도 해적들을 똑같이 경멸스럽게 보았다. 영국 법은 해적에게 합법적인 생활에 따른 이득을 부여하지 않았다. 로드아일랜드의 한 변호사는 "해적들에게는 조국이 없으며, 그들의 원천적인 범죄 때문에 스스로 고립되어 모든 합법적인 사회의 이득을 포기한다"라고 말했다. 또 다른 나라의 한 관리는 "해적은 보편적인 인간성과 자연의 기본권을 부정하고, 거칠고 미개한 짐승과 같아서 누구나 합법적으로 죽일 수 있다"라고 말했다. 그러나 해적들이 합법적인 세계를 부정하고 합법적인 세계가 해적들을 부정한다고 해서 해적들이 그들 스스로의 세계를 갖지 못하는 것은 아니었다. 존슨 선장이 해적 사회를 아주 저질의 사회라고 이야기한 것은 옳은 말이기는 하지만, 그것 또한 하나의 사회였다.

1인 1표제: 해적 민주주의와 권력의 패러독스

거친 범죄자들의 집단을 이끌기 위해 각 해적선에는 지도자가 필요했다. 잠재적인 공격 대상과 어떻게 교전할 것인가, 공격 대상을 추적하거나 정부에게서 쫓길 때 어떻게 항해할 것인가, 공격 당할 때 어떻게 반응할 것인가 등 해적이 내려야 할 많은 중요한 선택은 즉각적인 의사결정이 필요했다. 이 경우에 의견 다툼이나 논쟁에 허비할 시간은 없었다. 의견이 대립되면 가장 중요한 과업을 수행할 수 없었을 것이다. 또한 다른 모든 배들과 같이 해적선들도 질서를 유지하고, 식품을 배급하고, 급여를 지급하고, 반항적인 선원들을 징계할 방법이 필요했다. 훌륭한 해적 지도자는 이러한 문제에 잘 대처하여 선원들의 협력을 쉽게 이끌어낼 수 있었고, 그 결과 약탈을 통해 이익을 챙기는 해적들의 능력을 향상시킬 수 있었다. 해적들은 이것을 충분히 이해했고, 지도자가 없다면 그들의 조직이 얼마나 분열하기 쉽고 허약한 상태에 놓일지 잘 이해했다. 그러한 상태를 방지하고 그들의 해상 사회에 지도자를 두기 위해 해적들은 선장이라는 직책을 만들었다. 그러나 선장에 대한 필요성이 해적들에게 딜레마를 가져왔다. 어떤 결정을 하면서 모두가 인정하는 권한을 행사하는 선장은 성공을 위해 매우 중요했다. 그러나 착취를 일삼던 상선의 선장처럼 해적선의 선장이 개인적인 이익을 위해 자신의 권력을 선원에게 불리하게 행사하는 것을 무엇으로 막을 수 있었겠는가?

권력의 필요성과 그러한 권력이 도입될 때 권력을 남용하려는 강한 유인이 발생한다는 두 가지 사실을 근거로 정치경제학자들은 '권력의 패러독스'라는 개념을 고안해 냈다. 이 패러독스는 1788년에 미국 건국의 아버지이자 미국헌법의 설계자인 제임스 매디슨(James Madison)이 『페더럴리스트 페이퍼』(*Federalist Papers*)에 발표하여 유명해졌다. 『페더럴리스트 페이퍼』 51호에서 매디슨은 다음과 같이 기술했다. "인간의 본성을 가장 잘 반영하지 않는다면 정부가 무슨 의미가 있을까? 만약 사람들이 천사라면 정부가 필요 없을 것이다. 만약 천사가 사람을 다스린다면 정부에 대한 외적·내적 통제가 필요치 않을 것이다. 사람이 사람을 다스리는 정부를 구성하는 데 있어서 가장 큰 어려움은 먼저 정부가 피지배자를 통제할 수 있도록 해야 하고, 다음 단계에 정부가 정부 자신을 통제하도록 해야 한다는 것이다." 다시 말하면, 개인들은 이기적이기 때문에 그들을 다스리려면 그들이 멋대로 행동하지 못하도록 규율하고 다른 사람들에게 해를 끼치지 않고 다른 사람들과의 협력을 통하여 그들의 이기심을 충족시킬 수 있도록 감독하는 권력이 필요하다. 그러나 같은 취지로, 권력 자체가 사람이고, 따라서 권력이 개인의 이기심에 의해 행사되기 때문에 피지배자들로서는 권력자가 피지배자들의 희생을 대가로 자신만을 위해 권력을 행사하지 못하도록 보장해 주는 수단이 있어야 한다. 매디슨이 지적한 대로, 스스로 통제가 가능한 강제적인 권력이 갖고 있는 문제점은 스스로를 통제할 만큼 권력이 강하다는 것은 편의에 따라 그러한 통제에서 벗어날 수 있는 권력도 강하다는 것이다.

어떤 사회가 매디슨이 말한 권력의 패러독스를 극복하지 못한다면 그 사회는 심각한 문제에 직면한다. 권력을 갖고 있는 사람들이 이득을 얻는 반면에 다른 모든 사람은 손해를 본다. 매우 비정상적으로 운영되는 사하라 이남 아프리카 국가들이 이러한 실패 사례를 보여준다. 이들 나라 중 많은 나라에서 통제받지 않는 정부가 국민들을 착취했고, 그 결과 이들 나라는 세계에서 가장 가난한 국가가 되었다. 이러한 퇴보는 2가지 이유에서 나타났다. 첫째, 이들 나라의 지배자들은 통제받지 않기 때문에 국민들로부터 부를 빼앗았고, 그 결과 지배자들은 더욱 부유해졌으며 국민들은 더욱 가난해졌다. 둘째, 국민들은 그러한 착취를 수동적으로 바라만 보고 있지 않는다. 지배자들의 착취는 국민들로 하여금 자신들의 상호이익을 위해 협력하게 만든다. 지도자들이 생산과 교환의 거의 모든 이익을 가져간다면 누가 생산하고 교환하는 수고를 하겠는가? 그 결과 협력이 잘 이루어지지 않아 사회가 가난해진다. 따라서 권력의 패러독스를 해결하는 것은 성공적이고 번영하는 사회를 만들기 위해 매우 중요하다.

이것은 다른 사회와 마찬가지로 해적 사회에 대해서도 옳은 말이다. 권력의 패러독스를 해결하지 못하면 한 나라가 큰 어려움을 겪게 되듯이 해적 사회도 얼마가지 않아 무너지게 된다. 해적들이 선장을 통제할 수 없다면, 그들이 도망쳐 나왔던 합법적인 선박에서 받았던 것과 똑같은 대우를 해적선에서 받게 된다. 정상적인 사고가 가능한 해적이라면 누구라도 불쌍하고 비참한 삶에 사형선고의 가능성까지 추가된 그 상황을 선택하려 하지 않을 것이다. 그리고 착취적인 선장이 모든 전리품을 가로챈다면 어떤 해적도 그와 오랫동안 함께 항해하지 않을 것이다. 권력의 패러독스를 해결하지 않고는 해적들이 협력할 수 없었으며, 이것은 그들이 범죄조직을 통해서 이익을 얻을 수 없다는 것을 의미한다.

놀랍게도 해적들은 매디슨이 권력의 패러독스에 대한 해결책을 제시하기 거의 100년 전에 이에 대한 해결책을 찾음으로써 이러한 운명을 비껴 나갔다. 그 해결책은 민주주의였다. 매디슨이 지적했듯이, "국민에 의존하는 것이 의심할 여지없이 정부에 대한 가장 중요한 통제"이다. 국민들이 투표를 통해 그들의 지도자들을 파면하고 새로운 사람으로 대체할 수 있다면 권력의 지위를 유지하려는 지도자들은 국민들을 착취해서는 안 된다. 이러한 방법으로 민주주의는 지도자들이 권력을 행사하는 데 있어서 기본적인 '견제와 균형'의 기능을 한다. 이것은 해적사회에도 해당된다.

해적 민주주의는 1인 1표제를 기반으로 운영되었고, 선장의 직위는 다수결로 결정되었다. 존슨 선장은 "누가 선장의 직위를 차지했는가는 중요하지 않았다. 사실 모든 훌륭한 정부는 공동체에서 위임된 절대적인 권력을 갖고 있었고, 공동체는 이해관계나 기분에 따라 확실하게 권한을 위임할 수도 있었고 취소할 수도 있었다"라고 말했다. 하지만 선장들이 권력을 선원들의 이익을 위해 사용한다는 약속을 받으려고 일부 해적들은 당선 축하행사에서 선장들에게 이에 대한 중요성을 상기시켰다. 이 행사는 미국 대통령이 당선 후 취임연설에서 대중의 이익을 위해 충실하게 봉사하겠다는 선언을 하는 것과 비슷했다. 예를 들어, 너대니엘 노스(Nathaniel North)의 선거가 있은 뒤 당선 축하행사에서 새로 선출된 해적 선장은 전체 이익에 도움이 되는 모든 일을 하겠다고 선언했다. 이에 응답하여 해적들은 그가 내리는 합법적인 모든 명령에 복종할 것을 약속했다.

선장을 민주적으로 통제하기 위해 해적들은 어떤 이유에서든 선장을 해임할 수 있는 자유로운 권한이 필요했다. 이러한 권한이 없다면 투표에 의한 해임의 위협이 신뢰성을 갖지 못하고, 선원들에 대한 착취를 억제하려는 인센티브가 사라진다. 따라서 해적들은 선거연도에 일반 시민들보다 더욱 열정적으로 민주주의에 몰입했다. 한 선원은 한 번의 항해에서 13명의 선장을 모셨다. 예를 들어, 벤저민 호니골드(Benjamin Hornigold) 선장의 선원들은 선장이 영국 선박을 나포해서 약탈하기를 거절했다는 이유로 그를 선장에서 해임시켰다. 해적들은 지식과 대담성이 탁월한 사람을 '방탄자'(Pistol Proof)라고 부르며 선장으로 추대하려 했고, 따라서 용맹하지 않은 선장을 해임시켰다. 예를 들어 찰스 베인(Charles Vane) 선장의 행동이 투표의 검증을 받게 되었는데, 그의 명예와 위엄에 반대하는 결의가 통과되어 그의 선장 직위를 박탈했다. 어떤 해적들은 저항자에 대한 무자비한 학살을 요구하는 규칙 등 해적의 정책을 위반했다는 이유로 선장을 해임시켰다. 예를 들어 에드워드

그림 2-1 선원들에게 축출당한 에드워드 잉글랜드 선장

자료: Captain Charles Johnson, *A General and True History of the Lives and Actions of the most Famous Highwaymen, Murderers, Street-Robbers, etc.*, 1742.

잉글랜드(Edward England) 선장이 이런 이유로 선원들에 의해 해임되었다. 또한 해적들은 잘못된 판단을 이유로 선장을 해임시키기도 했다. 예를 들어, 크리스토퍼 무디(Christopher Moody) 선장의 선원들은 선장의 행동에 불만이 커졌고, 결국에는 선장과 선장을 지지하는 12명의 선원을 갑판이 없는 작은 배에 강제로 태웠는데, 그 후로 그들의 소식은 들려오지 않았다. 비슷한 사례로, 로우(Low) 선장과 선원들 사이에 의견 차이가 커지면서 선원들은 선장을 버렸고, 선장과 다른 두 해적을 함께 추방하였다. 해적들은 선장을 선출하고 해임시키는 민주적 권리를 자유롭게 행사함으로써 일반 해적들이 '그'의 선장이 된다는 조건으로 '그'가 선장이 되는 것을 허용했다.

민주주의가 해적들이 선장을 통제하는 가장 중요한 장치였지만 그것만이 유일한 장치는 아니었다. 어떤 경우에는 선장의 행동과 선원들의 이해관계가 맞지 않는다고 생각하면 선장에게 육체적인 체벌을 가했다. 예를 들어, 올리버 라 부쉬 선장은 선원들에게서 벗어나려 도망치다 붙잡혀 선장 자리에서 쫓겨나고 채찍질을 당하기도 했다. 때로는 착취를 일삼는 무능한 선장에게서 선원들이 탈주하기도 했다. 예를 들어 윌리엄 키드(William Kidd) 선장의 한 선원은 "그의 부하 몇 명이 탈주하여 그의 배에는 25~30명 정도의 선원이 남게 되었다"라고 증언했다.

해적들은 견제와 균형이라는 시스템을 통해 선장의 권력에 부여한 한계를 심각하게 받아들였다. 로버츠 선장의 배에서 한 해적이 했던 연설이 이 사실을 입증한다. "선장이 너무 건방져서 어떤 순간이라도 공인된 권한을 넘어선다면 그를 쳐 죽여 버립시다. 이것은 그가 죽은 후에 후계자에게 대한 확실한 경고가 될 것입니다."

이 해적은 과장해서 표현했지만 그것이 지나친 말은 아니었다. 선원들은 선장이 부여받은 권력의 한계를 넘어서 권력을 행사하면 재빠르게 선장을 해임하고 새로운 선장을 선출했다.

선원들의 무서운 여론이 다모클레스의 칼(Sword of Damocles, 옮긴이 주: 시라쿠사의 디오니시오스 왕이 아첨을 일삼는 신하를 왕좌에 앉히고 그의 머리 위에 머리카락 하나로 칼을 매달아 놓고 지배자의 신변에는 항상 위험이 닥친다는 사실을 깨닫게 했다는 그리스 전설)처럼 해적 선장을 늘 불안하게 만들었기 때문에 선장은 선원들의 뜻을 충실하게 따랐다. 이것은 해적 선장의 착취행위가 매우 드물었다고 지적했던 당시 한 해적의 말을 생각해 보면 이해할 수 있다. 그는 선원들을 착취했던 비정상적인 선장 때문에 착잡해진 심경을 감추지 못하고 이렇게 말했다. "선장은 그의 임무를 핑계 삼아 그의 부하들에게 매우 가혹했고, 다른 선장이 하던 것과 매우 다른 행태를 보였다. 그는 자신이 원하는 것에 반대하여 감히 대드는 사람에게 때때로 권총을 꺼내들고 머리를 날려버리겠다고 위협했다." 해적들 사이에서 선장의 지위가 신성화되지 못한 상태에서 해적들이 선장들을 민주적으로 통제했던 많은 증거가 있다. 모리셔스(Mauritius)의 네덜란드인 총독은 "모든 사람이 선장만큼 발언권이 있었다"라며 놀라워했다.

해적들은 일상적인 일은 물론이고 선상 생활의 모든 부분에서 선장과 동등한 관계에 있었다. 상선의 선장과 달리 해적선의 선장은 선원들의 희생을 대가로 자신을 위한 특별한 혜택을 누릴 수 없었다. 선장들의 숙박, 지급품, 그리고 급여조차도 일반 해적들의 것과 비슷했다. 존슨은 이것을 "해적선에서는 모든 사람들이 기분 내키는 대로 선장 방에 들어가서 선장을 욕할 수도 있었고, 원한다면 선장의 음식과 술을 가져갈 수 있었다. 선장은 이에 대해 책망하지 않았다"라고 묘사했다. 그리고 상선이나 왕실해군에서와는 달리 누구라도 원하면 선장과 함께 식사하고 술을 마실 수 있었다. 어떤 경우에는 선장이 혼자 침대를 사용하는 것이 허용되지 않아서 덜 안락한 조건에서 다른 선원과 함께 잠을 자야 했다. 또한 한 해적은 "선장이나 다른 모든 간부들도 일반 선원과 다르지 않았다. 선장은 자신의 개인적인 선장실조차 갖지 못했다"라고 말했다. 엑스케멜린에 의하면 버커니어 지휘관들도 사정이 다르지 않았다. "선장은 선상에서 가장 초라한 음식을 제공받았다. 선원들이 선장의 음식이 더 좋다는 것을 알게 되면 자신들의 음식을 선장의 음식과 바꾸었다." 18세기 해적들 사이에서 이러한 관습은 앞으로 논의하게 될 사무장을 통한 권력분산에 의해 확실하게 지켜졌다. 리처드 호킨스(Richard Hawkins) 선장은 이것을 다음과 같이 설명했다. "사무장은 음식물이 모두에게 균등하게 배분되는지 알아보기 위해 조리사를 검열했다." 해적 민주주의를 통하여 선장의 착취 행위를 성공적으로 통제했다는 사실은, 우리의 생각과 달리, 해적에게 납치된 사람들이 일반적으로 그들에게 합류할 수 있는 기회를 즐겁게 받아들이는 이유를 설명하는 데 도움이 된다. 이 현상은 제6장에서 살펴본다.

해적선의 권력분산

해적 민주주의는 선장의 착취 행위를 어느 정도 막을 수 있었다. 그러나 그 자체만으로는 민주주의가 더 발전할 수 없었다. 예를 들어, 미국에서 시민들은 그들의 지도자를 민주적으로 선출할 뿐 아니라 국가기관 사이에 권력을 분산시킨다. 한 사람에게 너무 많은 권력을 주면 권력 남용이 일어나기가 쉬워지기 때문이다. 이와 대조적으로 권력을 분산시키면 지도자들이 절대적인 권력을 갖고 있지 않기 때문에 권력을 남용하기 어려워진다. 이에 대한 설명을 위해 다시 한번 제임스 매디슨의 『페더럴리스트』 51호를 인용해 보자. 이미 논의한 것과 같이 매디슨에 의하면 정부에 대한 가장 중요한 통제는 국민에 대한 의존, 즉 민주적인 선거다. 그러나 매디슨의 다음 문장도 그만큼 중요하다. 그는 "그러나 경험으로 볼 때 지도자들이 아랫사람들을 착취하는 능력을 견제하기 위해서는 보조적인 예방 조치가 필요하다"고 말했다. 보조적인 예방 조치가 무엇인가에 관한 매디슨의 문장이 계속 이어진다. "불변의 목표는 각 관직이 다른 관직을 견제할 수 있도록, 즉 모든 개인의 사적인 이해관계가 공적 권리의 파수꾼 역할을 할 수 있도록 관직을 여러 개로 나누고 조정하는 것이다." 다시 말하면 권력에 대한 민주적인 통제를 강화하려면 권력분산이 필요하다.

이것을 고찰해 보면 미국 건국의 아버지들이 미국 정부의 토대를 마련하면서 민주적인 견제와 균형이라는 해적선에서 운용된 시스템을 활용했다는 것을 쉽게 알 수 있다. 해적들은 선장의 착취 가능성을 더욱 통제하기 위해 매디슨이 설명했던 '여러 관직의 구분과 조정', '각 관직이 다른 관직을 견제하는 역할' 등과 똑같은 형태로 운용되는 권력분산을 (매디슨이 이 문제를 설명하기 반세기 이전에) 해적선에서 제도화했다. 해적이었던 월터 케네디(Walter Kennedy)가 법정에서 증언했듯이 "대부분의 해적들은 이전에 간부들의 거친 대우로 고통을 받았고, 따라서 자신들이 선택권을 갖고 있는 지금은 그러한 악행에 대항하여 조심스럽게 선장 외에 다른 간부를 선출하는 제도를 옳게 도입했다. 또한 그들은 너무 많은 권력을 한 사람의 손에 쥐어주지 않았다."

해적들이 이러한 목적을 위해 제도화한 가장 중요한 '다른 간부'가 사무장이었다. 이 직책의 역할은 분명하다. 선장들은 전투 중에 절대적인 권력을 갖고 있었고, 그 결과 해적들은 전투에서 승리하기 위해 필요한 독재적인 지휘의 이점을 살릴 수 있었다. 그러나 해적들은 음식물을 배당하고, 전리품을 선별해서 분배하고, (해적선에는 그들이 획득한 모든 약탈품을 별도로 보관할 만한 공간이 거의 없었다.) 선원들의 분쟁을 판결하고, 징계를 시행하는 권한을 민주적으로 선출한 사무장에게 부여했다.

경범죄를 처벌하기 위해 …… 해적들이 스스로 선택한 사무장이라는 중요한 관직이 있는데, 그는 전시를 제외하고는 이 문제에서 모든 권한을 갖는다. 만약 해적들이 그의 명령에 따르지 않거나, 걸핏하면 다른 사람들과 싸움을 하고 반항적이거나, 포로들을 학대하거나, 그의 명령을 벗어나 횡령하거나, 그리고 특히 그의 재량으로 무기를 점검하여 관리 소홀이 드러난다면 그는 배의 모든 선원들의 묵인 아래 과감히 벌을 준다. 요약하면, 이 간부는 모든 것을 위탁 받은 사람이고, 내놓지 않기로 결정한 금과 은을 제외한 모든 노획물에 대하여 동료들에게 어떻게 분배할지 또는 소유주에게 돌려줄지를 판단하는 제일 높은 지위에 있다.

다른 사람들도 선장과 사무장 사이의 이러한 관계를 목격했다. 예를 들어 스테디 보닛(Stede Bonnet) 선장의 재판에서 보닛의 갑판장이었던 이그네이셔스 펠(Ignatius Pell)은 선장이 명목상으로 선장으로 지내지만 선장보다 사무장이 더 많은 권력을 가졌다고 증언했다.

이러한 권력분산은 선장들이 선원들을 착취하기 위해 전통적으로 취했던 행동을 사라지게 했으며, 동시에 선장들에게 약탈을 위한 항해를 지휘하기에 충분한 권한을 부여하였다. 존슨에 의하면 사무장 제도로 인해서 해적선에서 선장은 사무장이 동의하지 않으면 어떤 것도 할 수 없었다. 사무장은 로마의 호민관(옮긴이 주: 평민의 권리를 보호하기 위해 평민들이 선출한 10명의 관리) 제도를 해적선 상황에 맞게 모방한 것이라고 말할 수 있다. 사무장은 선원들의 이익을 대변하고, 선원들의 이익을 추구한다. 앞에서 설명한 것처럼, 이에 대한 유일한 예외는 목표물을 추적하거나 전투 중일 때인데, 이때는 해적선에 절대적인 권력이 필요했고, 이에 따라 그들의 법에 의해 선장의 권력은 통제할 수 없었다.

해적의 권력분산 제도에서 선원들은 선장과 사무장을 모두 민주적으로 선출했다. 사실, 해적들은 해임된 선장을 대체하기 위해 자주 사무장을 선출했다. 예를 들어, 찰스 베인 선장의 선원들이 그를 축출한 후에 그를 대신해서 사무장을 선장으로 선출했다. 이러한 관행이 해적 간부들 사이에 경쟁을 촉진시켰고, 그 결과 간부들이 학대를 더욱 억제하고 선원들의 이익을 위해 일하도록 만들었다. 다시 한번 해적들은 미국 건국의 아버지들의 저서에서 한 페이지를 받아들인 것이다. 아니면 그 반대일 수도 있다. 매디슨이 기록했듯이 민주적인 견제와 균형이 제대로 작동하려면 '야심이 야심을 꺾도록' 만들어져야 한다. 해적의 선장과 사무장 사이의 경쟁은 정확히 이것을 노린 것이다.

해적들은 선장을 선출하고 해임하는 권리와 함께 해적선에서 권력분산을 매우 심각하게 받아들였다. 해적의 한 포로는 다음과 같은 사건을 기록했다. 한 해적 함대의 선장들이 그들의 선원들이 얼마 전 약탈한 전리품 중에서 아름다운 옷들을 빌렸다. 그 선장들은 훔친 멋진 옷을 입고 가까운 해변에서 그 지역의 여인들을 유혹할 수 있으리라 기대한 것이었다. 선장들은 단지 그 옷을 빌려 입겠다는 생각이었지만 선원들은 선장들이 자신들에게 주어진 권력의 한계를 넘어섰다고 여기고 분노했다. 한 목격자는 그것을 다음과 같이 묘사했다. "해적 선장들이 사무장의 허락 없이 옷을 가져갔고, 그것이 모든 선원에게 커다란 불쾌감을 주었다. 선원들은 그러한 일을 당하고도 모른 척하면 선장들이 앞으로 그들이 원하는 것은 무엇이라도 가져갈 수 있는 권력을 갖고 있다고 생각할 것이라고 주장했다.” 이 일화는 매디슨의 마음에서 “만약 모든 시민들이 그들 국가조직의 권력분산을 해적만큼 소중히 지킬 수만 있다면”이라고 노래하도록 만들기에 충분했을 것이다.

범죄적인 이기심이 만든 해적선의 민주주의

　　해적들의 민주적인 견제와 균형 제도를 충분히 이해한다면 해적들이 이 제도를 사용할 수 있는 근원은 그들의 범죄성이라는 것을 알 수 있다. 이에 대한 이유를 이해하기는 어렵지 않다. 그러나 해적들의 세계는 잠시 놔두고 대신 상선의 세계를 분석해 볼 필요가 있다. 상선은 전형적으로 여러 무역선의 주식을 구입하고 그들의 항해 비용을 조달해 준 12인 이상의 육지 상인이 집단으로 소유했다. 선주들은 선박을 건조하고 지속적인 유지에 필요한 자본을 공급해 주는 외에도 선박의 항해 도구 일체를 준비했고, 식량을 공급했으며, 선원의 급여를 지급했고, 그리고 가장 중요한 고객 확보와 상품 인도 및 운임 등의 조건에 대한 협상을 책임졌다. 상선의 소유주들은 거의 그들의 배에 타지 않는 비승선 선주였다. 그들은 육지에 사는 사람이었다. 대부분의 상선의 선주들은 바다에서 고생하는 것을 원하지 않았고, 대신 그들의 선박을 운항할 선원들을 고용하여 그들의 전문 분야인 투자와 상업적 조직에 특화함으로써 더 많은 돈을 벌 수 있었다. 상선의 선주들이 배에 승선하지 않았기 때문에 그들은 그들이 고용한 선원들과의 관계에서 경제학자들이 말하는 '주인－대리인 문제'에 봉착하게 되었다.

'주인－대리인 문제'는 용어 사용은 달리할 수도 있겠지만 모두가 이 문제에 익숙하다는 것은 의심의 여지가 없다. 당신이 직장에서 지시받은 보고서를 작성하는 대신 어머니 생일선물을 고르기 위해 한 시간 동안 인터넷을 검색할 때 주인－대리인 문제가 나타난다. 그 개념은 다음과 같다. 해결해야 할 일이 있는 어떤 사람이 자신이 직접 그 일을 하는 것이 불가능하거나 유익하지 않아서 그 일을 해결해 줄 대리인을 고용하는 경우에, 이 사람을 주인이라고 한다. 예를 들어, 당신의 고용인이 주인이고, 당신은 그의 대리인이다. 문제는 당신의 이익과 주인의 이익이 항상 완전히 일치하지 않는다는 데 있다. 주인은 당신이 보고서 작성을 마치기 원한다. 왜냐하면 주인은 돈을 벌기 위해 사업상 보고서가 필요하기 때문이다. 당신은 인터넷 검색을 하고 싶어 한다. 왜냐하면 보고서 작성은 재미없고, 주인이 사업에서 얼마나 많은 돈을 버는가에 당신의 소득이 크게 영향을 받지 않기 때문이다. 그런데 주인이 항상 당신을 감시할 수 없으므로 당신은 보고서를 작성하는 대신 인터넷을 검색하는 데 시간을 소비한다.

상선의 선주도 다른 상황이긴 하지만 비슷한 문제에 봉착했다. 일단 선박이 항구를 떠나면 몇 달 이상을 항해했다. 바다에서 선주들의 선박은 감시를 벗어났다. 따라서 선주들은 선원들을 직접적으로 감시할 수 없었다. 이러한 상황은 선원들에게 여러 가지 유형의 기회주의를 불러왔다. 기회주의에는 선박 관리 소홀, 부주의로 의한 화물 훼손, 보급품 낭비, 운임 또는 항해 자금으로 지급한 선 급금 횡령, 노골적인 선박 절취 등이 포함되었다. 이것을 방지하기 위해 선주들은 선장을 임명해서 그들을 대신해서 선원들을 감시했 다. 선원들의 일을 지시하고, 식료품과 급여의 배분을 통제하고, 선원들을 훈련하고 처벌하는 권력을 선장에게 집중시킴으로써 상 선의 선주들은 선원들의 기회주의를 최소화시킬 수 있었다. 앞에 서 설명했듯이, 상선들은 규모가 매우 작았다. 결과적으로 선장들 은 선주들에게 손해가 되는 활동(또는 게으름)을 방지하고 선원들이 전력을 다하도록 그들의 노력을 이끌어내기 위해 적은 비용으로 선원들의 행동을 감시할 수 있었다. 이미 살펴본 것처럼 해사법(海 事法)은 선장들이 이 일을 원활하게 할 수 있도록 선원들의 행동을 육체적인 처벌로서 통제할 수 있는 권한을 선장들에게 부여하였 다. 이 법은 명령에 복종하지 않거나 의무를 태만히 하는 선원들을 악명 높은 아홉 가닥 채찍으로 때리고, 옥에 가두고, 그리고 다른 종류의 육체적 처벌을 내릴 수 있는 권한을 선장들에게 주었다. 또 한 이 법은 선장들이 화물 훼손이나 절도 그리고 명령 불복종에 대 한 처벌 수단으로 선원들의 임금을 삭감하는 것도 허용했다.

선주들은 그들의 이익을 선장들의 이익과 일치시키기 위해 두 가지 방안을 이용했다. 첫째, 그들은 지휘하게 될 선박에 조금이라 도 자금을 출자한 선장들을 고용했고, 출자하지 않은 선장들에게 는 약간의 주식을 주었다. 상선의 선장들은 다른 선원들과 같이 정 기적으로 고정임금을 받았다. 그러나 일반 선원들과 달리 선장들은 그들이 지휘하는 선박의 소주주가 되어 선장들의 이익과 배에 타지 않은 선주들의 이익을 일치시킬 수 있었다. 둘째, 가능하면 선주들은 그들 중 한 사람과 가족관계에 있는 자를 선장으로 임명했다. 이 경우에 선장들이 기회주의적인 행동을 하면 처벌을 받을 것이 확실했기 때문에 선장들은 비승선 선주들에게 손해를 끼치는 기회주의적인 행동을 할 수가 없었다.

상선의 선주들이 이익을 효과적으로 얻어내기 위해 독재적인 선장이 필요했던 이유는 명백하다. 선원들에 대해 전권을 보유하지 못한 선장은 선원들의 행동을 성공적으로 감시하고 통제할 수 없었다. 식료품, 급여, 노동 할당, 처벌에 대한 선장의 권한을 줄이고 대신 그러한 권한을 다른 선원들에게 준다면 선원들이 선주들의 이익을 위해 행동하도록 유인하는 선장의 권한이 줄어들 것이다. 비슷한 논리로 상선의 선주가 선장을 항해 중에 영원한 지휘관으로 임명하는 대신 선원들이 자기들의 뜻에 따라 선장을 투표로 해임하고 다른 선장을 선출하도록 허용한다면 선주들의 대리경영자로서 선장의 능력이 사라질 것이다. 이것을 이해하기 위해 상선의 선원들에게 선장을 민주적으로 선출할 수 있는 권한을 준다고 할 때 선원들이 어떤 유형의 선장을 뽑을 것인지 생각해 보자. 선원들의 이익을 위해서는 선원들이 좋아하는 대로 내버려두는 느슨하고 자유로운 선장이 가장 좋다. 이것은 선주들의 이익에 가장 도움이 되는 선장과는 정반대의 유형이다. 따라서 상선의 독재는 선주와 선원 사이의 주인-대리인 문제를 극복하기 위해, 그리고 상선의 수익성을 보장하기 위해 꼭 필요했다.

상선에서도 일부 선원들은 여전히 배에서 절도 행위를 하고, 명령에 복종하지 않고, 어떤 경우에는 배에서 폭동을 일으키고 몰래 도망가는 일이 있었지만, 이러한 일들은 독재적인 권한을 가진 선장 밑에서 상선의 선원들이 선주의 이익을 위해 일한다는 일반 규칙에는 별로 중요하지 않은 예외였다. 상선의 독재는 배에 승선하지 않은 선주들과 선원들 사이에 주인-대리인 문제를 해결해 주었지만, 그 과정에서 우리가 이미 살펴본 선장의 약탈 행위라는 또 다른 종류의 문제를 야기했다. 이 문제는 선주들을 위해 선원들을 관리하는 데 필요한 권한을 부여받은 선장들이 그 권한을 가지고 선원들을 부려 개인적인 이익을 취하는 데 악용할 수 있다는 것이다. 권한을 악용하는 착취적인 선장들은 선원들에게 제1장에서 논의했던 비참한 상황을 가져다주었다. 가학적인 노먼(Norman) 같은 일부 선장들은 악한이었다. 그러나 많은 다른 선장들은 그렇지 않았다. 그들은 단지 상선의 조직이 만들어 낸 인센티브에 반응했을 뿐이다. 상선의 선장들은 기본적으로 선원들에 대해 무제한적인 권한을 갖고 있었기 때문에 선원들을 희생해서 자신의 이익을 추구하는 데 따르는 비용이 대체로 낮았다. 따라서 많은 선장들이 그들의 권한을 악용했으리라는 것을 예상할 수 있다. 요약하면, 상선은 매디슨이 주장한 권력의 패러독스를 극복하지 못했다. 이것은 상선의 선주들이 어리석기 때문이 아니다. 그것은 상선의 소유구조가 구속받지 않는, 또는 독재적인 선장을 필요로 했기 때문이다.

이것을 이해한다면, 이제 해적으로 돌아가자. 상선과 마찬가지로 해적선의 조직이 만들어진 결정적인 요인은 해적선이 직면한 특별하지만 매우 다른 경제적 상황이었다. 가장 주목할 것은 해적선에서는 상선에서 나타났던 선주와 선원 사이의 주인 – 대리인 문제가 나타나지 않았다는 것이다. 그 이유는 매우 단순하다. 해적들은 그들의 선박을 합법적으로 취득하지 않았다. 그들의 선박은 훔친 것이다. 따라서 해적선에는 승선하지 않은 선주가 없었다. 그 대신 해적들은 배를 공동으로 소유했고, 그들 스스로 운영했다. 이런 점에서, 역사학자 패트릭 프링글(Patrick Pringle)이 묘사했듯이 해적선은 바다를 항해하는 주식회사와 같았다. 해적선에서는 주인이 바로 대리인이다. 앞에서 설명한 것처럼, 해적들도 선장이 필요했다. 그러나 해적들에게는 이익을 보호해 주어야 할 선주가 없었기 때문에 독재적인 선장은 필요하지 않았다.

해적들은 항해하는 동안 주인인 동시에 대리인이기 때문에 민주주의를 통하여 선장들이 주인을 희생시키고 대리인을 위해 봉사할 수 있었다. 선장을 선출할 수 있는 기회를 갖고 있는 상태에서 선원들은 스스로의 '휴가'에 투표할 인센티브는 존재하지 않았다. 좀 더 정확하게 말하면 상선의 선원들이 선장을 선출할 수 있는 기회를 갖고 있었다면 그들은 자신들에게 휴가를 주려는 선장에게 투표하겠지만, 해적들은 그러한 선장에게 투표할 인센티브를 갖지 못했다. 그 반대로 해적들은 해적 민주주의를 통하여 자신들이 원하는 유형의 선장을 세울 수 있었다. 해적들은 그들 마음에 들지 않는 선장을 투표로 해임하고 다른 선장을 선출할 수 있었기 때문에 해적의 선장은 선원을 착취할 수 있는 능력이 상선의 선장에 비해서 크게 제한을 받았다. 또한 해적들은 그들 배에서 주인인 동시에 대리인이었기 때문에 선원을 착취하는 선장의 능력을 더욱 견제하기 위해 배에서의 권한을 나누어 가질 수 있었다. 상선에서 권력분산이 이루어진다면 승선하지 않은 선주의 대리인 즉, 선장이 선주의 이익을 위해 선원들을 지휘할 수 있는 능력이 약화될 것이다. 따라서 상선에서는 권력분산을 할 수 없었다. 이와 달리 해적선에서는 민주적인 권력분산 체제의 채택이 가능했고, 실제로 권력분산이 이루어졌다.

요약하면 해적선은 훔친 배였기 때문에 내부의 행정체제를 민주적으로 조직할 수 있었다. 만약 해적들이 합법적인 선원들처럼 단순히 승선하지 않은 선주의 대리인이었다면 그들은 상선과 같이 독재적인 조직을 구성해야 했을 것이다. 그리고 이러한 조직에서 나타나는 착취 문제로 인하여 해적들도 상선의 선원들과 똑같은 문제를 겪었을 것이다. 이러한 문제가 아주 심각했다면 해적들은 해적 행위가 할 만하다고 생각하지 않았을 것이다. 사실 해적들이 권력의 패러독스를 해결하지 못했다면 선장의 착취 문제가 상선에서보다 훨씬 더 심각했으리라는 것이 거의 확실하다. 제1장에서 언급한 것처럼 상선의 선원들은 선장의 착취를 방지하기 위해 적어도 정부에 제소할 수 있었다. 그러한 제소가 모든 문제를 해결할 수는 없지만 많은 경우에 그것은 효과가 있었다. 이에 반해서 해적들이 독재적인 선장의 악행에서 자신들을 보호해 달라고 정부에 신고하는 것은 마약 거래자가 공급책에게서 보호받기 위해 경찰에 신고하는 것보다 어려웠다. 앞에서 논의한 것처럼 해적들은 사회의 모든 합법적인 이득을 포기했다. 따라서 해적들이 선장의 착취에 대한 위협을 극복하는 것은 몇 배로 중요했고 어려웠지만, 이 때문에 그들은 그렇게 몇 배로 인상적인 일을 해냈다.

＊

해적 민주주의는 해적의 몇 가지 중요한 특성을 보여준다. 첫째, 비록 해적들은 다양한 유형의 사람들로 구성된 야만적인 범법자들이었지만 그들도 사회의 구성원이었다. 해적 사회는 떠다니는 집단, 즉 해적선이었다. 그러나 모든 다른 사회가 그렇듯이 이 사회에도 지도자가 필요했다. 둘째, 모든 사회와 마찬가지로 해적 사회도, 비록 범죄적으로 구성되고 운영되었지만, 권력의 패러독스에 봉착했고, 사회를 작동시키기 위한 해결책이 필요했다. 따라서 이런 점에서 해적들이 안고 있는 근본적인 문제는 합법적인 사회가 안고 있는 문제와 같았다. 셋째, 이 문제에 대한 해적의 해결책은 기본적으로 현대사회가 매디슨의 딜레마를 극복하려고 사용한 것과 같았다. 그러나 해적들은 당시에 합법적으로 살던 사람들에 앞서 해결책을 발견했다.

마지막으로 생각할 문제는 해적 민주주의는 해적들이 누가 사람들을 다스릴 것인가에 대하여 의견을 말할 수 있는 인간의 권리에 대한 낭만적인 민주적 이상을 바탕으로 해서 나타난 것이 아니었다는 점이다. 그것은 '보이지 않는 갈고리 손'에 의한 해적들의 이윤 추구의 결과로 나타났다. 해적들은 조직적인 약탈에 필요한 협력을 저해하는 선장의 착취를 막는 데 관심이 있었다. 그리고 이에 대응하여 그들은 민주적인 '견제와 균형'을 개발했다. 어떤 외부의 세력도 해적 사회에 민주주의를 고안해 주거나, 지시하거나, 강요하지 않았다. 외부의 자극이 없이 해적들의 (범죄적인) 이기심이 이 제도를 채택하도록 유도했다.

비슷한 논리로 해적 선장들이 선원들에게 더욱 성의를 보이고 선원들의 이익을 위해 충실하게 헌신한 것은 그들이 상선의 선장들보다 심성이 착하거나 공정성에 신경을 더 많이 썼기 때문이 아니다. 그들의 착한 행동은 민주적인 권력분산이라는 상선과는 상이한 해적선의 조직체제의 결과로 나타났다. 해적 선장들이 운영했던 민주적인 제도는 독재적인 체제에서 운영되었던 상선의 선장들과는 다르게 행동하려는 인센티브를 만들어 냈다. 해적의 조직에서는 갖고 있는 권력을 바르게 관리하는 선장들에게 보상을 해주었고, 선원들을 착취하는 선장들에게 벌을 내렸다. 상선의 조직에서는 대체로 이것과 정반대되는 일이 일어났다.

상선과 해적선의 조직이 서로 다른 이유는 각기 처해 있는 경제적 상황이 다른 데서 기인한다. 상선에서는 선주들과 선원들 사이의 주인－대리인 문제로 인해 선주의 이익을 창출하기 위해 영구적이고 독재적인 선장이 필요했다. 민주주의가 이것을 바꾸었다. 해적선에서는 기업의 불법적인 특성으로 인해 주인－대리인 문제가 존재할 수 없었고, 그에 따라 독재적인 선장이 필요하지 않았다. 해적선은 훔친 것이고, 그래서 먼 곳에 떨어져 사는 주인이 없다. 결과적으로 해적들은 그들의 선장을 선출할 수 있었고, 선원들 사이에 권력을 분산시킬 수 있었으며, 그 결과 자신의 이익을 위해 부하들을 마음대로 부릴 수 있는 선장의 권한이 제한되었다. 기이하게도 해적의 이기적인 범죄성이 그들의 사회에서 민주적인 견제와 균형을 불러왔던 것이다.

해적 선장의 경제학 교실 01

"당신의 유토피아를 마다가스카르 섬에 건설하라!"

읽을거리 : 루트비히 폰 미제스(Ludwig von Mises)의 『사회주의』(*Socialism*), 하이
에크(F. A. Hayek)의 「지식의 활용」(The Use of Knowledge in Society)
핵심주제 : 사업이 경영조직을 결정하는 것이지, 경영조직이 사업을 결정하는 것
이 아니다.

합법적인 사업이 이윤 극대화를 추구하는 과정에서 직면하는 여러 가지
문제점을 해적선에서도 겪게 된다. 이러한 문제들 중에서 가장 중요한 것은
지도자의 역할을 수행하는 회사 구성원들이 회사 자금을 유용하지 못하도록
하는 것과 근로자들을 회사의 목표에 기여하도록 유도하는 것이다. 언론에
는 회사 자금을 횡령하고, 회사의 재무 상태를 허위로 작성하며, 근로자들의
희생을 대가로 자신들의 이익을 도모하는 여러 가지 행위에 관여하는 부정
직한 기업 경영자들을 폭로하는 기사가 끊이지 않는다. 이와 대조적으로 회
사의 물품 창고에서 물건을 훔치고, 마감 시간이 다가오면 거짓으로 아픈 척
하고, 창자가 허용하는 시간보다 더 많은 시간을 회사 내 화장실에서 보내
는, 부도덕한 직원들을 생각해 볼 수 있다. 정직하지 않은 직원들은 부도덕
한 CEO만큼 언론의 주목을 받지 않는다. 그러나 그런 사람들은 어디에나
있다.

두 가지 종류의 문제점은 (회사의 경영층에서 비롯되어 고용인들에게 영향을 미
치는 문제점과, 고용인 계층에서 비롯되어 회사의 경영자들에게 영향을 미치는 문제
점은) 회사 경영에 부정적인 영향을 미친다. 그리고 이러한 두 가지 종류의
문제점은 같은 원인에서 비롯되는데, 그 원인은 바로 관리자-근로자 사이

의 인센티브를 적절하게 조정하지 못한 데 있다. 물론 해적선에서 나타나는 이러한 문제점들의 구체적인 양상은 합법적인 현대 기업에서 나타나는 형태와는 다르다. 그러나 이러한 문제점들은 해적이라는 회사의 성공에도 똑같은 위협으로 작용한다. 예를 들어 해적 선장은 분식회계에 개입하기보다는 선원들에게서 훔치고, 배급량을 감축하는 등 다른 방법으로 권력을 남용한다. 또한 해적 선원들은 화장실에서 부자연스럽게 긴 시간을 보내는 대신 전투에서 뒤로 물러나 있거나 동료들의 약탈품을 가로채 숨기는 행위를 통해서 그들의 임무를 게을리할 수 있다.

앞에서 논의했듯이 해적들은 대체로 이러한 인센티브 조정 문제를 그들의 기업을 기업적인 방법으로 조직함으로써 극복했다. 해적들은 선장의 공금 유용을 방지하기 위해 그들의 지도자를 민주적으로 선출했고 사무장 같은 다른 구성원들에게 권력을 분산시켰다. 이러한 관리조직하에서 선장은 선원들의 이기심을 충족시켜 줌으로써 자신의 이기심도 최대한 충족시킬 수 있었다. 만약 그가 그렇게 하지 않는다면 선원들이 그의 지휘권을 빼앗을 수 있었다. 해적 조직에서는 선원들이 게으름을 피우는 것을 방지하기 위해 모든 구성원들이 회사의 이윤에 대하여 동일한 또는 거의 동등한 주주로서의 권리를 행사했다. 이것은 각 해적의 개인적인 노력과 급여 사이의 연계성을 강화시켰다. 무임승차를 방지하기 위해 탁월한 용기를 보여 주었거나 숨겨진 약탈품을 찾아낸 해적들을 위해 해적 규약에 보너스 제도를 도입했고, 어떤 경우에는 선원들이 특정한 선원이 받는 몫에 대한 투표권을 갖기도 했다. 이러한 제도로 인해 해적들은 열심히 일한 선원에게는 보상을 해 주고 게으른 선원에게는 벌을 주는 것이 가능했다. 또한 해적 규약은 근로자의 보상 제도를 도입해서 해적들이 부상을 당할 수 있는 위험을 떠맡을 때 느끼는 부담도 줄여 주었다. 이러한 조치들은 일반 해적들 사이에, 그리고 일반 해적들과 간부급 해적들 사이에 구성원 개개인의 인센티브를 조정하는 데 도움이 되었다.

합법적인 현대 기업들도 앞에서 논의한 인센티브 조정 문제를 극복하기 위해 비슷한 조치를 취한다. 어떤 기업들은 종업원의 노력을 회사의 전반적인 성공과 보다 밀접하게 연계시키기 위해 종업원에게 스톡옵션을 제공하여 이윤을 공유하는 제도를 도입하기도 하고, 때때로 종업원으로 일하는 주주들에게는 회사 경영에 대한 발언권을 주기도 한다. 해적들이 구성원들의 인센티브 조정을 개선시키려고 취하는 조치들처럼 합법적인 현대 기업이 같은 목적을 위해 취하는 조치들도 완벽하지는 않다. 그러나 그러한 조치들은 어느 정도 도움이 된다. 그렇지 않다면 해적들처럼 이러한 회사들이 그러한 조치를 채택하지 않았을 것이다.

노동자 민주주의의 지지자들은 해적선에서 상당히 많은 내부 의사결정이 일반투표에 의해서 이루어졌다는 사실을 특히 반길 것이다. 19세기 기독교 사회주의자인 찰스 킹슬리(Charles Kingsley)가 이에 대한 좋은 예다. 킹슬리는 해적선을 '노동자 협동조합'의 탁월한 예로 간주했고, 그의 시에서 '최후의 버커니어'라고 찬양했다. 21세기의 노동자 민주주의 지지자들도 비슷한 입장이다. 그들의 견해에 따르면 모든 기업은 종업원의 계획에 의해 운영되어야 한다. 노동자들이 그들 회사의 관리자와 CEO를 선출해야 하고, 다른 종업원의 고용과 해고의 결정에도 참여해야 한다. 노동자들은 무엇보다도 회사의 생산 활동, 종업원과 CEO의 임금에 관해서 투표해야 한다. 이들은 기업 자본주의의 폐단이 많은 회사들의 독재적인 관리구조에서 기인한다고 주장했다. 이러한 관리구조에서는 기업의 지도자가 종업원을 희생시켜 자신의 이익을 추구할 수 있기 때문이다. 노동자 민주주의는 이러한 문제를 해결하고 평등주의를 제고하여 기업 수익의 공정한 배분을 가능하게 할 것이라는 주장이다.

그러나 노동자 민주주의의 지지자들이 간과한 문제가 있는데, 그것은 이윤 추구가 해적의 민주주의를 유도했다는 점이다. 특별한 경제적 상황에서 해적들이 운영했던 급진적인 민주적 경영은 일리가 있었다. 앞서 논의했듯이 이윤을 극대화하기 위해서 해적은 그러한 구조가 필요했다. 사실 해적들이 해적 민주주의를 이용했던 이유가 바로 이것이다. 그러나 특별한 상황에서 해적들이 운영했던 민주적 경영조직이 타당하다고 해서 민주적 경영이 모든 상황에서 모든 회사에 적합하다고는 할 수 없다. 상이한 경제적 상황에서 운영되는 상이한 기업은 이윤을 가장 많이 얻어낼 수 있는 상이한 경영형태를 찾아야 할 것이다.

수많은 특정한 경제적 요인들이 여러 가지 형태의 기업 경영의 수익성에 영향을 미친다. 예를 들어 매우 규모가 큰 기업에는 노동자 민주주의의 의사결정비용이 너무 커서 비용적인 측면에서 효과적이지 않다. 비슷하게 외부에서 대규모 자금 조달이 필요한 기업에서는 외부 투자자가 투자한 자본의 금액에 비례하여 회사의 활동, 특히 회사의 경영자에 관해 발언권을 갖는 것이 당연하다. 소수의 투자자들이 회사 운영비의 대부분을 부담한 경우에 근로자를 포함해서 모든 사람들에게 동등한 발언권을 주는 것은 비효율을 초래한다. 예를 들어 회사 자본에서 아주 적은 몫을 갖고 있는 근로자들은 매우 위험한 결정에 찬성 투표를 하고 이러한 모험이 성공하지 못한다고 해도 아주 작은 위험만 부담하면 된다. 사실 그들은 위험한 의사결정과 관련된 비용의 일부를 훨씬 더 많은 위험을 안고 있는 회사의 주요 투자자들에게 떠넘길 수 있다. 이 때문에 근로자들은 매우 위험한 사업에 (그들이 실패의 모든 비용을 부담해야 한다면 그들에게 너무 위험해 보이는 사업에) 찬성표를 던질 인센티브를 갖고 있다.

해적 활동의 특성으로 인해 해적선에서는 그러한 문제가 나타나지 않았다. 벤처 투자자들은 해적 기업에 자금을 대주지 않았다. 해적들은 그들이 약탈한 것 이상의 자본도 필요로 하지 않았다. 따라서 해적의 각 구성원은 회사의 근로자 중 한 명이라는 신분에 추가하여 회사의 동등한 투자자이며 부분적인 소유주였다. 해적들이 자금을 조달하기 위해 벤처 투자자들이 필요했다면 그들의 경영구조는 매우 달라졌을 것이다. 이 경우에는 회사의 주요 투자자의 이익을 보호하기 위해 덜 민주적으로 구성되었을 것이다. 예를 들어 사략선은 기본적으로 해상 약탈 등 해적과 똑같이 활동했다. 그러나 그들은 합법적인 기업이었고 해적들처럼 필요한 자본을 약탈에 의존할 수 없었기 때문에 활동하는 데 필요한 자본을 공급할 외부 투자자가 필요했다. 따라서 사략선들이 해적선들보다 훨씬 더 독재적인 경영을 할 것이라고 예상할 수 있다. 예를 들어 사략선의 선장은 선원들이 선출하지 않고 사략선의 투자자들이 임명했다. 사략선이 기본적으로 해적과 같은 활동을 벌였지만 사략선이 직면했던 상이한 경제적 상황 (그들의 활동을 위해 외부 투자자가 필요했다는 사실) 때문에 사략선의 수익성이 해적과는 다른 경영구조, 즉 일부 중요한 측면에서 상선과 유사한 경영조직을 채택하도록 만들었다.

많은 자본이 필요한 현대의 대기업들도 근로자들이 해적들처럼 회사에 모든 자금을 균등하게 투자한다면 해적과 같은 민주적인 경영이 가능할 것이다. 그러나 대부분의 근로자들은 이에 필요한 자금이 없다. 그리고 많은 합리적인 사람들은 자신들이 일하는 회사에 자기 재산의 많은 부분을 투자해서 그에 따르는 위험을 부담하기를 원하지 않는다. 필요한 자본을 공급하는 자금력과 그에 관련된 위험을 부담할 능력이 있는 전문가들이 근로자들을 대신하여 회사에 필요한 자본을 제공한다면 그러한 회사에 근무하는 근로자들에게는 훨씬 이득이 된다. 그러나 그러한 투자자를 끌어들이려면 근로자들이 회사의 의사결정에서 동등한 발언권을 갖기를 기대해서는 안 된다. 이에 대한 대안으로서 회사가 외부에서 자금을 조달하지 않고 보다 민주적인 경영을 허용할 수도 있지만, 그것은 회사가 운용해야 하는 자본의 규모를 제한함으로써 생산이 줄어들고, 그 결과 회사의 수익성은 크게 감소하고 근로자의 임금은 하락하게 될 것이다.

종업원 지원자가 회사에서 필요한 모든 자본을 기꺼이 공급할 수 있는 매우 작은 회사의 경우에는 사정이 달라질 수 있다. 예를 들어 바텐더의 경험이 있는 세 명의 친구들이 자본을 공동으로 투자하여 직원으로 일하며 작은 바를 시작한다면 각각의 친구가 사업과 관련된 의사결정에서 동등한 투표권을 갖는 노동자 민주주의 형태의 합명회사를 조직하는 것이 합리적일 수 있다. 이 경우에는 의사결정 비용이 낮고, 만족시켜야 할 외부 투자자들도 없다. 상이한 경제적 상황으로 인해 나타나는 상이한 형태의 회사들의 상이한 비용과 이득이, 선택 가능한 여러 가지 방식의 경영조직의 수익성을 결정하고, 그 결과 어떤 경영방식을 채택하는 것이 합리적인가를 결정한다.

요약하면 경영조직에서 단 하나의 효율적인 조직 형태는 없다. 한 기업에 효율적인 조직 형태가 다른 기업에는 완전히 비효율적일 수도 있다. 해적선이나 또는 비슷한 다른 곳에서 민주적인 경영이 효과적이기 때문에 민주적인 경영이 최선의 경영방식이라는 결론을 내리고, 이를테면 월마트가 민주적으로 조직되어야 한다고 주장하는 것은, 아버지나 어머니가 독재적으로 모든 가정 일을 결정하는 '가족정부'가 효과적이라고 결론 내리고 독재가 최선의 정부방식이기 때문에 국가의 정부가 독재적으로 조직되어야 한다고 주장하는 것과 같다. 물론 그러한 결론은 터무니없는 것이다. 가족과 국가는 매우 다른 사람들을 보살피고, 매우 다른 상황에서 운영된다. 해적선과 월마트도 매우 다른 사람들이 개입되어 있고 매우 다른 경제적 상황에서 운영된다. 노동자 민주주의가 다른 모든 회사조직보다 우월하다고 전면적으로 주장하는 사람들은, 그들이 말하는 특정한 크기가 실제로는 맞는 곳이 거의 없는 상황에서 하나의 크기가 모든 것에 맞는다는 접근 방법을 제안하는 것과 같다. 이윤을 창출하려는 욕망은 경제적으로 가장 효율적인 방법으로 회사를 조직하도록 유도한다. 이 말은 회사들이 전혀 실수를 저지르지 않는다는 것을 뜻하지 않는다. 그러나 시간이 흐르면서 이윤 동기는 매우 훌륭하게 회사들이 올바른 경영의 길을 가도록 유도한다. 해적의 '노동자 민주주의'에서 배워야 하는 것은 민주적 경영이 보편적으로 바람직하다는 것이 아니라 이윤이 회사의 조직 형태를 결정하도록 하는 것이 보편적으로 타당하다는 사실이다.

제 3 장

해적선의 질서:
해적 규약의 경제학

⋮

　해적 규약은 만장일치의 동의를 요구했다. 해적들은 원정을 떠나기에 앞서 민주적으로 해적 규약을 작성하고, 해적선에 승선한 해적들은 모두 '성경'에 손을 얹고 (성경이 부족하면 손도끼에 손을 얹고) 해적 규약을 지킬 것을 다짐했다. 이미 해적 규약이 시행되는 해적선에 새로 합류한 신입 해적들에게도 사정은 마찬가지였다. 자발적으로 해적선에 승선한 자라면 누구든 해적 규약 준수를 맹세해야 했다.

⋮

해적의 삶이 어떠했을지는 확실히 짐작할 수 있다. 불한당들이 직업으로 선택했다는 사실만으로도 생생하게 그림이 떠오른다. 그것은 소란하고 무모하며, 잔인하게 약탈하는 광경이다. 해적들은 거짓말쟁이, 사기꾼, 그리고 역적들이다. 그들은 도적들이고, 살인자들이며, 해고된 선원들이다. 범죄적인 정신이상자를 위한 수용소처럼 보이는 해적 사회에서 질서는 어떻게 유지되었을까?

게다가 해적들에게는 정부가 없었다. 영국 육군 총사령관이 조지 1세 국왕에게 보낸 탄원서에 의하면, 해적들은 모든 질서와 정부에 대한 공공연한 적이었다. 그래서 사회적 협력이라는 기계에 윤활유 역할을 하는 정부의 평화 유지 장치와 질서에 의지할 수 있는 합법적인 사회의 구성원이 누리는 문명을 해적들은 거부했다. 해적들에게는 교도소, 경찰, 의회가 없었다. 그들에게는 변호사, 형 집행관, 왕실 재판관도 없었다. 대부분이 법을 지키며 살아가는 시민들의 사회에서 만행과 혼란을 방지하기 위해 이러한 법과 질서라는 장치가 필요하다고 할 때, 폭력적인 범죄자 사회에서 이러한 장치가 없다는 것이 무엇을 의미하는지 상상할 수 있다. 해적 사회는 단순히 범죄적인 정신이상자를 위한 수용소가 아니었다. 해적 사회는 교도관이 없는 수용소였다.

그러나 이러한 직관은 매우 합리적이지만 아주 잘못된 것이기도 하다. 항간에 알려진 것과 달리 해적 생활은 질서 있고 정직했다. 이것은 이윤이라는 해적의 목적을 다시 생각해 볼 때 직관에 어긋나지 않는다. 해적들은 상호 이익을 목표로 협력하기 위해 (사실은 그들의 범죄 조직을 발전시키기 위해) 그들의 불법적인 사회가 정신병원으로 타락하는 것을 막을 필요가 있었다. 이러한 필요성을 가장 잘 표현한 사람은 애덤 스미스이다. 그는 "걸핏하면 서로에게 해를 끼치고 상처를 주는 사람들 사이에서는 사회가 유지될 수 없다. 만약 강도들과 살인자들로 구성된 사회가 있다면, 적어도 서로에게 강도질을 하거나 살인을 하지 말아야 한다"라고 말했다. 따라서 해적들은 정부 없이도 사회적인 조화를 확보해야 할 강한 동기를 갖고 있었다. 그들은 어떻게 이것을 해냈을까? 해적의 질서는 어떤 모양일까? 그리고 그것은 효과가 있었을까? 앞 장에서와 같이 이러한 질문에 대한 답은 경제학이 알려준다.

■

사회가 정부를 필요로 한다는 주장은 정부 그 자체만큼이나 오래되었다. 토머스 홉스(Thomas Hobbes)는 『리바이어던』(*Leviathan*)

이라는 저서에서 무정부 상태의 생활상을 "외롭고, 가난하고, 불결하고, 난폭하고, 부족하다"라고 묘사했다. 이 문장은 무정부 상태의 생활상에 대한 가장 잘 알려진 설명 중 하나다. 홉스는 1651년에 이 책을 썼지만 그의 말은 현재까지 무정부 상태에 대한 대부분 사람들의 생각에 영향을 미쳤다. 홉스는 정부가 없는 세계 (그가 자연 상태라고 불렀던 무정부 상태의 세계)와 문명화가 가능하다고 주장한 정부가 있는 세계를 구별했다. 전자의 세계에는 영원한 분쟁과 싸움, 즉 '만인의 만인에 대한 투쟁'이 존재한다. 후자의 세계에는 광범위한 협력과 평화가 존재한다.

홉스가 무정부 상태의 생활을 정부가 존재하는 상태의 생활과 그토록 다르게 규정했던 이유는 무엇일까? 그는 그 이유가 사람의 이기적인 본성이라고 주장했다. 제2장에서 정부의 권한 남용 행위를 통제하기 위해 민주주의와 권력분산과 같은 장치가 필요했던 것은 인간본성을 반영한 결과라는 『페더럴리스트』 51호의 매디슨의 견해를 살펴보았다. 통치자들의 선천적인 이기심을 방치하면 권력 남용을 초래한다. 천사들이 인간을 통치하는 것이 아니기 때문에 사회는 정부에 대해 외부적·내부적 통제가 필요하다. 홉스도 정부와 관련하여 비슷한 주장을 하는 것으로 생각할 수 있다. 매디슨이 지적했듯이 사람들이 천사라면 정부는 필요 없다. 홉스는 사람들이 천사가 아니기 때문에 정부가 필요하다고 주장한다.

우리의 상상력을 보탠다면 홉스의 주장을 쉽게 지지할 수 있다. 정부가 없다면 누가 사회에 질서를 확립해 주는 규칙과 규제를 만들어 줄 것인가? 강한 자가 약한 자의 몫을 빼앗는 행동을 무엇으로 막을 것인가? 개인들의 분쟁은 어떻게 해결할 것인가? 다른 사람에게 해를 끼치는 행동은 무엇으로 막을 것인가? 생활 능력이 없는 병들고 다친 사람들은 누가 부양할 것인가? 홉스와 매디슨이 제안한 것처럼 사람들이 이기적이라면 그리고 이 책에서와 같이 해적들 역시 이기적이라고 생각한다면, 그들을 통제할 정부가 없다고 할 때 사기 치고, 거짓말하고, 도둑질이 횡행하는 것을 무엇으로 막을 것인가? 정부가 없다면 어떻게 사회가 혼돈을 피할 수 있을까?

이러한 질문에 답하려면 흔히 주의 깊게 생각하지 않았던 정부와 지배구조를 구별하는 것이 중요하다. 정부는 자신이 책임지고 있는 영토 내에서 강제력을 행사할 수 있는 독점적인 기관으로서 권력에 기반을 둔다. 정부는 사람들이 자발적으로 선택하지 않은 방식으로 행동할 것을 강요할 수 있는 독점적인 권한을 가짐으로써 사기와 절도를 방지할 수 있고, 보다 넓게는 질서를 유지하는 능력을 갖게 된다. 합법적으로 권력을 사용할 수 있는 이러한 독점력으로 인하여 정부는 병들고 다친 사람들을 부양할 수 있는 권한을 갖는다. 이기적인 사람들은 스스로 이러한 사람들을 부양하려고 하지 않기 때문에, 강제로 사람들에게서 돈을 거두어서 필요한 사람에게 재분배할 수 있는 권한을 정부에 준 것이다.

정부가 힘에 근거하고 있다는 사실을 확신할 수 있도록 당신이 정부의 규칙 하나를 따르지 않기로 결정할 때, 또는 정부가 요구하는 돈을 주지 않기로 결정할 때 무슨 일이 발생할 것인가 생각해 보자. 전자의 경우에는 법을 위반한다고 하며, 정부가 감옥에 가두거나 벌금을 부과하여 처벌한다. 후자의 경우에는 탈세자라고 부르며 정부가 비슷한 방법으로 처벌한다. 따라서 정부가 하는 모든 일은 강제력이라는 위협에 의해 뒷받침된다. 정부의 독점적인 권력은 지배자의 우월한 힘에서 얻어지고, 그러한 독점적인 권력은 다시 시민들을 상대로 권력을 집중하고 독점화하는 데 사용한다. 예를 들어, 스탈린의 러시아에서는 상대적으로 소수의 시민들만이 정부가 어떻게 권력을 사용할 것인가에 대하여 승인했다. 어떤 정부의 독점적인 권력은 그들이 통치하는 주민들의 승인을 통해 얻어진다. 예를 들어 현대 미국에서 대부분의 시민들은 정부가 어떻게 권력을 사용할 것인가에 대하여 승인한다. 만약 당신이 이러한 시민들 중 한 사람이라면 정부에서 준수할 것을 요구하는 복잡한 규칙이나 지불할 것을 요구하는 많은 세금에 신경 쓰지 않을 수 있다. 그러나 이것은 행운이거나 우연의 일치일 뿐이다. 그 때문에 당신이 정부가 원하는 것과 다르게 행동하면 반드시 정부의 처벌을 받는다는 사실은 변하지 않는다. 사실, 정부가 원하는 길과 다르게 행동하기를 원하는 사람이 많다는 것이 정부가 필요한 주요이유 중 첫 번째다. 즉, 정부가 원하는 것과 다르게 행동하려는 사람들에게 그들의 생각과 다르게 행동하도록 강요하기 위해 정부가 필요하다. 따라서 일부 사람들이 여러 가지 사례에서 정부가 요구하는 것에 기꺼이 부응한다고 해서 정부가 '자발적'이 되지는 않는다. 정부가 하는 모든 일 뒤에 숨어 있는 독점적인 강압은 자발적인 선택과는 반대되는 것이다. 정부에 관한 한 자발적인 것은 아무것도 없다.

이것이 정부라면 지배구조는 무엇인가? 지배구조는 정부보다 넓은 개념이다. 지배구조는 사회적 규칙을 제공하고 실행하며 그 결과 사회질서를 수립하는 어떤 제도나 기구의 존재를 의미한다. 정부는 독점적인 강제력을 근거로 지배구조를 제공하는 기구의 한 유형이다. 그러나 정부만이 지배구조의 유일한 유형은 아니다. 예를 들어, 아파트 관리위원회를 생각해 보자. 아파트 관리위원회는 주민을 위해 규정을 제정하고, 이러한 규정에 위배되는 행동을 하는 사람들을 처벌하는 조항을 만든다. 예를 들어, 당신의 아파트 관리위원회가 조경을 하고 아파트 외벽을 다시 칠하는 등 공동구역의 관리를 위해 월 380달러를 지불하도록 내규로 정했는데, 당신이 부과금을 지불하지 않으면 관리위원회가 당신을 내쫓을 수 있는 권리를 갖는다. 또한, 아파트 관리위원회는 다른 주민에게 부정적인 영향을 줄 수 있는 행동을 규제하는 규칙을 만들기도 한다. 예를 들어, 관리위원회 내규에서 발코니에 바비큐 그릴을 보관하는 것을 금지할 수도 있다. 많은 아파트 관리위원회는 주민들의 재산을 보호해 주는 서비스를 제공하기도 한다. 예를 들어, 당신이 관리위원회에 지불한 부과금으로 건물을 감시하고 단속하는 사설 경호원이나 수위를 고용한다. 따라서 아파트 관리위원회는 정부가 시민들에게 제공하는 지배구조와 상당히 비슷한 방법으로 공동체 구성원에게 지배구조를 제공한다.

그러나 아파트 관리위원회는 정부가 아니다. 그 이유를 알기 위해 정부가 아파트 관리위원회와 근본적으로 어떻게 다른지 잠시 생각해 보자. 전자가 권력을 근거로 하는 반면에 후자는 순전히 자발적이다. 당신은 원하지 않으면 아파트 관리위원회의 규정을 따를 필요가 없다. 관리위원회 규정의 특정 조항이 마음에 들지 않으면 그 아파트를 구입하지 않아도 된다. 더 좋아하는 다른 아파트를 자유롭게 구입해도 되고, 아니면 아파트 자체를 구입하지 않아도 된다. 아파트를 구입하지 않으면 거기에 대해 어떤 빚도 없다. 예를 들어, 당신이 관리위원회의 서비스에 대하여 비용을 지불하기 원하지 않기 때문에 당신은 아파트 관리위원회에 관리비를 낼 필요가 없다. 아파트 관리위원회는 사적인 조직이고, 따라서 당신이 자발적으로 동의하지 않는 어떤 것도 권력을 이용해서 당신에게 강요할 수 없다. 그러나 일단 당신이 위원회 규정을 따르기로 동의하면 당신은 그 규정을 반드시 준수해야 한다. 하지만 누구도 이 규정을 우선적으로 준수할 것을 동의하도록 강요하지 못한다.

정부에서는 사정이 완전히 달라진다. 정부는 당신에게 규칙을 준수하고 비용을 지불하도록 권력이라는 위협을 사용할 수 있다. 당신이 정부가 제정한 규칙을 싫어한다면 그것은 너무 안타까운 일이다. 당신은 아파트 관리위원회에게 하는 것처럼 "미안하지만 나는 당신의 규칙이 매우 싫고, 따라서 내 돈을 챙겨서 내 자신의 규칙에 따라 살 것이다"라고 말할 수 있는 선택권이 없다. 당신이 정부의 규칙을 좋아하든 좋아하지 않든 정부는 강제로 당신에게 규칙을 따르고 돈을 지불하도록 강요한다. 당신은 "정부가 내가 낸 돈만큼 가치 있는 서비스를 제공해 준다"라고 말할 수도 있다. 이것이 당신에게는 옳을 수 있다. 그러나 그것이 다른 사람에게는 그렇지 않을 수도 있다. 당신이 집 근처의 공원을 위해 매년 지불하는 세금만큼 공원이 가치 있다고 생각한다고 해서 당신의 이웃도 그럴 것이라고 생각하면 안 된다. 그리고 그가 공원을 위한 세금을 반대한다고 하더라도 공원의 서비스를 제공받는다는 사실이 이러한 상황을 바꾸지 못한다. 내가 당신에게 다가가 권총으로 위협하며 "내 사탕을 사 달라"고 강요한다고 생각해 보자. 총구를 겨눈 채 "이 사탕을 5달러에 사라"고 말한다. 당신이 사탕을 좋아해도, 그리고 내가 당신에게 5달러를 받는 대가로 무엇을 준다고 해도 여전히 내가 당신에게 돈을 빼앗기 위해 힘을 사용한다고 말할 수 없을 것인가?

"당신이 정부의 규칙을 싫어한다면 누구도 당신이 그 나라를 떠나는 것을 막지 않는다. 따라서 정부의 규칙에 따라 사는 것은 사실상 자발적인 선택이다"라며 반대의 주장을 할 수도 있다. 그러나 이러한 주장도 역시 옳지 않다. 내가 당신의 집으로 와서 당신 부인의 보석을 내게 주지 않으면 당신의 다리를 부러뜨리겠다고 위협한다고 생각해 보자. 당신이 그 말에 따르지 않는 선택을 할 수 있으므로 내가 당신에게 부인의 보석을 달라고 강요하는 것은 아니라고 말할 것인가? 엄밀하게 보면 우리에게는 항상 선택의 자유가 존재한다. 그러나 이것이 자발적 선택과 같은 것은 아니다. 자발적 선택은 우리의 선택이 힘의 위협에 의해 제한받지 않아야 한다. 내가 당신에게 부인의 보석을 넘겨주든가 아니면 그것을 지키면서 당신 다리가 부러지든가, 둘 중 하나를 선택하라고 할 때 나는 힘을 사용해서 당신의 선택을 제한하고 있는 것이다. 아마도 당신은 부인의 보석과 당신의 다리를 모두 지킬 수 있도록 허용되었어야 한다. 왜냐하면 당연히 두 가지 모두 내 것이 아닌 당신 것이기 때문이다.

그것은 정부에 있어서도 마찬가지다. 내가 집에 머무르며 정부의 규칙을 따를 수도 있고, 또는 집을 (그리고 집이 소재하고 있는 나라를) 떠나서 정부의 규칙을 피할 수 있는 것은 사실이다. 그러나 내가 집에 머무르면서 정부의 규칙을 피할 수는 없다. 정부는 권력을 동원해서 나의 선택을 제한하고, 정부가 없었다면 내가 선택했을 대안, 즉 내 집에 머무르며 다른 규칙을 따르려는 선택권을 없애버린다. 집이 내 것인데 내가 왜 정부의 규칙을 피하기 위해 집을 떠나야 할까? 내가 집을 떠나는 선택을 할 수 있고, 따라서 정부에게 강제력이 없다고 말하는 것은 앞의 예에서 당신이 다리가 부러지는 선택을 할 수 있고, 따라서 당신 부인의 보석을 훔치면서 내가 전혀 강제력을 행사하지 않는다고 말하는 것과 같다.

정부와 지배구조의 근본적인 차이는 전자는 항상 권력에 기반을 두고 있지만 후자는 그럴 필요가 없다는 데 있다. 정부가 지배구조를 제공할 때는 권력이 기반이 된다. 그러나 아파트 관리위원회와 같은 사적인 조직이 지배구조를 제공할 때는 자발적인 합의가 기반이 된다. 정부와 지배구조의 이러한 구별이 이 장을 시작하면서 던졌던 "사회가 어떻게 정부 없이 질서와 조화를 달성할 수 있는가?"라는 물음에 대한 답을 알려준다. 실제로 그 답은 아주 쉽다. 사회는 정부 대신 사적인 형태의 지배구조로서 이것을 달성할 수 있다. 흔히 무정부 상태라고 부르는 홉스의 '자연 상태'는 규칙, 질서, 그리고 협력이 존재하지 않는다는 의미가 아니다. 그것은 단지 독점적인 강제적 권력에 기반을 둔 지배구조, 즉 정부가 없음을 의미한다. 정부가 상호이익을 위해 개인들에게 협력할 것을 요구하는 규칙과 그러한 규칙을 집행하는 장치를 제공하지 않더라도 개인들이 쉽게 손을 놓고 사업을 포기하지는 않는다. 상호이익(이윤)에 대한 기대가 개인들을 정부를 대신하여 그러한 규칙을 사적으로 제공하도록 부추긴다. 그러나 말 그대로 난폭한 범죄자의 사회인 해적선에서도 사적 지배구조가 이러한 기능을 수행할 수 있었을까? 우리의 답은 그렇다이다. 그리고 실제로도 그랬다.

해적의 지배구조: 3가지 성공 요인

해적들은 법을 따르지 않았지만, 법이 없었던 것은 아니다. 모든 사회와 마찬가지로 해적들도 질서를 유지하고 협력을 촉진하기 위해 일종의 지배구조(규칙, 규제 그리고 규칙을 어기는 사람들에 대한 처벌 체계)가 필요했다. 해적들의 경우에 이러한 협력이 약탈을 목적으로 나타났을 뿐이다. 우리는 이미 범법자들처럼 해적들이 이러한 목적을 위해 정부에 의지할 수 없는 이유를 살펴보았다. 앞에서 논의한 것처럼 정부에 대한 대안은 사적 지배구조다. 성공을 거두기 위해서 해적의 사적 지배구조는 세 가지 중요한 목표를 달성할 필요가 있었다.

첫째, 해적의 지배구조는 해적들 사이의 분쟁을 방지하는 규칙과 이러한 규칙의 시행 방법을 제공하는 것이 필요했다. 이에 대한 이유는 매우 간단하다. 예를 들어 해적선에서 사적인 재산권을 규정하는 규칙이 없었다면 도둑질, 사기, 싸움이 걷잡을 수 없이 일어났을 것이다. 이것은 해적이 해적이라서가 아니라 해적들도 평범한 우리들같이 이기심에 의해 움직이는 사람이기 때문이다. 그래서 그들 행동에 대하여 어떤 형태의 통제가 없었다면 그들의 이기심이 서로의 재산권을 넘보게 만들고, 결국에는 선원들의 분쟁을 야기했을 것이다. 내부에서 분열된 해적선은 지탱할 수 (항해할 수) 없었다. 선원들이 끊임없이 서로 훔치고 싸운다면 그들은 범죄 기업의 목적을 위해 협력할 수 없었다. 싸움이 지나치면 해적선(해적기업)이 붕괴했을 것이다. 이것은 비유적인 의미와 문자 그대로의 의미에서 모두 맞는 말이다. 선원들 사이의 긴장과 불신은 공동 이윤을 추구하는 사업에 참여하기 위해 함께 살아가고 일하는 해적들의 능력을 약화시킬 것이다. 더욱이 해적선에서의 폭력은 배를 파손시킬 수도 있다. 18세기 초의 모든 해양 선박들처럼 해적선들도 주로 나무(선체)와 천(돛)으로 건조되었고, 따라서 다른 것보다 구멍과 불로 인한 손상에 취약했다. 해적들이 싸움에 휘말려 서로 총을 쏘면, 불과 다른 종류의 손상으로 인해 배가 갈라질 수 있었다. 따라서 이윤을 위해 협조하려면 해적들 사이에 싸움을 방지하는 것이 매우 중요했다.

둘째, 해적의 지배구조가 성공하려면 심각한 '부정적 외부효과'를 만들어 내는 해적의 행동을 규제할 필요가 있었다. 경제학자들은 부정적 외부효과라는 용어를 개인의 행동에서 부수적으로 나타나는 해로운 효과를 설명하는 데 사용한다. 많은 우리의 행동은 직접적으로 우리 자신에게 영향을 미칠 뿐 아니라 간접적으로 주변 사람에게도 영향을 미친다. 공해가 한 가지 예다. 어떤 공장의 경우를 생각해 보자. 공장이 제품을 생산할 때는 공해(생산 과정에서 만들어져 공장이 공기 중에 방출하는 독소)도 함께 생산한다. 이것은 공장 주변에 사는 사람들에게 비용을 부과한다. 경제학자들은 이 비용을 생산에 관계가 없는 사람에게 귀속된다는 의미에서 '외부효과'라고 부른다. 부정적인 외부효과는 개인들이 자신들의 행동에 따른 비용을 완전히 내부화하지 못하기 때문에 나타난다. 예를 들어, 공장은 공해를 배출한 데 대해서 비용을 부담하지 않는다. 만약 공장이 비용을 부담한다면 그만큼 공기를 오염시키지 않을 것이다. 그러나 공장이 비용을 부담하지 않고 공해를 배출할 수 있기 때문에 공장은 비용을 부담할 때보다 더 많은 공해를 배출한다.

부정적인 외부효과를 방지하는 열쇠는 외부효과를 만들어 내는 개인들에게 그들 행동의 모든 비용을 내부화하도록 만드는 것이다. 일반적으로 사적재산권을 도입하는 것이 이를 위한 가장 쉽고 효과적인 방법이다. 공해의 예를 다시 한번 들면, 공장이 공기를 소유한다면 공기가 오염될 때 그가 소유하고 있는 공기의 가치가 감소하기 때문에 (이웃뿐 아니라) 자기 자신이 손해를 보게 된다. 따라서 공기의 가치를 극대화하려면 공장이 공기를 덜 오염시켜야 한다. 공기의 가치가 궁극적으로 공장의 이윤에 영향을 미치기 때문에 공장은 공기의 질을 고려해야 할 인센티브를 갖게 되고, 이것이 공장에서 공기를 덜 오염시키도록 유도한다. 아무도 공기를 소유하지 않으면 그러한 인센티브는 사라진다. 하천 오염에도 같은 원칙이 적용될 수 있다. 문제가 되는 사물을 사유화함으로써 그 소유주는 자신의 행동에 따른 비용을 내부화하고, 이것은 다시 그가 자신의 행동과 관련된 모든 비용을 인정하는 방식으로 행동하도록 유도한다.

사적재산권을 설정하는 것만이 부정적인 외부효과를 방지하는 유일한 방법은 아니다. 다른 대안은 규제를 이용하는 것이다. 예를 들어 공기에 대한 재산권을 설정하는 대신 공해 배출을 금지하고 제한하는 규제를 도입할 수 있다. 대부분의 경우에 규제는 부정적인 외부효과를 방지하는 데 최선의 방법이 아니다. 그러나 어떤 경우에는 규제 도입이 사적재산권 설정보다 비용이 적게 들기 때문에 규제가 타당성을 갖기도 한다.

이에 대한 이유를 알아보기 위해 대학 기숙사의 경우를 생각해 보자. 기숙사에 살아 본 사람이라면 잘 알겠지만, 대학 기숙사에서는 심각한 부정적인 외부효과의 위협을 받으며 생활해야 한다. 예를 들어 다른 사람들이 자려고 애쓰는 동안 밤새도록 음악을 연주하려는 사람이 있을 수 있다. 이 문제를 해결하는 한 가지 방법은 '평온함'과 '조용함'에 대하여 사적재산권을 설정하는 것이다. 즉, 음악을 연주하는 사람이 소음을 내는 대가로 재산권 소유자(기숙사에 있는 다른 사람)에게 돈을 지불하도록 요구하는 것이다. 이것은 음악을 연주하는 비용이 증가하면 사람들이 음악을 덜 시끄럽게 또는 덜 자주 연주하게 된다는 논리에 근거한다. 그러나 평온함이나 조용함 같은 대상에 강제력이 있는 재산권을 설정하는 것은 경제학자들의 용어로 '거래비용'이라는 관점에서 매우 비용이 많이 든다.

거래비용은 다른 사람과 합의에 도달하는 과정에 연관되어 발생하는 교환 비용(시간, 노력, 재난, 금융비용 등)이다. 앞의 예에서, 각각의 기숙사 거주자는 시끄러운 음악을 연주하는 사람과 그가 원하는 만큼 시끄럽게 음악을 연주하는 대가로 지불해야 하는 금액에 대하여 개별적으로 협상해야 한다. 협상 과정이 순조롭게 진행된다 하더라도 수많은 사람들이 음악을 연주하는 사람과 개인적으로 계약해야 하는 상황에서는 부정적 외부효과를 처리하기 위한 재산권 이용의 거래비용이 매우 커진다. 따라서 이보다는 기숙사가 시끄러운 음악을 연주할 수 있는 시간을 제한하는 '정숙 시간'을 설정함으로써 시끄러운 음악의 부정적 외부효과를 방지하는 규제를 이용한다.

부정적 외부효과는 합법적인 사회에만 존재하는 것이 아니다. 부정적 외부효과는 해적 사회에도 존재한다. 해적선의 생활은 엄격하고 갑갑하다. 이러한 바다 생활의 특성으로 인해 정상적인 상황에서는 부정적 외부효과를 초래하지 않지만 해적선에서는 다른 사람들에게 부정적 외부효과를 가져다주는 몇 가지 행동들이 있다. 예를 들어, 나는 이웃 사람이 매일 밤 정신을 잃을 정도로 술을 마신다 해도 신경 쓰지 않는다. 그는 그의 집에 있고, 나는 나의 집에 있다. 그가 술에 취해 혼수상태가 되는 데 따르는 모든 비용은 그의 집 울타리 안에서 발생하고, 내 집과는 아무런 상관이 없다. 그러나 해적선에서는 사정이 달라질 수 있다. 모든 해적들은 말하자면 같은 집에 살고 있다. 한 해적이 늦은 밤에 폭음하기로 결정하면 다른 해적들은 숙면에 방해를 받는다. 그들의 잠자리가 가깝기 때문에 한 해적의 과음이 다른 해적들에게 부정적 외부효과를 가져다주는 것이다.

　해적선에서 부정적 외부효과를 방지하는 것은 두 가지 이유에서 중요했다. 첫째, 위 음주의 예에서와 같이 어떤 부정적 외부효과는 해적들 사이에 갈등을 야기할 위험이 있고, 이것은 해적들의 범죄적인 기업을 와해시킬 수도 있다. 둘째, 해적선에서 일부 부정적 외부효과는 선박을 파괴할 수도 있다. 예를 들어, 한 해적이 담배를 피우다가 부주의하게 파이프를 배에 떨어뜨리면 운반 중이던 많은 양의 화약을 점화시켜 배를 산산조각 내는 폭발을 일으킬 수도 있다. 이것 역시 이윤을 위해 협력하려는 해적들의 능력을 약화시킬 것이다. 따라서 해적들은 부정적 외부효과로 인해서 그들 사업의 성공이 위협받는 것을 방지하기 위해 추가적으로 사적재산권을 설정하거나 활동을 규제함으로써 그러한 외부효과가 배에서 성행하지 못하도록 해야 했다.

　셋째, 해적의 사적 지배구조가 성공하려면 선원들에게 중요한 '공공재'를 제공해 주어야 한다. 경제학자들은 공공재를 배제불가능성과 비경합성의 특성을 갖는 상품으로 정의한다. 여기에서 문제가 되는 것은 배제불가능성이라는 특성이다. 배제불가능성은 상품 생산에 기여하지 않은 사람이라도 그 상품이 생산된 후에는 소비하지 못하도록 배제할 수 없다는 것을 의미한다. 불꽃놀이가 좋은 예다. 일단 불꽃놀이가 진행되면 당신이 그 대가를 지불했는지 또는 지불하지 않았는지에 관계없이 불꽃놀이를 즐길 수 있다. 이때 발생하는 문제를 이해하기는 어렵지 않다. 불꽃놀이를 보기 원하는 모든 사람들이 비용을 지불하지 않고도 불꽃놀이를 볼 수 있다는 것을 안다면, 모두가 불꽃놀이를 원한다고 해도 아무도 비용을 지불하지 않을 것이다. 불꽃놀이의 배제불가능성이 '무임승차'를 초래하는 것이다. 그런데 모든 사람이 무임승차를 한다면 처음에는 모두가 불꽃놀이 비용을 지불할 용의가 있었다고 해도 불꽃놀이는 결코 이루어질 수 없을 것이다.

해적들도 배 위에서 무임승차 문제에 직면하고, 그것을 해결하지 않은 채 내버려두면 약탈 행위가 방해를 받는다. 해적선이 약탈의 기회를 극대화하려면 각 선원이 전력을 기울여야 한다. 이것은 일상적인 임무를 부지런히 수행해야 하고, 특히 적들과 전투할 때나 희생자들에게서 약탈품을 빼앗을 때에는 모든 노력을 기울여야 함을 의미했다. 따라서 충실한 해적들의 일은 매우 위험할 수 있었다. 단순히 배에서 생활하고 일하는 위험 외에도 사냥감들과의 전쟁도 예상해야 했다. 해적들은 부상당할 위험도 안고 있었다. 부상은 해적들에게 바로 비용을 부담시킬 뿐 아니라 앞으로 해적으로 일하거나 다른 일자리를 찾는 데 더 큰 어려움을 줄 수도 있다. 한 해적이 일상 임무 중 가장 힘든 일을 하지 않거나 전투 중에 다치지 않기 위해 뒷전에 머무는 등 게으름을 피운다고 해도, 그가 아주 결정적인 역할을 담당하지 않는다면 해적의 성공 가능성은 아주 조금만 줄어든다. 다시 말하면, 소수의 핵심적인 해적들을 제외하면 해적의 성공은 어느 한 해적에 의해 좌우되지 않았다. 이 때문에 각 해적 개인의 입장에서 볼 때 근무 태만에 따른 비용은 크지 않았지만 전력을 기울여 일하는 데 따른 비용은 매우 컸다. 이로 인해 해적들은 동료들의 노력에 무임승차하려는 인센티브를 갖게 되었다.

이 예에서 공공재는 해적선의 전력을 다한 노력이고, 배제불가능한 이득은 해적선의 성공적인 약탈이다. 물론 어떤 해적이 용의주도하게 처신하지 못했다면 게으름뱅이로 인식되어 동료들이 약탈한 전리품을 받지 못했다. 그러나 그가 전력을 다해 일한 것처럼 보이는 데 성공하면 약탈품 분배에서 그를 배제하기가 불가능하다. 그렇다면 각 해적 개인의 입장에서 볼 때 최선의 방법은 모든 노력을 기울인 것처럼 가장하면서 실제로는 게으름을 피우는 것이다. 그러나 모든 해적들 또는 다수의 해적들이 이러한 행동을 하면 그 해적선은 성공하지 못했을 것이다. 범죄적인 기업을 와해시키는 이러한 상황을 방지하려면 해적의 사적 지배구조가 이러한 공공재를 공급하고 해적들의 무임승차를 방지할 필요가 있었다.

정리하면, 해적의 사적 지배구조는 해적 간 갈등을 방지하는 규칙을 제공하고 이러한 규칙을 시행해야 하고, 심각한 부정적 외부효과를 초래하는 해적의 행동을 규제해야 하며, 중요한 공공재를 제공하고 이러한 공공재에서 나타나는 무임승차의 가능성을 차단해야 한다. 해적선에서 효과적인 지배구조를 위해 필요한 이러한 세 가지 요건은 합법적인 사회가 성공하기 위해 필요한 요건과 세부적으로는 중요한 부분에서 차이가 있지만 기본적으로 동일하다. 이런 점에서 성공적인 해적의 지배구조를 달성하는 문제는 문명화된 사회에서 성공적인 지배구조를 달성하는 문제만큼 어렵다. 사실 해적들은 이러한 장애를 극복하기 위해 합법적인 세계에서 정부가 할 수 있던 것처럼 독점적인 강제력에 의존할 수 없었고, 따라서 해적의 지배구조 문제는 정상적인 사회의 지배구조 문제보다 해결하기가 훨씬 어려웠다. 그런데도 해적의 사적 지배구조는 이러한 각각의 요건을 충족시키는 데 성공했다.

무법천지의 법: 해적 규약

해적들은 사적 지배구조를 만들기 위해 성문법, 즉 해적 규약을 제정했다. 해적 규약은 해적들의 법과 법 위반에 대한 처벌을 명시했고, 부정적인 외부효과를 규제했으며, 앞에서 논의한 해적의 무임승차 문제를 극복하기 위한 장치를 마련했다. 또한 해적 규약은 제2장에서 논의한 간부들의 행동을 통제하는 데 중요한 부가적인 기능을 수행했다. 해적 규약은 17세기 버커니어 선박에서 신봉하던 '합의조항'에서 유래하였다. 버커니어는 이 합의조항을 '샤세 파르티'(chasse-partie, 옮긴이 주: 원래 의미는 모험가들의 배분에 관한 협약)라고 불렀다. 이 합의조항은 버커니어의 조직에 관한 조건들과 함께 간부들과 선원들 사이에 약탈품의 배분을 규정했다. 모든 해적들은 '약탈이 없으면 급여도 없다'는 기본 규칙을 따랐고, 따라서 해적의 원정이 성공하지 못하면 아무도 보상을 받지 못했다. 알렉산더 엑스케멜린은 자신의 해적선을 규율했던 샤세 파르티를 상세하게 묘사했다.

버커니어는 그들이 어디로 항해할 것인가를 일반투표로 결정했다. 또한 그들은 선장의 몫으로 무엇을 줄 것인가, 선장의 배를 이용한 대가로 무엇을 줄 것인가에 대해서 구체적인 합의 조항을 작성했다. 일반적으로 그들은 다음과 같은 조건에 합의했다. 약탈품을 획득하면 우선 일정한 금액을 전체 자본금으로 공제한다. 사냥꾼의 급여는 일반적으로 200스페인달러였다. 목수에게는 배를 수선하고 정비하는 작업의 대가로 100 또는 150 스페인달러가 지급되었고, 의사는 의료 서비스 공급의 대가로 배의 크기에 따라 200 또는 250스페인달러를 받았다.

다음으로, 손발을 잃거나 부상으로 고통받는 부상자들에 대한 보상에 합의했다. 그들의 보상 내용은 다음과 같다. 오른쪽 팔을 잃으면 600달러 또는 노예 6명, 왼쪽 팔을 잃으면 500달러 또는 노예 5명을 보상해 주었다. 오른쪽 다리를 잃으면 500 달러 또는 노예 5명, 왼쪽 다리를 잃으면 400달러 또는 노예 4명을 보상해 주었다. 한 눈을 잃으면 100달러 또는 노예 1명을 보상해 주었고, 한 손가락을 잃어도 한 눈을 잃을 때와 같은 보상이 주어졌다. 팔을 쓰기가 불가능할 정도의 부상은 팔을 잃었을 때와 똑같이 보상했고, 몸 내부에 파이프를 삽입해야 할 정도의 심각한 내상은 500달러 또는 노예 5명을 보상해 주었다.

자본금으로 우선 공제하고 남은 약탈품은 해적선에 승선한 사람 수만큼의 몫으로 나누었다. 선장은 배 이용료로 4~5명의 몫 또는 그 이상을 가졌고, 선장으로서 2명 몫을 가졌다. 나머지 사람들은 똑같은 몫을 나누어 가졌고, 소년은 어른 몫의 반을 가졌다.

배를 납치하면 누구라도 물건을 훔쳐서 개인적으로 보유해서는 안 된다. 돈, 보석, 귀금속, 귀중품 등 모든 약탈품은 전원에게 배분되어야 하고, 누구도 자신의 몫보다 1페니라도 더 가지면 안 된다. 속임수를 방지하기 위해 모든 사람은 약탈품 중에서 6펜스 이상의 가치가 있는 실크, 아마포, 모직, 금, 은, 보석, 의류 또는 총알 등을 갖고 있지 않다는 것을 약탈품이 배분되기 전에 '성경'을 놓고 선서해야 한다. 그리고 누구라도 거짓 선서를 한 사실이 발견되면 해적선에서 추방당하고 다시는 그들 집단에 되돌아오는 것이 허용되지 않는다.

버커니어는 오랜 시간에 걸쳐 합의조항과 사회조직을 제도화했다. 그 결과가 '해안의 관례' 또는 '자메이카 규율'이라고 부르는 관례법과 무형의 법 체계였다.

18세기 해적들은 이러한 제도적 체계를 그들의 법을 개발하는 근간으로 활용했다. 해적들은 '그들의 사회를 더욱 훌륭하게 보존하고, 서로에게 정의를 구현하기 위해' 법을 만들었다. 각각의 해적은 각자 법을 만들었지만, 그 조항들은 매우 유사했다. 예를 들어 찰스 존슨은 로버트 선장이 이끄는 해적선의 법조항을 설명하면서 "이 집단의 법들, …… 부랑하는 공동체의 주요 관습과 지배 구조는 모든 해적들에게 거의 똑같다"라고 말했다. 해적들 사이에

빈번한 교류에 의한 정보 공유가 법의 공통성을 촉진시켰던 것이다. 예를 들어 1716년과 1726년 사이에 활동했던 영국계 미국인 해적의 70% 이상이 벤저민 호니골드, 조지 로더(George Lowther), 또는 에드워드 로우(Edward Low), 3명의 해적 선장 중 한 명과 관련되어 있었다. 따라서 '해적 규약'은 해적들의 교류와 정보 공유를 통해서 나타난 것이지, 해적 왕이 중앙에서 구상하여 현재와 미래의 모든 해적들에게 공통적인 법을 채택하도록 강요해서 만들어진 것이 아니었다.

해적 규약은 만장일치의 동의를 요구했다. 따라서 해적들은 원정을 떠나기 전에 미리 민주적으로 해적 규약을 작성했다. 모든 해적들은 '성경'에 손을 얹거나 성경이 부족하면 손도끼에 손을 얹고 해적 규약에 선서했다. 이미 해적 규약이 작성된 해적선에 합류한 신입 해적들도 마찬가지였다. 해적선에 자발적으로 승선한 자는 누구라도 해적 규약에 서명해야 할 의무가 있었다. 선원들은 선장과 사무장, 그리고 때때로 다른 하급 간부의 선출과 관련된 조항들도 제정했다. 해적들은 사전에 향후에 발생할지 모르는 분쟁을 방지하기 위해 그들의 조항에 동의를 구했다. 그들의 조건에 동의하지 않는 해적은 보다 만족스러운 조건을 찾아 자유롭게 다른 곳으로 갈 수 있었다.

여러 척의 해적선이 원정에 함께 참여할 때에는 해적들이 협력에 관한 조건을 설정하기 위해 해적 규약과 비슷한 조항을 제정했다. 예를 들어 조지 로더 선장과 에드워드 로우 선장의 해적선이 그랜드 캐이먼에서 조우했을 때 그들이 그러한 합의를 이끌어냈다. 로더 선장은 동맹을 제안했고, 로우 선장이 그 조건을 수용했으며, 그 결과 다른 형식적 의례를 갖추지 않고 즉시 협정이 체결되었다. 이 경우에도 계획하고 있는 합동 원정에서 제시된 조항이나 다른 조건에 반대하는 해적선은 아무런 제약을 받지 않고 자유롭게 떠날 수 있었다. 예를 들어 "함께 항해하던 3척의 해적선 사이에 의견이 일치하지 않자, 그들은 즉시 헤어져서 각각 다른 노정을 항해했다"는 사례가 전해진다.

해적선에서 법에 대한 동의가 자발적으로 이루어졌다는 사실은 해적들 사이에 '티부 경쟁(Tiebout competition)'을 촉진시켰다. 티부 경쟁은 정부가 시민들을 위해 경쟁하는 과정을 말하는데, 이 과정을 처음 규명한 경제학자 찰스 티부(Charles Tiebout)의 이름에서 따온 용어다. 그 개념은 단순하다. 만약 시민들이 어떤 장소나 조직을 떠남으로써 특정 결정이나 행동을 지지하지 않는다는 것을 보여 줄 수 있다면 정부는 시민들이 원하는 것에 더욱 민감하게 반응해야 한다. 정부는 더 낮은 세율과 더 좋은 공공서비스를 제공해야 하고, 시민들을 착취하는 행위를 삼가야 한다. 그렇지 않으면 시민들이 그렇게 해 주는 다른 행정구역으로 떠날 것이다. 정부는 조세수입을 증가시키기 위해 세원이 필요하기 때문에 이것에 신경을 쓰게 된다. 그리고 시민이 한 행정구역에서 다른 행정구역으로 이동해 가면, 시민들이 빠져나간 행정구역에서는 세원이 줄어든다. 해적들의 자발적인 지배구조는 그들에게 정부가 없다는 것을 의미한다. 그러나 티부 경쟁의 원칙이 정부들 사이의 경쟁에 적용되는 것처럼 해적 사회에도 똑같이 적용된다. 해적들이 필요한 사람을 얻기 위해서는 우호적인 고용조건을 제시해야 했다. 항해 중에 적용되는 규칙이 해적으로 일하는 동안 삶의 질에 큰 영향을 미치기 때문에 고용조건의 가장 중요한 요소는 해적의 규칙이 얼마나 바람직한가 하는 것이었다. 우호적인 고용조건에는 선장과 사무장 등 간부들이 착취하지 않는다는 것도 포함되었다. 해적들은 특정한 범죄 기업에 합류할 것인가 아니면 합류하지 않을 것인가를 자유롭게 선택할 수 있었기 때문에 우호적이고 효과적인 규칙을 만들어야 할 강한 인센티브가 존재했다.

찰스 존슨 선장은 한 법원이 지적했듯이 "이 악당들은 사악하게 뭉쳐서 함께 해적 규약을 정했다"라고 언급하면서 해적의 법에 관한 몇 가지 사례를 제시했다. 예를 들어 로버트 선장이 이끌었던 해적선의 해적 규약을 살펴보자.

> 제1조: 모든 사람은 중대 사건에 하나의 투표권을 갖는다. 모든 사람은 항상 신선한 음식물이나 도수 높은 술에 대하여 동등한 권리를 가지며, 물량이 부족해서 모두의 행복을 위해 절약할 것인가에 대해 투표할 필요가 없는 한, 음식물과 술을 마음껏 이용할 수 있다.
>
> 제2조: 모든 사람은 선상에서 약탈품을 명부에 따라 순서대로 공정하게 나누어 갖는다. 그러나 금·은제 그릇, 보석 또는 현금을 1달러의 가치 이상 빼돌린 자에게는 무인도에 귀양 보내는 벌을 준다. 해적들 사이에서 발생한 도적질에 대해서는 죄가 있는 사람을 찾아내 귀와 코를 벤 후

에 무인도는 아니지만 고통을 받을 것이 확실한 해변에 내버린다.

제3조: 누구도 카드나 주사위로 도박을 할 수 없다.

제4조: 등불과 초는 밤 8시에 끈다. 그 시간 이후에 남아서 술을 마시려면 갑판 위에서 마셔야 한다.

제5조: 소총과 권총 그리고 단검은 깨끗하게 유지하여 언제라도 사용할 수 있도록 준비해야 한다.

제6조: 소년이나 여성은 해적이 될 수 없다. 여성을 유혹해서 변장시킨 후에 배에 태운 자가 발각되면 사형에 처한다.

제7조: 전쟁 중에 배나 막사에서 탈영한 자는 사형에 처하거나 무인도에 귀양 보내는 벌을 준다.

제8조: 선상에서 서로 때릴 수 없다. 결투를 원하는 자는 누구든 해변에서 검이나 권총으로 끝낸다.

제9조: 모든 사람은 1,000달러를 벌 때까지 해적 생활을 중단한다고 말할 수 없다. 해적 생활을 중단하려면 수족을 잃거나 불구가 되어야 하고, 그런 사람에게는 공동자본에서 800달러를 지급한다. 그보다 약한 부상자에게는 비율을 계산해서 보상금을 지급한다.

세10조: 선장과 사무장은 약탈품에서 2몫을 받는다. 감독관, 갑판장, 포수는 1과 1/2몫, 그리고 다른 간부는 1과 1/4몫을 받는다. 그 외 모든 사람은 1몫을 받는다.

제11조: 음악가는 안식일에 쉴 수 있지만, 다른 6일 동안에는 특별한 혜택을 주지 않는다.

이러한 해적 규약을 통해서 해적의 사적 지배구조는 앞에서 논의했던 지배구조가 성공하기 위해 필요한 3가지 조건을 모두 충족했다. 해적 규약이 어떻게 이러한 목표를 달성하게 했는지 좀 더 자세히 알아보자.

해적선의 갈등해결 방법

해적의 지배구조가 성공하기 위해 가장 먼저 요구되는 것은 갈등을 방지하고 해적선에 평화와 질서를 가져다주는 법규였다. 해적 규약은 사회적 무질서의 두 가지 중요한 원천, 즉 절도와 폭력을 금지함으로써 이것을 달성했다. 예를 들어 로버트 선장의 해적선의 해적 규약 제2조와 제3조는 각각 절도와 폭력을 규제했다. 에드워드 로우 선장의 해적 규약 제2조와 제5조도 같은 역할을 했다. 즉, 해적들이 어떤 경우에도 서로 때리고 학대하는 것을 금지했고, 1리알 이상의 가치가 있는 금·은 식기를 훔치는 것이 금지되었으며, 1달러 이상의 가치가 있는 금·은·보석 등의 약탈품을 선상에서 발견하면 발견한 사람이 절도죄의 처벌을 받지 않기 위해 24시간 이내에 사무장에게 인도해야 했다. 존 필립스의 해적선인 '리벤지'(Revenge)호에서도 해적 규약 제3조와 제5조에서 동료에게서 1달러 이상의 가치가 있는 물건을 훔치는 행위, 또는 이 조항의 효력이 살아있는 동안 다른 사람을 때리는 행위를 불법으로 규정했다. 따라서 해적선은 해적들이 다른 사람을 때리고 소요를 일으키는 등 제멋대로 하도록 내버려두는 그런 환경이 아니었다. 해적들은 비록 사적인 형태였지만 합법적인 사회와 같이 사회적인 조화를 촉진하고 사회적인 불화를 방지하기 위해 법을 만들었으며, 합법적인 사회와 마찬가지로 상호이익을 위해 협력하는 능력을 이끌어내는 데 그러한 법이 필요했다. 존슨 선장은 이것을 "자연은 가장 무지한 사람들에게 생존을 위해 필요한 사리분별을 가르치고, 공포는 종교가 할 수 없는 변화를 이끌어낸다"라고 설명했다.

해적들의 사적 지배구조는 법을 어긴 사람들에 대한 처벌을 규정하고, 이러한 벌칙을 집행하는 수단도 제공했다. 해적선에서 법을 위반한 데 대한 처벌은 반항적인 해적을 코집게(옮긴이 주: 말의 굽쇠를 박을 때 날뛰는 말의 코를 붙드는 기구)처럼 생긴 배의 날카로운 선체에 매달아 배 밑으로 끌고 다니며 잠수하게 하는 육체적인 고문에서부터 무인도로 귀양 보내는 것까지 다양했다. 무인도에 귀양 보내는 처벌에 대하여 해적 조지프 모어(Joseph More)는 "범법자를 사람이 살지 않는 반도나 섬의 해변에 한 자루 권총, 약간의 탄알, 한 통의 폭약, 그리고 한 통의 물과 함께 버려놓고, 살아남든지 굶어죽든지 내버려두는 악명 높고 흉악한 처벌"이라고 묘사했다. 해적들은 때때로 범법자가 무인도에서 가까스로 살아남는 일이 발생할 경우에는 다시 5년간 국외로 추방하기도 했다. 한편, 해적들은 죄질이 덜 심각하다고 생각하면 무인도에 귀양 보내는 처벌을 완화시켜 주기도 했다. 예를 들어 로버트의 해적선에서는 절도 행위가 해적들의 급여가 배분되는 공동재산이 아닌 단지 개인들 사이에서 벌어진 경우에 범죄자의 코와 귀를 자르고 무인도가 아닌 해변에 보내는 것으로 만족했다. (물론 이 경우에도 곤경을 겪을 것은 확실했다.) 해적들은 절도 행위에 대한 법 집행을 강화하기 위해 몰래 약탈품을 숨기고 있는 사람을 찾으려고 무작위 검색을 하는 등 간단하지만 효과적인 추가 조치도 취했다. 제2장에서 설명했듯이 일부 해적들은 약탈품을 감시하고 배분하는 책임을 맡고 있는 사무장이 약탈품을 감추지 못하게 하려고 약탈품을 자물쇠가 있는 장소에 보관하지 못하도록 했다. 예를 들어, 해적 피터 후프(Peter Hooff)는 이러한 상황을 "그들의 돈은 갑판 사이에 아무런 잠금장치가 없는 큰 궤에 보관되었고, 누구도 사무장의 허락 없이는 어떤 것도 가져갈 수 없었다"라고 묘사했다.

존 필립스 선장의 해적 규약은 다른 규칙을 위반한 해적들에게 적용하는 처벌의 범위에 관해 좋은 정보를 제공한다. 필립의 해적선에서는 무인도에 귀양 보내기, 벌거벗은 등에 모세의 법칙에 의한 체벌(사십에서 하나 감한 매)로 처벌했고, 강제로 여성을 추행한 해적들에게는 사형까지 집행했다. 해적 규약은 "언제라도 조신한 여성을 만났을 때 그녀의 동의 없이 추행을 하는 자는 사형에 처해진다"라고 규정했다. 신을 믿지 않는 악마 같은 집단으로서는 그렇게 비열한 것은 아니었다.

해적 규약이 규칙 위반에 대한 모든 구체적인 처벌을 나열하지는 않았다. 그러나 이 경우에도 범법자를 처벌하지 않고 내버려두지 않았다. 해적 규약에서는 범법자가 선장과 대다수 동료들이 적당하다고 생각하는 처벌을 받아야 한다고 규정했다. 비슷한 취지로 더욱 중대한 위법 행위에 대해서는 해적들이 처벌을 놓고 투표했다. 예를 들어 리처드 호킨스는 그가 체포한 해적들에게 "범죄를 저지른 모든 사람은 전체 동료들에게 재판을 받았다"는 증언을 들었다.

절도 행위 고발과 같은 선원들 사이의 분쟁을 해결하고 필요한 경우에 공개 처형을 집행하는 일은 해적들이 민주적으로 선출한 사무장이 담당했다. 해적들은 경미한 고발과 관련된 일 처리를 해적선에서 일종의 치안판사 역할을 하는 사무장에게 전적으로 맡겼다. 사무장은 중재가 실패했을 때 선박이 파손되거나 하는 피해를 막기 위해 당사자들에게 육지에서 결투하라고 명령했다. "분쟁 당사자들이 합의에 이르지 못하면 사무장이 적합하다고 생각하는 보조원과 함께 그들을 해변으로 데리고 가서, 몇 발자국의 거리를 두고 등을 맞대고 서게 한다. 그리고 그들은 사무장의 신호에 따라 돌아서서 즉시 총을 쏜다. …… 총에 맞아 쓰러진 자가 없으면 그들은 다시 검으로 대결하고, 사무장은 먼저 칼로 벤 사람을 승자로 선언한다." 야만적이라고 생각하는가? 그렇다. 그러나 효과적이었다. 이미 벌어진 선원들의 분쟁을 해결하고, 선박을 파손시키거나 나머지 선원들의 물건마저 망가뜨릴 수 있는 두 해적 사이의 분쟁을 미리 방지한다는 두 가지 측면에서 볼 때 효과적이었다. 엄격하게 존재했던 해적의 사법제도는 광범위했고 가혹했다. 해적의 지배구조는 해적들이 까다로운 사람들이었기 때문에 엄격했던 것이 아니다. 해적의 지배구조가 엄격했던 것은 해적을 위한 지배구조를 정부가 제공해 주리라고 기대할 수 없었기 때문이다. 역사학자 패트릭 프링글이 지적했듯이 "그들은 합법적인 규율을 갖지 못했고, 따라서 많은 자체적인 규율을 갖고 있었다."

해적 규약은 완벽하지는 않았지만 내부적인 갈등을 방지하고 해적선의 질서를 유지하는 데 매우 효과적이었다. 블랙비어드 선장이 '앤 여왕의 복수'호를 멋지게 난파시키고 자신과 자신이 좋아하는 부하들의 몫을 늘리기 위해 일부 선원을 바다에 던져 버렸다거나, 월터 케네디가 바르톨로뮤 로버츠 선장의 해적들을 이간질하여 몇몇 공범자들과 함께 동료들의 약탈품을 갖고 도주했던 일이 있었지만, 이 사건들은 규칙을 준수하고 동료 해적들을 정직하게 대하려는 해적들의 성향에서 벗어나는 예외적인 일이었다. 18세기 한 평론가는 이렇게 말했다. "서로의 평화를 유지시켜 주었던 해적들의 자치적인 지배구조 체제는, (그것을 고안해 낸 사람이 어떤 자들이었는지를 고려하더라도) 해적 규약을 통해서 플라톤의 공화국만큼이나 정책적으로 훌륭한 하나의 정부체제를 만들어냈다." 그것은 바다의 강도 집단에 대한 극찬이었다.

해적들이 성공적인 지배구조에 필요한 다른 두 가지 특성을 어떻게 충족했는지에 관해 논의하기 전에, 해적 규약이 어떻게 법과 질서를 제공했는지에 관해서 몇 가지 추가적인 특성을 살펴보기로 하자. 첫째, 제2장에서 논의한 것처럼 해적의 법은 민주적 형태의 지배구조를 명시적으로 규정했다. "모든 사람은 중대 사건에 한 표의 투표권을 갖는다." 이런 점에서 해적 규약은 진정한 법체계였다. 해적 규약은 단지 해적선을 통치하는 규칙을 수립한 것이 아니었다. 그것은 규칙에 관한 규칙, 즉 법과 지도자의 선택에 대한 의사결정의 기준도 수립했다. 따라서 해적 규약은 사회적 규제에 관한 단순한 목록 이상의 것이었다. 그것은 이러한 규제와 그들의 간부들을 어떻게 선택할 수 있는지를 결정했다.

둘째, 해적 규약은 해적의 보상 조건을 명시했다. 이러한 방법으로 해적 규약은 해적들 사이의 계약서와 같은 역할을 했다. 보상 조건을 문서로 명시한 것은 선장이나 사무장 같은 해적선의 간부들이 해군이나 상선의 일부 관리들처럼 선원들을 착취하는 것을 방지하는 데 도움이 되었다. 특히 해적 규약은 보상 조건을 명시적으로 문서화함으로써 약탈품 분배에 대한 사무장의 권한을 제한했다. 약탈품을 분할할 수 없거나 약탈품의 가치가 불확실해서 배분 시에 몇 개의 몫으로 계산해야 하는지에 관해서 논란이 있는 경우에는 문제가 되는 물건을 갑판에서 팔거나 경매에 붙여서 그에 따라 분할 가능한 수익금을 배분했다. 이러한 관행은 선원들 사이에 갈등을 방지했고, 해적들이 합의·서명한 보상 조건에 일치하는 약탈품의 분배를 보장해 주었다. 더욱 중요한 것은 그것이 약탈품의 분할이 불가능하거나 약탈품의 가치가 애매한 경우에 보상 조건을 위배할 수 있는 지위에 있는 사무장의 재량을 제한했다는 것이다.

놀랍게도 해적의 급여 체계는 매우 공평했다. 로버트 선장의 해적선에서는 선장과 사무장은 약탈품의 2몫, 감독관·갑판장·포수는 1과 1/2몫, 기타 간부는 1과 1/4몫, 그리고 그 외 모든 사람은 1몫을 받았다. 따라서 이 해적선에서 최고 급여와 최저 급여의 차이는 1몫에 불과했다. 이와 같은 작은 차이의 누진적인 급여 체계는 에드워드 로우 선장의 배에서도 똑같이 시행되었다. 그의 규약은 "선장은 2몫, 사무장은 1과 1/2몫, 의사 · 항해사 · 포수 · 갑판장은 1과 1/4몫, 그 외 모든 사람은 1몫을 받는다"라고 규정했다. 이것은 존 필립스 선장의 배에서도 동일했다. "선장은 모든 노획물의 1과 1/2몫을 갖고, 사무장 · 목수 · 갑판장 · 포수는 1과 1/4몫을 갖는다. 그 외 모든 사람은 1몫을 갖는다." 이것은 평화 시에 선장이 일반 선원보다 4~5배 많이 벌었던 상선의 급여 체계와는 아주 대조적이다.

해적들 사이에 임금 격차가 매우 작은 이유를 설명하는 한 가지 해석은 해적들이 상선의 선주보다 평등, 즉 사회적 정의와 평등주의적인 결과에 더 관심이 있었다는 것이다. 그러나 이것은 해적들에 관하여 우리가 알고 있는 것과는 거리가 있는 아주 색다른 해석이다. 왜냐하면 해적들이 보통 사람들보다 덜 이기적일 이유가 없었고, 오히려 기회를 봐서 동료 해적보다 10배 많은 몫을 갖고 도망갈 수 있다면 기꺼이 그렇게 할 것이라고 생각할 수 있기 때문이다. 해적들의 급여 체계가 상대적으로 공평했던 이유를 덜 낭만적이지만 보다 정확하게 설명하려면 해적에게 강제적인 정부가 없다는 사실로 되돌아가서 경제적인 동기를 생각해 보아야 한다.

해적의 사적 지배구조가 안고 있는 부담을 완화하기 위해 해적들은 싸움으로 발전되고 그들의 범죄 조직을 와해시킬 수 있는 폭력적인 갈등의 기회를 최대한 줄여야 했다. 이러한 가능성을 위협하는 가장 큰 불화 요인이 돈이었다는 것은 놀라운 일이 아니다.

불공정함에 대한 의심, 편애주의, 그리고 단순한 질투가 해적선에서 불행한 공포의 원인이 되었다. 이러한 자연적인 인간의 정서가 이윤 극대화의 목표를 방해하고 때로는 완전히 포기하도록 만들 수 있는 기회를 최소화하기 위해 해적들은 이러한 정서의 가장 중요한 잠재적 원인인 물질적인 불평등을 없애버렸다. 해적들은 약간의 누진적인 요인을 유지하기는 했지만 약탈품을 대체로 균등하게 배분하여 상대적으로 공평한 급여 체계를 도입함으로써 물질적인 불평등을 훌륭히 해소했고, 해적들의 사적 지배구조가 와해될 수 있는 요인을 제거했다.

해적들은 나쁜 짓으로 얻은 수익금을 대체로 균등하게 배분함으로써 또 다른 중요한 측면에서 협력을 촉진시켰다. 즉 약탈을 계속할 것인가 아니면 일시적으로 칼을 거두고 해적 집단을 해체할 것인가를 합의를 통해서 결정할 수 있었다. 해적선에서 거의 모든 해적들이 약탈품의 배당을 똑같이 받는다면 약탈 원정을 계속할 것인가 아니면 그만 둘 것인가에 관해서 합의할 가능성이 매우 컸다. 이것은 중요했다. 왜냐하면 이 경우에는 현재 진행 중인 약탈 원정에 참여한 대부분의 해적들이 성공의 기회를 높이기 위해 진심으로 모든 노력을 기울일 것이기 때문이다. 이 상황을 해적들이 집단별로 약탈품 배당에 큰 차이가 있을 때 나타날 수 있는 상황과 비교해 보자. 많은 배당을 받는 집단은 즉시 원정을 끝내기를 바랄 수 있다. 이러한 해적들은 얼마 동안 먹고 살기에 충분한 배당을 받을 수 있고, 따라서 더 이상 원정에 나서길 원하지 않을 것이다. 반면에 매우 적은 배당을 받은 집단의 구성원들은 일시적으로 은

퇴하기에 충분한 돈을 벌 때까지 모든 해적들이 함께하기를 원할 것이다. 그 결과는 해적들 사이의 갈등이다. 따라서 해적의 평등주의는 (우리가 그렇게 부른다면) 사회주의적인 이념이 아닌 널리 알려진 합리적인 경제적 동기에서 유래한 것이었다.

부정적 외부효과를 다루는 방법

해적의 지배구조가 성공하기 위해 필요한 두 번째 특성은 부정적 외부효과를 방지하는 능력이었다. 해적 규약은 대다수 해적들의 협력을 방해하는 해로운 파급 효과를 가져올 가능성이 있는 활동을 신중하게 규제하는 규칙을 제정함으로써 부정적 외부효과를 방지했다. 예를 들어 로버트 선장의 해적 규약은 해적들에게 무기를 작동이 잘되는 상태로 유지할 것을 요구했고, 필립스의 해적선에서는 부정적 외부효과의 이러한 측면을 규제하기 위해 "교전에 적합하도록 무기를 깨끗하게 유지하지 못하거나 임무를 게을리하는 사람은 배분의 몫을 삭감한다"라고 규범에서 정했다. 로버트의 해적 규약은 술자리에 합류하지 않은 해적들이 숙면을 취할 수 있도록 해 주고 취객의 방탕한 행동을 방지하기 위해 술 취해서 부리는 난동을 규제했고, 해적선 전체의 활동 능력을 위협하는 배 위에서의 싸움을 금지했으며, 배 위에서 싸움으로 이어지기 쉬운 도박 같은 행동을 금지했다. 이와 비슷한 이유로, 어떤 해적 규약은 선원들 사이에 싸움이나 긴장감을 유발할 수 있는 여성과 젊은 소년을 배에 태우지 못하게 했다. "이것은 그들 사이에서 혼란을 막을 수 있는 훌륭한 정치적 규칙이었고 엄격하게 지켜졌다"라고 정부에 체포된 한 해적이 말했다. 같은 방법으로, 어떤 해적선은 폭약 같은 가연성 물질을 운반하는 배 안에서 권총을 발사하거나 담배를 피우는 행동을 금지했다. 예를 들어, 존 필립스의 해적 규약은 "무기의 방아쇠를 당기거나, 유치소에서 뚜껑 없는 파이프에 담배를 피우거나, 초롱 없이 불 켜진 초를 갖고 다니는 자는 앞 조항에서와 같은 처벌을 받는다"라고 규정했다.

해적들은 부정적 외부효과를 처리하기 위해 대학 기숙사와 같은 이유로 사적 재산권을 설정하는 대신 규제에 의존했다. 해적들과 같은 특별한 상황에서는 규제가 비용이 적게 드는 방법이었다. 원칙적으로 해적들도 이러한 외부효과를 극복하기 위해 재산권을 설정할 수 있었다. 그러나 예를 들어 각 해적이 개인적으로 선실에서 담배를 피우는 권리의 대가로 얼마를 보상해야 하는가에 관해 모든 다른 해적들과 협상할 때 수반되는 거래비용은 엄청나게 높았다. 이와 대조적으로 선실에서 흡연을 금지하는 규칙을 만드는 것은 비교적 비용이 많이 들지 않았다.

해적의 사회안전망: 해적의 공공재 공급

해적 규약은 성공적인 지배구조를 만들기 위해 필요한 마지막 특성, 즉 공공재의 공급을 초기 형태의 사회보험, 즉 근로자 보상을 도입함으로써 충족했다. (해적선 내에서도 공공재는 각각의 해적들이 모든 노력을 기울이도록 유도하기 위해 공급되어야 했다.) 해적 규약은 성공적인 약탈의 수익금을 해적 계약서에 설정된 급여 체계에 따라 분배하기 전에 일정한 금액을 임무 수행 중에 다친 사람들에게 지급하기 위해 공동자금으로 떼어 놓도록 규정했다. 예를 들어, 로버트 선장의 해적 규약에는 다음과 같이 적혀 있다. "어떤 사람이 근무 중 수족을 잃거나 신체장애자가 되면 800달러를 공동재산에서 받고, 덜 심한 상해에 대해서는 그에 비례하여 받는다." 일부 해적의 근로자 보상체계는 매우 구체적이었다. 해적들이 노동과 관련하여 신체 각 부분에 부여하는 가치가 다르다는 사실을 반영해서 손과 발은 부위에 따라 다른 금액의 가치를 매겼다. 더욱이, 적어도 한 해적선에서는 불구에 대한 보험 지급이 무기한으로 계속되었다. 이 해적선은 "계약 기간 중에 수족을 잃는 불행을 당한 사람은 150파운드를 받게 되고, 그가 승낙하는 한 해적선에 잔류한다"라고 규정하여, 해적들의 공동 재원에서 영구 장애자에 대한 지원을 계속했던 것으로 추측된다. 해적의 사회보험은 각 해적이 모든 노력을 기울이도록 유도했고, 적어도 해적이 게으름을 피우려는 동기를 줄여 주는 효과를 가져다주었다. 그 결과 해적의 사회보험은 약탈을 통해서 이익을 얻을 수 있는 해적의 능력을 향상시켰다.

해적 규약은 해적들의 노력을 더 이끌어내기 위해 전투에서 뛰어난 용기를 보였거나 가능성이 있는 공격 대상을 처음 발견한 해적 등에게 공동재산에서 보너스를 지급하는 인센티브 규정도 포함했다. 예를 들어 버커니어의 규칙에 의하면 특별히 용맹한 행동을 보인 사람이나 선박을 납치한 사람은 공동재산에서 보상을 받았다. 비슷한 취지로, 네드 로우(Ned Low)의 해적 규약 제8조에 의하면 공격 대상을 처음 발견한 사람은 최고의 권총이나 휴대용 무기를 차지했다. 이러한 인센티브 규정은 틀림없이 효과적이었을 것이다. 왜냐하면 존슨이 말했듯이 "그들의 규정에 의하면 약탈품을 싣고 있는 배를 최초로 발견한 사람은 추가 배당금 외에 최고의 권총이 부여되었기 때문에 해적들이 훌륭한 경계 태세를 유지했음이 틀림없다."

따라서 해적 규약은 성공적인 지배구조에 필요한 세 가지 특성을 모두 충족하였다. 더욱 놀라운 것은 그들이 정부의 도움 없이 사적으로 그렇게 했다는 것이다. 해적들의 법은 짧고 간단했기 때문에 해적들에게 영향을 미칠 수 있는 모든 우발적인 사건을 포함할 수 없었다. 이런 점에서 해적들의 법은 언제나 불완전했다. 이것을 해결하기 위해 중대한 문제가 발생하면 사법부의 역할을 하기 위해 해적들이 함께 모여 해적 규약에 명확하게 규정되지 않은 상황에 관한 규정을 해석하거나 적용했다. 법의 해석과 관련하여 어떤 의문이라도 있거나, 한 당사자가 법을 위반했는지에 관해서

그림 3-1 해적 법정의 풍경: 토머스 안스티스 선원들의 모의재판

자료: Captain Charles Johnson, *A General History of the Robberies and Murders of the Most Notorious Pyrates*, 1724.

논란이 있는 경우에는 한 사람을 배심원으로 선정하여 의문 사항을 설명해 주고 그 사건에 평결을 내렸다. 그 다음에는 '해적위원회'라고 부르는 곳에서 해적 규약에 대한 준사법적인 재조사 과정이 진행되었다.

만장일치제: 평화와 질서를 위한 계산법

아직 검토하지 않은 해적 규약의 한 가지 중요한 특성은 어떻게 규약의 효력 발생에 만장일치의 동의를 요구했는가 하는 것이다. 해적들이 이렇게 한 이유는 그들의 이윤 획득 능력을 증진시키기 위해서다. 다음에서 어떻게 법적인 만장일치가 3가지 방법으로 해적의 이윤 획득 능력을 향상시켰는지 살펴본다.

3가지 방법 중 첫 번째는 노벨 경제학상 수상자인 제임스 뷰캐넌(James Buchanan)과 그의 동료이며 역시 뛰어난 경제학자인 고든 털럭(Gordon Tullock)이 제창한 지배구조 설정에 수반되는 2가지 형태의 비용을 구별함으로써 가장 잘 이해할 수 있다. 한 가지 비용은 의사결정 비용이라고 부른다. 의사결정 비용은 사회를 지배하게 될 일련의 규칙에 도달하는 데 들어가는 비용이다. 의사결정 비용은 선택할 수 있는 여러 규칙들에 대하여 찬반 토의를 벌이는 비용과 여러 가지 제안들을 대상으로 실제로 투표하는 비용의 2가지 형태로 발생할 수 있다. 투표인 수가 적으면 이러한 비용이 적다.

그러나 투표인 수가 증가하면 이러한 비용도 커진다.

의사결정 비용의 크기에 영향을 미치는 또 다른 중요한 요인은 의사결정에 이용되는 투표에 관한 규칙의 종류다. 한쪽 극단에 독재체제가 있다. 독재체제에서는 한 사람만이 규칙을 결정할 수 있으므로, 토론도 필요 없고 투표도 필요 없으며, 다른 사람의 승인을 얻을 필요도 없다. 따라서 독재체제에서의 의사결정 비용은 매우 낮다. 다른 쪽 극단에는 만장일치가 있다. 만장일치에서 규칙이 통과되려면 사회 모든 구성원의 동의가 필요하기 때문에 논쟁이 격렬하고 오래 지속되기 쉽다. 그리고 가장 중요한 것은 모든 사람의 동의가 필요하므로 제안이 바람직하다는 것을 모든 사람들에게 납득시키기 위해 매우 많은 시간과 정력, 그리고 다른 자원까지도 소비해야 한다. 따라서 만장일치의 의사결정 비용은 매우 높다. 의사결정 비용의 양쪽 극단 사이에 독재체제보다는 비용이 많이 들지만 만장일치보다는 비용이 적게 드는 단순다수결 같은 중간 입장이 있다. 또한 단순다수결보다는 비용이 많이 들지만 만장일치보다 비용이 적게 드는 압도적 다수결도 있다.

지배구조를 설정하는 데 수반되는 또 다른 종류의 비용을 외부비용이라고 부른다. 외부비용은 최종적으로 결정된 규칙에 동의하지 않은 사회 구성원이 부담하는 비용이다. 예를 들어, 당신이 사는 도시에서 간선도로의 제한속도를 높일 것인가, 아니면 낮출 것인가를 결정하는 투표를 하게 되었다. 그런데 당신은 제한속도를 높이는 데 투표했지만 당신 동료 대다수가 제한속도를 낮추는 데 투표했다면, 제한속도는 내려가고 그 결과 당신은 어려움을 겪게 된다. 외부비용의 크기에 영향을 미치는 주요 요인은 사회가 의사결정에 이용하는 투표에 관한 규칙의 종류다. 예를 들어, 새로운 법이 통과되기 위해 투표인 수의 10%의 동의만 필요하다면 지배구조의 외부효과는 크다. 원칙적으로 투표인 수의 90%가 비우호적으로 생각하는 법안이 통과될 수 있다. 다른 쪽 극단에 가까운 예로서, 새로운 법이 통과되기 위해 압도적 다수가 필요하다면 외부비용은 훨씬 적어진다. 이러한 투표 규칙을 사용하면 상대적으로 적은 소수집단만이 동의하지 않은 법 아래 살아야 하는 위험에 놓이게 된다. 이러한 범위의 극단에 만장일치가 있다. 만장일치는 법이 통과되기 위해 모든 사람이 동의해야 하는 것을 의미하므로 만장일치에서는 동의하지 않은 법 아래 사는 사람이 없다. 따라서 만장일치에서는 외부비용이 0이다.

법이 통과되기 위해 사회 구성원 대다수의 동의가 필요하다면 의사결정비용이 높아지고 외부비용이 낮아지기 때문에 지배구조를 설정하는 데 필요한 이 두 가지 비용 사이에 상쇄효과가 있다. 우리가 지배구조를 설정하는 데 들어가는 전체 비용을 최소화하기를 원하지만, 의사결정비용을 감소시키려 하면 외부비용이 증가하고, 그 반대도 성립한다. 어떻게 하는 것이 옳은가?

이 문제에 대한 대답은 우리가 한 가지를 줄이려 할 때 다른 비용이 얼마나 크게 증가하는가에 달려 있다. 예를 들어, 결정해야 할 문제가 굉장히 중요한 것이라면 만장일치에 가까운 의사결정 규칙이 효율적이다. 매우 중요한 결정에 대해서는 결정에 동의하지 않는 사람에게 외부비용이 매우 크다. 이 경우에는 보다 더 심각한 외부비용을 방지하기 위해 높은 의사결정 비용을 부담할 가치가 있다. 예를 들어 사회가 개인에게 얼마나 많은 소득을 얻도록 허용할 것인가를 결정하는 경우에는 비록 의사결정 비용이 높더라도 만장일치가 효율적일 수 있다. 예를 들어, 이 경우를 어떤 종류의 종이에 규칙을 인쇄할 것인가에 대한 결정과 같이 기본적으로 중요하지 않은 결정의 경우와 비교해 보자. 이 경우에는 만장일치의 의사결정 비용이 매우 높고, 단순다수결 또는 독재적 결정의 외부비용이 매우 낮기 때문에 최소한의 대중적 지지만 요구하는 의사결정 규칙이 효율적이다.

이러한 논리적 유추가 해적들이 왜 해적 규약에 만장일치를 요구했는지 설명해 준다. 해적 규약은 해적들이 해적선에서 생활하는 동안 내내 지켜야 하는 전반적인 규칙 체계(절도에 대한 법에서 약탈물의 배분, 근로자의 보상 범위까지)를 구축했다. 따라서 이러한 규칙에 동의하지 않지만 그럼에도 힘들게 지켜야 할 때 해적들이 부담해야 하는 비용, 즉 외부비용이 만장일치가 아니었다면 너무 컸을 것이다. 이 상황을 제2장에서 논의했던 선장이나 사무장을 선출하기 위해 해적들이 이용했던 단순다수결의 규칙과 비교해 보자. 이 경우에 선장과 사무장의 선택이 매우 중요했지만 일반 해적들과 간부들이 지켜야 하는 전반적인 규칙 체계만큼은 중요하지 않았기 때문에 만장일치보다 단순다수결이 경제적으로 더욱 합리적이었다. 누가 선장이나 사무장이 될 것인가를 결정하는 경우에 외부비용이 상대적으로 낮았기 때문에 의사결정 비용을 줄이기 위해 약간의 추가적인 외부비용을 수용하는 것은 일리가 있었다. 따라서 그들의 규약과 달리 해적들은 선장과 사무장을 단순다수결로 선출했다.

해적들이 해적 규약을 제정하는 데 만장일치를 요구했던 두 번째 이유는 제2장에서 논의했던 간부의 착취 문제로 되돌아간다. 해적들은 선장의 민주적인 선출과 민주적으로 선출된 제2의 간부, 즉 사무장을 통해서 권력을 분산함으로써 선장의 착취를 막았다. 사무장에게는 선장의 손에 집중될 수 있는 여러 가지 중요한 권한을 부여했다. 따라서 사무장은 약탈품과 식량을 배분하고, 규칙을 위반하는 해적들을 처벌하는 책무를 맡았다. 이러한 권한을 사무장에게 이양함으로써 해적들은 선장의 권한을 억제할 수 있었다. 그러나 사무장이 자신의 권한을 해적들을 착취하는 데 악용하는 것은 무엇으로 방지했을까?

사무장을 민주적으로 선출한 것이 그의 착취를 억제하는 한 가지 수단이었다. 해적 규약은 사무장의 착취를 억제하는 또 다른 수단이었다. 이를 위해 해적 규약은 규칙과 보상 그리고 처벌을 명시적으로 규정했고, 이로 인해 사무장의 직무상의 재량권이 제한되었다. 그 결과 선장의 권한을 억제하라고 해적들에게서 부여받은 사무장의 권한 범위가 축소되었다. 예를 들어 해적 규약은 앞에서 설명했듯이, 각 해적이 받아야 하는 약탈품의 몫을 명시적으로 밝혀 두었다. 이것이 약탈품을 분배할 때 보급관의 재량권을 제한했고, 그에 따라 선원을 속일 수 있는 그의 능력을 제한했다. 해적 규약은 각각의 상해 유형이 어느 정도로 보상받을 가치가 있는지에 대해서도 명시적으로 규정했고, 그 결과 이와 관련하여 사무장이 해적들을 속일 수 있는 능력을 제한했다. 또한 해적 규약은 규칙의 중요한 위반에 대한 처벌을 구체적으로 명시했고, 주요 범죄에 대한 처벌에 관해 투표할 수 있는 권한을 해적들에게 부여했다. 이것은 해적들에게 처벌을 내리는 사무장의 재량권을 제한했고, 그 결과 해적들을 착취하는 그의 능력도 동시에 제한했다.

해적 규약은 사무장이 따라야 하는 규칙을 제정한 데 그치지 않았다. 해적 규약은 사무장이 자신의 경계를 넘어서는 경우에 대비하여 해적들 사이에 경제학자의 용어로 '공동지식(common knowledge)'도 창출했다. 해적 규약은 사무장이 해적선의 규칙을 집행할 때 지켜야 할 지침을 명확하게 서술했을 뿐 아니라 만장일치로 합의되었기 때문에, 모두가 사무장이 언제 월권했는지 알 수 있었고, 그러한 월권이 실제로 권한을 초월한 것인가에 관한 판단에 합의할 수 있었다. 이에 따라 해적들은 사무장의 권력 남용에 공동 대응하여 그를 해고하고 새로운 사무장을 선출하는 일에 협조가 가능했다. 사무장은 모두가 해적선을 통치하는 규칙에 동의하고 합의했다는 것을 알고 있었고, 더욱이 해적 규약에서 사무장이 행정을 집행하는 규칙을 명시적으로 규정했기 때문에 사무장 역시 그의 권력을 남용하면 온전할 수 없다는 것을 알고 있었다. 사무장이 권력 남용을 시도하면 모든 해적들이 그에게 적대적으로 반응했다.

역사적 기록은 사무장의 권력 남용 사례가 드물었다는 사실을 근거로 해적 규약이 이런 부분에서 효과적이었음을 증명해 준다. 권력 남용이 발생했을 때 해적들이 권력을 남용한 사무장을 권좌에서 성공적으로 제거했다는 증거가 있다는 것도 역시 중요하다.

예를 들어 1691년 한 해적선의 사무장이었던 새뮤얼 버지스 (Samuel Burgess)가 식량을 배급하면서 동료들을 속였다. 이에 대응하여 해적들은 그를 무인도에 귀양 보냈다. 비슷한 예로서, 존 고우(John Gow) 선장의 해적선에서 2인자였던 제임스 윌리엄스(James Williams)가 점점 더 폭력적으로 변하고 규칙을 잘 지키지 않자 해적들은 그의 몸에 쇠를 매달고, 첫 번째 만나게 되는 영국 군함에 발견되어 교수형에 처해지도록 하기 위해 납치한 선박에 태워 영국 군함이 있는 방향으로 보내기로 의결했다.

해적들이 규약의 만장일치를 필요로 했던 세 번째, 그리고 마지막 이유는 해적 지원자들 사이에 융화를 도모하고 분쟁을 방지하는 것이었다. 무정부 상태에서 해적선의 평화와 질서를 유지하고 정부를 대체하는 해적의 지배구조 체제에 과중한 부담을 주지 않기 위해서는 규칙과 보수 체계에 동의할 수 있는 해적을 모으는 것이 중요했다. 해적 규약의 만장일치는 해적들이 시작부터 스스로 선별하도록 함으로써 이것을 가능하게 했다. 규약의 만장일치는 해결이 늦어져 불가피하게 분쟁에 휩싸였을 때 어떻게 사태를 처리해야 하는가에 관해 해적들이 다른 의견을 갖는 것을 방지했을 뿐 아니라, 규칙을 위반한 해적이 자신을 방어하기 위해 규칙을 몰랐다거나 합의하지 않았다고 주장할 수 없기 때문에 결정된 규칙을 집행하는 데도 도움이 되었다. 다시 말하면, 법 제정 단계에서 만장일치의 합의는 규칙을 어겼을 때에 관한 공동지식을 창출했다. 이것은 모든 사람이 규칙을 언제 지키지 않는지에 대해 동의했고, 따라서 사무장이 규약에서 명시한 처벌을 집행하는 것을 모든 사람이 지지했기 때문에 규약의 집행을 용이하게 해 주었다. 따라서 해적 규약에 명시된 규칙 위반에 대한 처벌은 잠재적인 규칙 위반자들에게 현실적인 위협으로 작용하고, 그들은 준수하기로 합의한 법을 지키려는 강한 동기를 갖게 된다.

해적의 사적 지배구조 체제는 대단히 성공적이었다. 이것은 해적 자체의 성공에서 알 수 있는 사실이다. 18세기의 한 지각 있는 선원이 그 이유를 다음과 같이 요약했다. "다른 모든 것에 비해 해적의 사적 지배구조는 해적만큼 위대했고, 해적들은 정확히 사적 지배구조 안에 있었다. 그것이 없었다면 그들은 토대가 없는 건축물과 마찬가지로 존재할 수 없었다." 해적들은 그들의 범죄 기업을 완전하게 유지하고, 목표한 선박을 성공적으로 약탈하기에 충분한 협력을 이끌어내기 위한 토대가 필요했다. 그런데 해적들이 무법자였기 때문에 정부가 그들에게 이러한 토대를 제공할 수 없었다. 그러나 해적들에게 정부가 없다는 것이 지배구조가 없다는 것을 의미하지는 않았다. 해적들은 자신들에게 지배구조를 제공해 주는 사적인 제도를 만들었다. 무질서하고 비타협적이고 폭력적인 범죄자들이, 숙명적인 이기심을 통해 해적선에서 놀랍게도 질서 있고 협력적이고 평화로운 사회를 유지했다.

기이하게도 17~18세기 해적 규약에 가장 가까운 것은 17~18세기 뉴잉글랜드 정착민이 만들었던 청교도 교회의 규약이었다. 물론 그 구체적인 내용은 해적 규약의 내용과 매우 달랐다. 더욱이 교회의 규약은 해적 규약만큼 많은 사회의 규칙을 만들지 못했다. 청교도인들은 사회의 규칙을 위한 보다 상세한 문서, 즉 성경을 갖고 있었다. 그러나 청교도인들의 규약은 그들 사회의 구성원, 즉 교인들을 위한 사적인 지배구조를 형성했고, 권력에 대한 합의의 근거를 제공했다는 점에서 해적 규약과 비슷했다.

해적들은 물론 청교도인이 아니었다. 또한 법에 대한 특별한 숭배 의식이나 규칙 준수에 대한 애착 때문에 정교한 사적 지배구조 체제를 만든 것도 아니었다. 그들이 규칙을 제정한 것은 로버츠 선장의 말처럼 "그들이 그토록 꺼림칙한 연합을 유지할 생각이 있다면 모두가 규칙을 준수할 의사가 있다는 것을 인식했기 때문"이다. 이것을 애덤 스미스는 다음과 같이 설명했다. "정의의 법이 참을성 있게 지켜지지 않으면 사회가 존재할 수 없고, 서로에게 해를 끼치는 행동을 참지 못하는 사람들 사이에서는 사회적 교류가 일어날 수 없다. 이러한 필요성에 대한 고려가 정의의 법을 위배하는 사람에 대한 처벌을 통하여 정의의 법 집행을 승인하는 근거가 된다." 애덤 스미스의 말은 합법적인 사회에 대한 언급이다. 그러나 해적에 관해서도 다르지 않았을 것이다.

해적들은 이윤을 확보하기 위해 협조해야 했다. 하지만 해적선에서 갈등이 방지되고 질서가 유지되고 열심히 일하는 데 대한 대가가 있어야만 협조할 수 있었다. 요약하면, 해적들은 그들의 이윤 추구 목표를 달성하기 위해 규약을 만들었고 규칙을 지켰다. 해적들의 이기심으로 인해 그들은 규약 속에 큰 안도감이 놓여 있다는 것을 이해했다. 역사학자에 의하면, 해적의 지배구조체제로 인해 상선이나 영국왕실 해군, 또는 영국의 식민지보다도 해적선이 더 질서가 잡히고 평화로웠으며 잘 조직되었다. 18세기의 한 평론가는 이것을 다음과 같이 묘사했다. "바다에서 그들은 상당한 수준의 질서 속에서 임무를 수행했는데, 네덜란드 동인도회사의 배보다 훨씬 나았다. 해적들은 올바르게 일을 처리하는 데 대해 자부심을 크게 가졌다."

해적 선장의 경제학 교실 02

"주먹은 참을 수 있지만 나를 규제하는 것은 못 참는다"

읽을거리: 제프리 브레넌(Geoffrey Brennan) · 제임스 뷰캐넌(James M. Buchanan)
의 『규칙의 이유: 입헌적 정치경제론』(*The Reason of Rules: Constitutional
Political Economy*), 워런 너터(G. Warren Nutter)의 「규제에 의한 교살」
(Strangulation by Regulation)

핵심주제: 규제는 중요하지만 예상치 못한 역효과를 낼 수 있다.

규칙과 규제는 모든 사회가 작동하기 위해 필요한 것이다. 이러한 규칙을
정부가 제시할 수도 있고 사적 지배구조가 제시할 수도 있다. 그렇지만 어떤
경우에든 탐욕이 협동에 해가 되지 않고 도움이 되게 하기 위해서는 개인의
이기심이 협동을 향상시키는 활동을 유도하고 협동에 해가 되는 활동을 멀
리하도록 유도하는 일종의 규제제도가 필요하다. 해적들은 불법이므로 정부
의 규제 범위 밖에서 운영된다. 그들은 자신들의 범죄적인 기업이 파멸하는
것을 막기 위해 그들 스스로 규제했다. 해적의 규제는 사적으로 그리고 자발
적으로 채택되었고, 사적이고 자발적이라는 점 때문에 성공했다. 해적들은
해적선에서 필요한 규제의 종류에 대해 외부인보다 더 좋은 아이디어를 갖
고 있었다. 예를 들어 그들은 선창에서 흡연을 제한하는 것이 중요하지만 완
전히 흡연을 금지하는 것은 중요하지 않다는 것을 알았다. 해적들은 경제학
자들의 용어로 특정 상황의 '국지적 지식'(local knowledge, 옮긴이 주: 특정
한 시간, 장소, 관계하에서만 의미가 있는 지식)을 갖고 있었고, 여러 가지 규칙들
이 해적선의 생활에 어떤 영향을 미칠 것인가를 알고 있었다.

합법적인 현대 기업들도 역시 근로자의 협동을 촉진하기 위해 어떤 종류
의 규제가 필요한지, 어떤 종류의 규제는 그렇지 않은지, 그리고 어떤 종류

의 규제가 협력하려는 근로자의 역량을 억누르는지에 관해 외부인보다 많은 국지적 지식을 갖고 있다. 그러나 현대 정부는 이 문제에 너무 관심이 없고, 때때로 여러 유형의 기업들을 위해 필요한 규제가 무엇인지에 관해 회사보다 국지적 지식을 더 많이 갖고 있는 것처럼 행동한다. 정부의 규제 부과는 매우 고상한 동기 부여가 될 수 있다. 그러나 앞에서 지적한 대로 동기 부여와 실제 결과는 다른 이야기다. 이기적인 동기가 사회적으로 바람직한 결과를 가져오는 것처럼 이타적인 동기가 사회적으로 바람직하지 않은 결과를 초래할 수 있다. 따라서 잠재적인 '악의 이득'을 인정하는 것이 중요한 것만큼 잠재적인 '선의 해악'을 인정하는 것도 중요하다.

때때로 사람들이 의도적으로 다른 사람을 도우려 할 때 실제로는 다른 사람에게 도움을 주기보다 해를 끼친다. 예를 들어 '미국 장애인법(ADA)'을 생각해 보자. 미국 정부는 1990년 고용주들의 장애인 근로자 차별을 방지하기 위해 미국 장애인법을 제정했다. 이를 위해 미국 장애인법은 장애인 종업원들에 대한 불법적인 해고를 금지하는 등 몇 가지 제도를 도입했다. 미국 장애인법에 의하면 장애인 근로자가 자신의 장애를 이유로 고용주가 해고하거나 다른 방법으로 차별했다고 생각하면 고용주를 고발할 수 있다. 이 법의 의도는 장애를 가진 미국인의 고용을 증대하려는 것이다. 이것은 확실히 고상한 목표다. 그러나 이 법은 원래 목표와 정반대되는 결과를 초래했다. 사실 미국 장애인법의 실제 효과는 고상하지 않았다. 2001년에 장애인 고용에 대한 미국 장애인법의 효과를 연구한 MIT의 경제학자 대런 애서모글루(Daron Acemoglu)와 조슈아 앵그리스트(Joshua Angrist)는 미국 장애인법으로 인해서 미국의 고용주들이 고용한 장애인 수가 크게 줄었다는 것을 발견했다. 경제학자의 전문용어로 말하자면, 미국 장애인법은 '기대에 반하는 의도하지 않은 결과'를 낳았다. 미국 장애인법의 규정은 장애인 근로자들의 고용비용을 상승시켰다. 예를 들어 장애인 근로자가 장애와 전혀 관련이 없는 이유로 덜 부지런하고 덜 생산적이라도 미국 장애인법은 그를 해고하기 어렵게 만들었다. 따라서 고용주들은 처음부터 장애인 근로자의 고용을 피하게 된다.

이윤 동기를 이용하여 기업들이 규제를 채택하도록 유도하는 것이 완벽하지는 않다. 그러나 그것이 더 좋은 결과를 만들어내는 경향이 있고, 미국 장애인법의 예에서처럼 정부가 부과하는 규제보다 규제에 따르는 역효과가 작다. 해적들은 이윤 동기로 움직이기 때문에 더욱 바람직한 일터를 만드는 규칙과 규제를 제정할 인센티브가 있다. 예를 들어 해적선은 지원자를 끌어들이기 위해 간부들이 선원들의 몫을 속이지 못하도록 하거나 다른 방법으로 선원들을 학대하지 못하도록 보장해 주는 규칙을 만들 필요가 있었다. 합법적인 현대 기업들도 역시 이윤 동기로 움직이기 때문에 경쟁자들에게 근로자를 빼앗기지 않으려면 근로자들을 위해 바람직한 직장을 만들어야 주어야 하는 비슷한 압박을 받게 된다. 여기에는 협동을 촉진하고 근로자들의 안전을 보장해 주는 직장의 규칙과 규제를 자발적으로 채택하는 것도 포함된다. 기업들은 그들의 특별한 사정을 고려해서 어떤 규제가 합리적이고, 어떤 규제가 합리적이 아닌지에 관한 국지적 지식을 갖고 있다. 따라서 그들이 도입하는 규칙은 효과적일 가능성이 크고, 정부 규제가 초래할 수 있는 바람직하지 않거나 의도하지 않은 결과를 초래할 가능성이 낮다.

제 **4** 장

해골과 뼈다귀:
해적 깃발의 신호이론

⋮

    아마도 해적의 여러 상징물 중에서 가장 친숙한 것은 해골과 교차된 모양의 뼈다귀일 것이다. 음산한 기운을 풍기며 휘날리는, 해골이 그려진 검은색 깃발을 걸지 않은 해적선의 이미지는 상상하기 어렵다. 해적에 대한 보편적인 개념과 완벽하게 어울리는 이 상징물은 너무나 훌륭해서 오히려 상상력 풍부한 할리우드 제작자의 창작물처럼 보인다. 그러나 그것은 실재했던 해적 역사의 중요한 일부다. '졸리 로저(Jolly Roger)'라고 불리는 이 해적기는 해적의 이윤 극대화 행위에 중심적인 역할을 했다.

⋮

200톤짜리 배가 수평선 위에 나타난다. 멀리서 볼 때 그것은 해롭지 않아 보인다. 그것은 화물을 식민지에 실어 나르는, 바다에서 흔히 볼 수 있는 상선처럼 보인다. 배에서 휘날리는 영국 국기, 왼쪽 상단 구석에 영국 국기가 그려진 빨간 깃발이 당신의 추측을 확인시켜 준다. 배가 가까이 다가오면서 배에서 큰소리로 당신을 부르고, 당신은 반가워한다. 당신은 예의 바른 정상적인 행동, 즉 아마도 도움의 손길을 내밀어 줄 것을 기대한다. 그러나 배가 더 가까이 다가오면 의심이 들기 시작한다. 그 배는 사실 상선이 맞지만, 크게 개조된 상선이다. 불길하게도 그 배는 통상적으로 볼 수 있는 6개의 대포 대신, 20문 이상의 대포로 재무장했다. 이 야수의 갑판은 앞부분의 선실과 뒷부분의 선장실이 제거되어 낮고 평평하다. 모든 장식과 치장은 벗겨졌다. 대포만이 남아 있다. 해롭지 않은 상선으로 보였던 것은 개조된 위협적인 전함이다.

배가 더 가까이 오면 그 배의 무서운 선원들이 눈에 들어온다.

각양각색의 300개의 눈동자가 당신을 위협적으로 훑어본다. 당신은 문자 그대로 해골을 올려다보고 응시한다. 조금 전에 영국 국기가 보이던 곳에는 해골과 뼈다귀가 그려진 검은색의 깃발이 당신을 향해 펄럭인다. 임시변통으로 만든 그 전함은 해적선이다. 그 배는 뱃머리 주위에 공포탄을 쏘았고, 당신은 해적 선장이 확성기를 통해서 선장에게 배 위에 올라와 항복하라고 요구하는 고함소리를 듣는다. 당연히 겁에 질린다. 당신은 무엇을 할 것인가?

도망갈 수도 있다. 그러나 당신의 배는 느리고 덜거덕거리며 가는 반면에, 그들의 배는 빠르고 민첩하게 개량되었다. 탈출 가능성은 매우 희박하다. 만만해 보이는 땅딸막한 해적을 무찌르려 노력할 수도 있다. 그러나 그의 배에는 150명의 장정이 있는데, 당신 배에는 15명뿐이다. 더욱이 해적선은 4배나 많은 총을 보유하고 있다.

가장 중요한 것은 당신이 자멸할 것을 알면서도 이 약탈자에 저항하기로 결정한다면 패배했을 때 자비를 기대할 수 없음을 알고 있다는 것이다. 당신을 공격하는 해적의 깃발은 단지 보여 주기 위한 것이 아니다. 그것은 해적기를 달고 항해하는 자들에게 불손하게 도전할 때 당신의 운명이 어떻게 될지를 알려 준다. 선택할 수 있는 유일한 대안은 잘 무장된 약탈자들이 바라는 대로 항복하는 것이다.

아마도 해적의 모든 상징물 중에서 가장 잘 알려진 것은 해골과 뼈다귀다. 돛대 꼭대기에서 불길하게 흩날리는, 해골이 그려진 검은색 깃발이 없는 해적선은 상상하기 어렵다. 해적에 대한 보편적인 개념과 완벽하게 어울리는 이 상징은 너무나 훌륭해서 사실이라고 믿기 어려울 정도다. 해골과 뼈다귀 깃발은 실제로 해적이 발명한 것이라기보다는 상상력이 풍부한 할리우드 제작자의 창작물처럼 보인다. 그러나 해골과 뼈다귀 깃발은 실제로 존재했던 해적 역사의 중요한 일부다. 해적들은 이 깃발을 졸리 로저(Jolly Roger)라고 부르는데, 이 해적기는 해적의 이윤 극대화 목적을 용이하게 만드는 데 중심적인 역할을 했다.

◾

성공적인 해적 행위는 쉬운 일이 아니었다. 해적들은 평범한 선원들 중에서 선발했지만 한 지역에 야영하며 지나가는 사람을 약탈하는 재주 없는 망나니들이 아니었다. 또한 해적들은 넓은 바다라는 공간에서 목적 없이 방황하지도 않았다. 존슨 선장이 해적 행위의 과정을 '사자들이 먹을거리를 찾아 으르렁거리며 돌아다니는 것'으로 묘사했지만, 해적 행위가 그처럼 쉬운 것은 아니었다. 예를 들어, 이 책을 읽는 보통 사람들은, 해적들이 말하는 대로 '해적질 하러 가기'를 단순하게 결정할 수 없을 것이다.

당신이 성공적으로 해적 행위를 하려면 우선 100톤 이상 되는 배를 어떻게 운항했는지 알 필요가 있다. 항해 기술이 서툴다면 당신은 운이 안 좋은 것이다. 해적들이 활동했던 17세기와 대부분의 18세기에는 경도를 정확하게 알려주는 해양 크로노미터조차도 발명되지 않았다. 그 대신 해적들은 '선위(船位) 추산법(dead reckoning)

이라는 항해 방법에 의존했다. 이 방법은 용어에서 느끼는 것만큼 정교했다. 배의 위치를 추산하려면 먼저 위도를 결정해야 했다. 다행스럽게 이 과정에서 당신을 도와주는 기구가 있었다. 이 기구는 측량 막대기, 또는 발명자인 존 데이비스(John Davis) 선장의 이름을 딴 '데이비스 사분의'였다. 측량 막대기는 몇 개의 나무 막대기로 만들어졌는데, 그것을 항해사의 얼굴에 붙이면 여러 개의 막대기 중 하나의 막대기를 따라 비쳐진 그림자의 위치로 결정되는 정오의 태양 위치와 수평선을 동시에 관측할 수 있었다. 이것을 이용해서 관측자는 지평선 위 태양의 고도를 측정할 수 있었고, 그것을 매일매일 적도에서 태양의 경사를 기록한 일련의 도표로 작성하여 배의 위도를 알 수 있었다. 한 지점에서 위도를 측정한 후에는 지난번 마지막으로 위도를 측정한 이후의 속도와 방향을 측정함으로써 경도를 추산할 수 있었다. 즉, 측정기(chip log)라고 부르는 나무판을 밧줄에 매달아 배의 측면에 떨어뜨려 현재의 속도와 방향을 측정한 후 이것을 지난번 속도와 방향의 변화를 기록한 나무 말판(pegboard)과 비교해서 경도를 측정했다. 이러한 과정이 미숙하다고 간단한 것으로 오해해서는 안 된다. 해적선을 조종하려면 다른 쪽 바다의 조류와 바람의 방향에 대한 전문적인 지식과 풍압에 대한 적절한 이해가 필요했다. 해적 활동은 18세기 초 모든 해상 활동과 마찬가지로 과학이라기보다 기술이었다. 그러나 성공적인 해적 생활을 위해서는 항해 전문가 이상의 능력이 필요했다. 항해 기술과 해양에서의 기민함은 물론이고, 추격하고 도주하고 전투를 수행하기 위한 예리한 판단력과 능력을 함께 갖추어야 했다. 공격 대상에 접근하기 위해서 조류와 바람의 조건과 이러한 조건의 갑작스러운 변화를 전략적으로 이용해야 하고, 동시에 이러한 조건들과 당신의 움직임에 대한 상대방의 반응을 예측하여 상대방의 진로를 방해하고 전투에 대비해야 한다고 생각해 보자. 실제로 그 것은 생각하는 것보다 훨씬 더 어려운 일이다. 사방에서 불 뿜는 대포와 비명을 지르는 사람들 속에서 해적선이 다람쥐가 강가를 내려가는 것처럼 수로를 질주하며 빠져나갈 수는 없었다. 공격 대상을 제압하는 것은 공중에 매달린 박을 터뜨리기 위해 돌진하는 것보다는 여우를 사냥하는 것과 비슷했다.

다른 것이 일정한 상태에서는 바람을 등지고 항해하는 배가 바람을 안고 항해하는 배보다 속도와 민첩성에서 유리했다. 바람이 뒤쪽에서 불면 바람을 안고 항해하는 배보다 바람의 방향 변화에 대해 더 빠르고 쉽게 적응할 수 있다. 이런 이유 때문에 해적선들은 공격 대상에게로 바람이 부는 쪽에 위치하려고 노력했다. 그러나 그런 위치를 차지하는 것은 쉬운 일이 아니었다. 해적들은 위협감을 주지 않고 (가능하다면 그들이 공격하려는 배에 관심이 있다는 것을 나타내지 않고) 그렇게 해야 했다. 더욱이 바람과 조류의 조건에 따라 배의 움직임은 제한되었기 때문에 조종은 자유롭지 못했다. 또한 사소한 잘못된 움직임이 공격 대상의 의심을 키울 수 있었다. 너무 빠르게 움직이거나 너무 민첩하게 움직이는 것이 한 예다. 앞에서 설명했던 것처럼, 해적들은 속도를 내기 위해 배를 개조했고, 해적선은 대부분의 상선보다 훨씬 빨랐다. 만약 어떤 배가 너무 빠르거나 민첩한 움직임을 보이면 그것은 그 배가 해적선일 수 있다는 가능성을 경고해 주는 빨간색이나 검은색 깃발의 신호를 공격 대상의 마음속에 보내는 것과 같았다. 해적들은 공격 대상에게 전속력으로 다가가 그가 겁먹고 도망갈 수도 있게 만들기보다 공격 대상에게 천천히 접근하기를 원했다. 이를 위해서라도 먹잇감에게로 바람이 부는 쪽에 위치하는 것이 편리했다. 바람이 불어가는 쪽의 공격 대상의 경우에 눈에 덜 띄게 접근하기가, 그리고 해적선이 가까워져 의도가 알려진 뒤에 전속력을 내기가 더욱 쉬웠다. 물론 바람을 등지는 쪽의 공격 대상에 대해서도 이것이 가능했지만, 따라잡기가 훨씬 어려웠다.

해적들은 나포하기에 충분할 만큼 공격 대상에 접근하기 위해 몇 가지 규칙을 이용했다. 첫 번째는 합법적인 선박의 깃발이었다. 해적들은 배를 획득한 것과 같은 방법으로 깃발을 얻었다. 즉, 해적들은 약탈한 상선에서 깃발을 훔쳤다. 해적선은 여러 나라에서 훔친 여러 가지 깃발을 갖고 다니다가, 그들이 항해하는 장소나 잠재적인 공격 대상의 국적에 따라 적절한 색깔의 깃발을 내걸었다. 깃발은 17세기와 18세기에 매우 중요했다. 깃발이 없이는 선박들이 서로를 구별할 방법이 거의 없었다. 해적들은 이 점을 이용해서 우호적인 색깔의 깃발로 공격 대상을 속였고, 그들의 진짜 의도를 더 이상 숨길 수 없을 때까지는 의심을 사지 않고 먹잇감에 은밀하게 접근할 수 있었다.

해적들이 공격 대상에게 신분을 숨기기 위해 이용한 또 다른 전략은 선박의 선체와 잘 어울리는 색으로 만들어 해적선의 포신을 가릴 수 있는 천막으로 만든 덮개였다. 이것은 해적선이 실제보다 덜 무장된 것처럼 위장하여 평범한 상선처럼 보이도록 했고, 그 결과 그의 공격 대상이 너무 빨리 겁을 먹지 않도록 해 주었다. 이와 반대 입장에 있는 상선들은 갑판에 포문을 그리거나 나무로 만든 가짜 대포를 배에 붙이는 등 스스로를 위장하여 잠재적인 공격자들이 자신들의 우월한 힘을 믿어 줄 것을 희망하며 실제보다 무장이 잘된 것처럼 보이도록 노력했다. 예를 들어 17세기 말 상선의 선원이었던 에드워드 발로우(Edward Barlow)는 그가 승선했던 280톤의 상선에 대해 "24문의 대포와 함께 우리가 더 많은 대포를 갖고 있는 것처럼 보이기 위해 2개의 나무 대포를 과시용으로 갖고 있었다"라고 묘사했다.

해적들이 신분 노출을 피하기 위해 사용했던 또 다른 책략은 병아리 우리와 화물을 갑판 위에 놓아두고 상선으로 위장하는 것이었다. 또한 해적들은 배의 실제 속도를 위장하기 위해 원통을 묶어서 선미에 매달아 바다로 내던졌다. 그러면 배가 원통을 뒤에 끌고 다니게 되므로 배의 속도가 현저히 떨어졌다. 이러한 방법으로 해적선은 의심받지 않고 천천히 공격 대상에 접근할 수 있었다. 해적들은 일단 공격 대상에 가까이 접근하면 원통을 잘라내고 일시에 힘을 모아 배를 쏜살같이 앞으로 전진시켜 공격 대상을 놀라게 했는데, 이때가 되면 공격 대상이 도망갈 수 없었다. 이러한 책략 때문에, 그리고 해적선들이 목표로 삼고 있는 대부분의 상선보다 더 빠르고 민첩하게 개조되었기 때문에, 공격 대상이 습격자에게서 도망치려면 다가오는 배가 멀리 떨어져 있을 때 빨리 도주를 결정해야 했다. 이것은 확실히 가능했다. 그러나 역사학자 앵거스 컨스텀(Angus Konstam)이 지적했듯이 "이것이 언제나 실제적이거나 적절하지는 않았다. 선주들은 상선의 선장들에게 모든 비상 상황에서 도망 다니며 항해를 지연시킬 수 있을 만큼 충분한 시간을 주지 않았다." 더욱이 우호적인 선박들은 서로 소리치며 잠깐 멈추어서 도움이나 정보를 교환할 것을 요청하는 일이 흔했다.

해적들이 상선을 속여 멈추게 하면 상선의 선원들은 앉아 있는 오리처럼 얌전했다. 해적선을 상선 옆으로 붙여 사정거리를 확보한 뒤 필요한 경우에 유리병 안에 채워 넣은 화약과 약간의 금속, 그리고 도화선으로 만들어진 그레나도(grenado)라고 부르는 나름의 수류탄이나, 또는 수류탄과 비슷하지만 썩은 고기, 생선, 그리고 기타 배에서 발견되는 냄새가 고약한 물질로 채워진 초기 형태의 최루탄이었던 악취탄을 투척했다. 17세기에 발행된 『스터미 선장의 잡지, 또는 선원을 위한 완벽 총포기술, 1669』(*Captain Sturmey's Magazine, or The Whole Art of Gunnery for Seamen 1669*)에는 어떻게 효과적인 악취탄을 제조하는지가 나와 있다. 성분을 추천한 목록은 마녀의 비약처럼 보였다. "폭약 102파운드, 배에 바르는 송진 60파운드, 타르 201파운드, 초석 81파운드, 유황 81파운드를 가져와서 약한 불에 모든 것을 함께 녹이고, 잘 녹인 후에는 양배추가루 21파운드, 말발굽 간 것 61파운드, 미나리에서 채취한 고무수지 31파운드, 그리고 고약한 냄새가 나는 주격 0.5파운드를 집어넣는다." 유일하게 빠진 것은 도마뱀의 눈이다. 말할 필요 없이 적절하게 섞어 만든 악취탄은 공격 대상인 상선 선원들의 정신을 빼앗는 데 완벽한 효과를 발휘했다. 이렇게 한 뒤 해적들은 갈고리를 배에 걸고 상선에 승선할 수 있었다.

그러나 해적들은 공격 대상에 다가가서 승선하기 위해 갈고리를 걸 정도로 가까운 거리가 늘 필요하지는 않았다. 해적선에 싣고 다녔던 대포는 선원들만큼이나 다양했다. 일단 배 위에서 포라고 부르는 전형적인 대포는 4파운드짜리와 6파운드짜리가 있었는데, 각각 '앞잡이'와 '매'로 불렸다. 그러나 8파운드짜리와 12파운드짜리를 포함해서 훨씬 큰 포도 사용되었다. '매'는 거의 1마일 밖의 공격 대상에게 도달할 수 있었다. 더 큰 대포들은 크기에 따라 더 먼 거리를 쏠 수 있었다. 따라서 적어도 공포를 주기에 충분한 경고 사격은 상당히 먼 거리에서 쏠 수 있었다. 공격 대상의 선체를 부수기 위해서는 더 가까이 접근할 필요가 있었다. 그러나 500야드 정도의 거리에서는 매의 유효거리로 충분했다. 해적들은 포의 사용 가능성과 공격 대상으로부터의 거리에 따라 탄약을 선택했다. 물론 '공탄환'이라고 불렸던 전통적인 대포 탄환이 있었지만, 그 외에도 여러 개의 작은 쇳덩어리를 연결해 만든 것으로 산탄총을 발사한 것과 같은 효과를 가져다주는 포도탄, 선박의 대포에서 막대나 쇠사슬로 연결된 두 개의 탄환이 동시에 발사되는 쇠사슬 탄환도 있었다. 쇠사슬 탄환은 넓은 면적에 타격을 주었기 때문에 그것이 공중에 내던져질 때 돛대와 기타 항해 장비를 쓸어가는 등 다른 종류의 피해를 입힐 수 있었다.

해적들이 피를 좋아하고 전쟁을 사랑하며 철저하게 악인의 기질을 가진 천한 사람일 것이라는 우리의 상상력과 함께 해적들이 갖고 있던 우월한 힘은 그들이 꽝하고 울리는 대포로 시작되어 쨍강

소리를 내는 단검으로 마무리되는 싸움에 참여하기를 좋아했고, 실제로 싸움을 바랐을 것이라는 생각이 들도록 할 것이다. 그러나 실제로는 그 반대였다. 해적들은 전투에 참여하기 싫어했고, 심지어 그들이 쉽게 물리칠 수 있는 공격 대상과의 전투도 싫어했다. 이것은 해적의 신화와 현실이 극명하게 대립하는 또 하나의 예다. 그리고 해적의 다른 신화와 같이, 이것을 간파하기 위한 실마리는 해적의 이윤 극대화 목표를 이해하는 데 있다.

해적이 평화를 만드는 방법

해적들이 약탈을 위한 원정에서 이윤 극대화를 시도할 때 직면하는 중요한 장애물은 비용을 줄이는 데 있었다. 해적의 생산 비용은 다른 것보다도 잠재적인 약탈품을 뺏기 위한 전투에 관련된 비용을 포함했다. 해적들에게는 무장 약탈이 가장 중요한 수단이었기 때문에 해적들도 조직적인 무장 강도들과 같은 문제에 직면했다. 이러한 문제들 중에서 가장 중요한 것은 폭력적인 싸움을 최소화하는 것이었다. 이 문제를 해결하지 못하면 그들의 이윤을 깎아 먹는 비용이 발생했다. 첫째, 공격 대상과의 싸움은 해적들 사이에 사상자가 발생할 가능성을 의미했다. 해적들은 사망 이외에도 일시적인 혹은 영구적인 장애를 가져오는 부상을 당하면 엄청난 비용이 든다는 것을 알았다. 예를 들어, 제3장에서 논의했던 것처럼 보험 성격의 준비금이 지나치게 부담이 되지 않도록 하기 위해 해적들은 전쟁에 연관된 부상자를 최소화할 필요가 있었다.

폭력적인 전투로 인해 발생하는 두 번째 비용은 해적선의 파손 가능성이었다. 이것은 두 가지 점에서 문제가 되었다. 첫째, 그것은 다음 공격 대상을 추적하여 나포하는 데 있어서 해적의 효율성을 떨어뜨렸다. 예를 들어, 구멍 난 해적선은 손상을 입지 않은 배보다 덜 민첩하고 더 느릴 것이다. 더욱이 해적선은 훔쳐서 얻는 것이기 때문에 해적들이 파손된 선박을 대체해서 파손되지 않은 선박을 얻을 수 있는 능력이 없었다. 이 때문에 파손된 선박은 수리가 필요했다. 배의 수리는 육지 위에 또는 육지에 가까이 있는 해적 목수가 담당했다. 해적들은 그러한 수리를 수행할 수 있는 작고 은밀한 선창을 많이 알고 있었다. 그러나 수리에 소비되는 추가 시간은 상선을 약탈하는 데 투입할 시간을 줄였고, 정부당국에 체포될 가능성을 높였다. 해변에서 또는 해변 가까이에서 배를 수리하거나 유지보수를 하는 동안 해적들은 공격에 취약해질 수밖에 없었다. 예를 들어, 배를 청소(배의 선체에 쌓인 바다의 쓰레기를 제거하는 작업)하려면 해적들은 배에 있던 대포·화물·중간돛대를 제거하고 청소와 수리를 위해 배를 받침판으로 기울이고 돛대를 해변의 나무에 단단히 고정시켜 배의 한쪽 바닥면이 노출되도록 충분히 기울여 놓아야 했다. 그 다음에는 배 바닥의 다른 반쪽을 청소하고 수리하기 위해 배의 다른 쪽이 노출되도록 기울여 놓아야 했다. 이런 상태로 노출된 배는 해군 함정이나 다른 해적들에게는 손쉬운 공격 대상이 되었다. 예를 들어, 독수리호의 선장이었던 월터 무어(Walter Moore)는 베네수엘라 부근의 한 섬에서 청소 중에 있던 조지 로더의 해적선을 포획하였다. 파손된 배가 발생시키는 이러한 비용을 피하기 위해 해적들은 수리 횟수와 수리 시간을 최소화해야 할 필요가 있었고, 이를 위해 그들은 배를 파손시킬 수 있는 난폭한 교전을 최소화해야 했다.

최종적으로 해적과 공격 대상 사이의 전투는 약탈품을 손상시킬 수 있었다. 해적들은 성능이 좋은 배를 얻게 되면 갖고 있던 배를 팔았기 때문에 훔친 배들이 해적들에게 가치가 있었다. 물론 파손된 배는 파손되지 않은 배보다 가치가 떨어졌다. 극단적으로, 해적들이 부주의하게 그들의 공격 대상을 침몰시키면 약탈품 전체를 잃게 된다. 따라서 폭력적인 전투는 해적 행위를 위한 원정에서 비용을 증가시킬 뿐 아니라 수입을 감소시킬 수도 있었다.

약탈품을 획득하는 데 따르는 이러한 비용을 줄이기 위해 해적들은 폭력 없이 희생자를 제압하려고 노력했다. 그들의 모든 정책은 전투를 하지 않고 약탈품을 얻는 것을 지향했다. 그러나 실제로 이렇게 하기는 생각보다 어려웠다. 해적선의 인원과 무력이 그들의 사냥감보다 3배 또는 그 이상 우월한 경우가 흔했지만, 상선들도 무방비 상태는 아니었다. 대부분의 상선들은 여러 문의 대포를 갖고 다녔고, 일부는 공격하는 해적에게 손상을 입히고 탈출하는 데 성공했다. 상선의 저항과 그에 따르는 비용을 최소화하기 위해 해적들은 악명 높은 깃발, 즉 해적기(Jolly Roger)를 개발했다. '졸리 로저'라는 이름의 유래에는 논란이 있긴 하지만, 오랫동안 악마의 별명이었던 'Old Roger'에서 나왔을 것으로 추측된다. 또한 그 이름이 원래 프랑스 버커니어의 빨간 깃발을 의미하는 'jolie rouge'(pretty red)에서 유래되었을 가능성도 있다. 그런데 그 의미와는 달리, 해적기는 피에 굶주린 해적들을 상징하기보다 폭력적인 싸움을 피하려는 해적들의 강한 욕구를 반영하는 것이었다.

해적기는 17세기 버커니어에 기원을 두고 있다. 버커니어는 빨간 깃발을 휘날렸고, 그것은 공격 대상들이 저항하면 어떤 자비도 베풀지 않겠다는 뜻을 알리는 것이었다. 만약 빨간 깃발이 게양되었는데도 공격 대상이 저항하면, 해적들은 무자비하게 상대 선원들을 학살했다. 18세기 해적들은 때때로 버커니어의 빨간 깃발을 해골과 뼈다귀가 그려진 검은 깃발로 대체했다. 해적기에 관한 최초의 기록은 1700년에 프랑스 해적 이매뉴얼 윈(Emanuel Wynne)의 배에서 찾을 수 있다. 한 목격자는 그것을 "죽은 사람의 머리와 교차된 뼈다귀의 그림이 있는 검은색 깃발"로 묘사했다. 1717년까지 해적기에 관한 언급이 자주 나타나기 시작했다. 해골 하나와 X자 형태로 교차된 뼈다귀 2개가 조합된 모양이 가장 많은 주목을 받았다. 예를 들어, 새뮤얼 벨라미 선장의 해적선은 고전적인 해적기, 즉 죽은 사람의 머리와 교차된 뼈다귀가 그려진 검은색의 대형 깃발을 휘날렸다. 한 목격자도 블랙비어드 함대의 깃발을 "죽은 사람의 머리가 있는 검은 깃발"이라고 비슷하게 묘사했다. 일부 해적들은 붉은 깃발을 결코 포기하지 않았는데, 블랙비어드의 연합 함대 중 일부 해적선은 '핏빛 깃발'을 휘날렸다. 다른 해적들은 검은 깃발과 붉은 깃발을 함께 사용했다. 1724년 감옥에 갇혔던 리처드 호킨스는 그것을 다음과 같이 설명했다. "그들이 해적기를 달고 싸울 때는 자비를 베풀었지만, 빨간색이나 핏빛의 깃발을 달고 싸울 때는 자비를 베풀지 않았다."

그러나 해적기는 검은색 바탕에 해골과 뼈다귀가 그려진 고전적인 깃발이나, 무늬가 없는 빨간색 계통의 깃발 외에도 매우 다양한 종류가 있었다. 해적기에는 모래시계, 전신 뼈다귀, 굽은 칼, 단검, 피가 흐르는 심장, 그리고 힘 · 죽음 · 파괴의 상징물도 그려 넣었다. 예를 들어, 존슨 선장은 "손에 검을 들고 모래시계를 앞에 둔 남자의 형상을 그려 넣은 깃발과 휘장 그리고 장식물을, 해골과 뼈다귀 그림과 함께 휘날렸다"고 설명했다. 또 다른 해적기에는 해골의 그림과 죽음을 두려워하지 않음을 암시하는 불타는 칼을 손에 들고 있는 남자의 초상이 그려져 있었다. 프랜시스 스프릭스(Francis Spriggs) 선장의 해적선은 중앙에 큰 하얀색의 해골이 한 손에 피가 흐르는 심장을 찌르고 있는 투창을 들고, 다른 손에 모래시계를 들고 있는 그림이 그려져 있는 검은 휘장을 해적기로 사용했다. 한편 전통적인 해적기와 음영이 반대인 흰색 바탕의 이색적인 해적기를 보았다는 사람도 있었다.

일부 해적들은 해적기를 영국이나 다른 나라의 국기와 함께 게양하기도 했다. 예를 들어, 어떤 목격자는 바르톨로뮤 로버츠의 해적선에 대해, "중간 돛대에는 해골과 단검이 그려진 해적기가 영국 국기와 함께 휘날리는"이라고 묘사했다. 또 다른 목격자에 따르면 로버츠 선장의 해적선은 매우 화려한 색채의 국기와 해적기를 게양하고 항해했다고 한다. "검은 깃발 외에 그들은 붉은 영국기와 왕의 선수기(船首旗), 그리고 네덜란드 휘장을 게양했다."

그림 4-1 전설적인 해적 선장 바르톨로뮤 로버츠

자료: Captain Charles Johnson, *A General History of the Robberies and Murders of the Most Notorious Pyrates*, 1724.

　로버츠 선장은 악명 높은 해적선 선장을 붙잡아 법정에 세우기 위해 용감하게 전함을 파견했던 바베이도스(Barbados)와 마르티니크(Martinique)의 총독들에게 신랄한 메시지를 전달하기 위해 배의 깃발을 주문 생산했다. 존슨에 의하면 "로버츠는 바베이도스와 마르티니크의 총독들이 그를 잡기 위해 공격한 것에 매우 화가 나서 새로운 해적기를 만들도록 명령했고, 그 이후에는 그 해적기를 계속 게양했다." 그 이후부터 이 해적선은 뒷돛대에 휘날리는 검은 실크 깃발과 검은 실크로 된 선수기와 휘장을 갖게 되었다. 그 깃발에는 한 손에 모래시계와 다른 손에 교차된 뼈다귀를 들고 있는 죽은 사람의 머리, 그 옆에 투창, 그리고 그 아래에 세 방울의 피가 떨어지는 심장이 있었다. 선수기에는 손에 불타는 검을 들고, 바베이도스와 마르티니크의 총독의 머리를 의미하는 글자 A. B. H.와 A. M. H.가 새겨진 두 개의 두개골 위에 서 있는 한 사람의 초상이 그려져 있었다.

해적기들의 구체적인 모습은 다양했지만, 그 목적은 하나였다. 윌리엄 스넬그레이브(William Snelgrave)가 묘사했듯이, 그 목적은 '상인들을 겁주는 것'이었다. 모래시계는 시간이 없다는 뜻을 전달했고, 칼과 맹렬한 전투 그리고 해골과 두개골의 의미는 저항에는 죽음이 기다린다는 뜻이었다. 수많은 해적 사학자들은 해적기에 대한 스넬그레이브의 추론을 받아들였다. 그러나 자세히 검토해 보면 해적기에 대한 전통적인 설명, 즉 해적기가 공격 대상을 겁주기 위한 것이라는 설명 자체에 무언가 부족함이 느껴진다. 당신보다 강한 습격자에게 여러 번 위협을 받았다는 것은 확실히 당신의 마음속에 공포를 심어 놓을 것이다. 그리고 앞에서 설명한 것처럼, 해적과 공격 대상 사이에 힘의 차이가 어느 정도인지는 어렵지 않게 판단할 수 있다. 그러나 단지 해골이 그려진 깃발을 휘날리는 것이 얼마나 더 큰 공포감을 가져다줄지는 미지수다. 해적의 우월한 힘만으로도 공격 대상을 항복하게 만들기에 충분해 보인다. 결국 질 것을 알면서 전투를 하는 의미는 무엇일까? 그렇다면 왜 해적들이 해적기를 만드는 수고를 했고, 그들이 상대방을 공격할 수 있는 거리에 있을 때 해적기를 게양하는 수고를 들였는가 하는 것이 풀어야 할 수수께끼다.

해골이 보내는 신호의 의미

약간의 경제이론을 이용하면 이론적이고 불완전하지만 이수수께끼를 풀 수 있다. 해적들이 해적기를 게양하는 것은 경제학자의 용어로 '신호발송(signaling)'에 참여하는 것으로 볼 수 있다. 신호발송은 글자가 의미하는 것과 거의 같은 의미를 갖는다. 개인들은 자신에 대하여 다른 사람들이 생각해 주기 바라는 유형의 인물에 관한 신호를 보내는 특정한 행동, 예를 들면 넥타이를 매고 교육을 받는 등의 행동을 한다. 우리 모두는 매일 신호를 보낸다. 우리는 사무실에 어울리는 정장을 입고, 사랑하는 사람에게 꽃을 보내며, 중요한 사람을 비싼 저녁식사에 초대한다. 우리가 어느 정도는 이런 일들을 즐기지만, 자신의 지성과 재산 그리고 전반적인 자질에 관해 다른 사람들이 믿도록 하려는 욕심에서 그 무엇을 다른 사람들에게 전달하기 위해 이런 일을 하기도 한다.

성공적인 신호발송을 위해 가장 필요한 것은 특정한 사람들의 신호발송이 다른 사람들의 신호발송보다 많은 비용이 들어야 한다는 것이다. 그렇지 않으면, 사람들이 가짜 신호를 보내려는 마음을 갖게 될 것이다. 예를 들어, 당신이 사무실에서 운동복을 입고 있다고 다른 사람들이 당신을 프로 운동선수라고 보지는 않을 것이다. 사실, 그것은 그와는 정반대의 신호가 될 것이 확실하다. 비슷한 취지로 당신이 애인을 맥도널드로 데려가서 데이트를 하는 것은 소득이 높다는 신호가 되지 못한다. 겉만 번지르한 말이 효과적인 신호로서 효과가 없는 이유는 그러한 신호를 보내는 비용이 이러이러한 사람으로 보이려고 노력하는 유형의 사람과 이러이러한 사람으로 보이지 않으려고 노력하는 유형의 사람에게 모두 크지 않기 때문이다. 이러한 이유로 그러한 신호는 유용한 정보를 포함하지 않는다. 신호를 받는 사람은 당신이 그녀를 맥도널드로 데려간 것이 당신이 가난해서인지, 아니면 당신이 부자지만 검소한 식성을 갖고 있어서인지 판단할 수 없다. 겉만 번지르한 신호는 경제학자들이 '공동균형(pooling equilibrium)'이라고 부르는 결과에 도달한다. 공동균형에서는 자질이 우수한 사람들과 자질이 떨어지는 사람들이 똑같은 신호를 보내고, 따라서 신호를 받는 사람이 자질이 우수한 사람과 자질이 떨어지는 사람을 구별할 수 없다. 이와는 대조적으로 비용이 많이 드는 신호는 이러한 상황을 방지할 수 있다. 머리가 나쁜 사람은 머리가 좋은 사람보다 MIT를 졸업하기가 더 어렵다. 따라서 사람들은 MIT에서 학위를 받음으로써 MIT 졸업생은 앞으로 훌륭한 직원이 될 것이라고 확신하는 잠재적인 고용주에게 자신의 지성을 성공적으로 알릴 수 있다. 이것이 가능한 이유는 신호발송에 비용이 많이 들기 때문이고, 특히 특정한 유형의 사람들이 다른 유형의 사람들보다 신호를 보내는 데 더 많은 비용이 들기 때문이다.

동물원에 가면 동물 세계에서 이루어지는 신호발송을 관찰할 수 있다. 수컷 공작이 왜 그렇게 큰 깃털을 갖고 있는지 생각해 본 적이 있는가? 큰 깃털은 진화적으로 불리한 조건으로 보인다. 왜냐하면 크고 화려한 깃털로 인해 그들이 쉽게 맹수의 먹잇감이 될 수 있기 때문이다. 생물학자인 아모츠 자하비(Amotz Zahavi)는 1970년 대에 이 수수께끼에 대한 답을 제시했는데, 그 답이 신호전달의 개념에 근거를 두고 있다. 수컷 공작의 세계를 보면 큰 깃털을 갖고 있는 공작과 그렇지 않은 공작이 있다. 큰 깃털을 갖고 있는 공작이 맹수들에게 더욱 취약하기 때문에 자하비는 그들이 맹수를 피하거나 막아냄으로써 자연의 시험을 통과했다는 신호를 보낸다고 생각했다. 따라서 깃털이 있는 수컷 공작은 더욱 매력적인 배우자가 되어 새끼들에게 깃털을 물려주는 반면에 화려한 꼬리가 없는 공작은 사라지게 된다.

이 예에서 공작의 깃털은 비용이 많이 드는 신호발송, 즉 강한 공작에 비해 약한 공작에게 비용이 더 많이 발생하는 행동이다. 이 때문에 암컷 공작은 깃털을 갖고 있는 강한 수컷 공작을 식별해서 자식을 낳을 수 있고, 깃털이 없는 약한 공작은 성적인 선택을 통해서 제거된다. 이러한 신호는 경제학자들이 분리균형(separating equilibrium)이라고 부르는 결과에 도달한다. 분리균형에서는 신호 수신자가 여러 가지 유형의 신호 발송자를 구별할 수 있다. 해적들이 자신들을 다른 사람들과 구별하기 위해 비용이 많이 드는 신호를 사용한다는 점에서 공작과 매우 유사하다.

해적 깃발이 가장 많이 출몰했던 1716년부터 1726년까지 해적의 황금기 10년 중 대부분 기간 동안 유럽의 해상 세력들은 공식적으로 서로 평화를 지켰다. 그렇지만 이 기간 동안 프랑스와 스페인의 선박들은 계속해서 영국과 다른 나라의 상선들을 공격했다. 프랑스와 스페인에는 해안경비대가 있었다. 해안경비대는 '무허가 영업자'라고 부르는 불법적인 외국의 무역상에게서 해안을 보호하는 책임을 정부에게 위임받은 전함이었다. 스페인의 해안경비대는 자기 나라의 무역 독점을 가장 열성적으로 보호했다. 스페인 해안경비대의 임무는 공식적으로 보호구역 내 해안 근처에서 무허가 영업자를 단속하는 것으로 제한되었다. 그러나 실제로 이들 전함들은 카리브해와 그 주변의 스페인 소유지, 그리고 무역금지법을 위반했다는 이유로 정당하게 몰수할 수 있는 상품을 운반하는 상선을 찾아 때때로 해안에서 멀리 떨어진 곳까지 항해했다. 1713년 스페인 왕위계승전쟁이 끝날 무렵부터 1720년대 말 해적 황금시기가 끝날 무렵까지 영국의 식민지 관리들은 서인도제도와 북미에서 위트레흐트 조약(Treaty of Utrecht)에 의해 조성된 평화를 깨뜨리고 영국의 무역선을 포획하고 몰수했던 지나치게 열성적인 스페인의 해안경비대에 불만을 나타냈다. 예를 들어 버지니아 총독 알렉산더 스포츠우드(Alexander Spotswood)는 1717년에 무역 및 식민위원회의 위원들에게 "최근 스페인 사람들이 그들 영토 근처가 아닌 공해에서 어떤 선전포고도 없이 선박을 나포했다"고 알려 주는 편지를 썼다. 스포츠우드는 해안경비대가 계속 허용된다면 "폐하의 백성이 소유한 모든 배가 똑같은 취급을 받게 될 것이다"라고 덧붙였다. 이것은 단지 한 번에 그친 사건이 아니었다. 그 후로도 10년에 걸쳐 식민지 관리들은 악의 없는 상선들을 약탈하는 무법천지의 해안경비대에 대하여 계속해서 불평했다.

스페인의 해안경비대는 공식적인 전쟁 기간 중에는 사략선이 저질렀던 만큼 상선들을 나포하지는 않았다. 더욱이 이들 전함은 활동 범위를 카리브해의 바다로 한정했고, 해적들이 때때로 출몰했던 인도양까지는 가지 않았다. 하지만 스페인 왕위계승전쟁이 끝난 뒤부터 시작해서 1720년대 해적 활동이 급격하게 줄어든 이후에도 지속적으로 해적이 자주 출몰했던 여러 지역에 또 다른 잠재적인 공격자들이 있었다. 프랑스와 스페인의 해안경비대 외에도 1718년과 1720년 사이에 영국과 스페인의 사략선들이 서인도제도를 둘러싸고 있는 바다에서 활동했던 것이다. 그중 일부는 서쪽으로 남태평양까지, 동쪽으로 아프리카의 대서양 해안까지 걸쳐 있는 해적의 활동 무대에 속해 있는 항로를 횡단했다. 따라서 단기적이어서 자주 잊혔던 4국 동맹전쟁으로 인해 비록 수는 적었지만 해적들과 같은 시기에 같은 지역의 바다에서 상선을 약탈하려는 또 다른 유형의 잠재적인 공격자가 탄생했다.

이러한 다른 유형의 호전적인 선박의 출현은 해적들이 왜 그들이 먹잇감을 공격할 때 해적기를 사용하는 어려움을 감수했는지를 설명해 주는 단서가 된다. 해적들은 상선들이 마주칠지 모르는 다른 공격자들과 자신들이 구별되기를 원했다. 영국은 스페인의 해안경비대가 납치한 영국인 포로들을 비인간적으로 대우한다고 비난했다. 그렇지만 적어도 원칙적으로는 해안경비대의 선박들이 정부에서 허가를 받은 전함이었기 때문에 그들이 공격한 상선의 선원들에게 보여 줄 수 있는 부도덕한 행위는 제한되었다. 예를 들어 해안경비대는 저항하던 상선의 선원들이 소리쳐 목숨을 구걸한 후에는 그들을 이유 없이 살해하는 것이 허용되지 않았다. 이와 대조적으로 해적들은 적어도 이론적으로는 그들이 정복한 사람들을 어떻게 취급할 것인가에 대해 구속받지 않았다. 해적들은 범법자였고, 그들이 정부에 체포되면 공격했던 상선의 선원들을 학살했는지 또는 학살하지 않았는지에 관계없이 사형을 당했다. 이런 점에서 해적들에게는 저항자들을 학살하는 데 따르는 비용이 발생하지 않았다. 따라서 평화롭게 즉시 항복하지 않는 모든 사람들을 죽이겠다는 해적들의 위협은 매우 신뢰성이 있었다. 이러한 위협의 신뢰성으로 인해서 한 해적이 "자신의 배를 방어하겠다는 마음을 갖고 있는 선장에게는 누구라도 자비를 베풀지 않는다"라고 묘사한 해적의 단순한 정책을 쉽게 실행할 수 있었다.

따라서 호전적인 해적은 공격적인 스페인 해안경비대나 사략선보다 상선에 대해 훨씬 더 위협적인 태도를 취했다. 그리고 이 때문에 상선들은 해적선보다 이러한 합법적인 공격자들에게 더욱 기꺼이 저항을 시도했다. 이것은 윌리엄 와이어(William Wyer) 선장이 얼마나 호전적일지 알 수 없는 배가 다가올 때 한 선원에게 그 배에 저항해서 싸워야 하는지 물어보았을 때 그 선원이 말해준 대답의 의미를 알게 해 준다. 그는 "선장이 선원들에게 자신을 지원해서 배를 방어할지 물어볼 때 상대가 스페인 사람이라면 자신들의 목숨을 지탱할 수 있기 때문에 선장을 지원하겠지만, 상대가 해적이라면 싸우지 않을 것"이라고 답했다. 와이어의 부하들은 블랙비어드 선장의 해적선이 습격해 온 것이라고 판단하면 외돛배의 사람들에 의해 살해될 것이라고 생각하여 모두가 싸우지 않겠다고 선언하고 배를 포기했다.

따라서 해적들은 많은 비용이 수반되는 싸움을 하지 않고 약탈품을 얻으려는 목적을 달성하기 위해 바다에서 약탈하는 다른 선박들과 자신들을 구별하는 것이 중요했다. 해적들을 다른 선박들과 구별하는 방법을 제공한 것이 바로 해적기였다. 즉, 자신들은 저항하는 모든 자들을 살해할 수 있는 완벽하게 자유로운 부류의 악당이라는 신호를 공격 대상에게 보내는 역할을 해적기가 한 것이었다. 한 목격자가 묘사했듯이 "해골이 그려진 검은 깃발은 자비를 베풀지도 않고, 받아들이지도 않겠다고 위협하는 신호다." 따라서 해적기는 해적의 신호였고, 거기에는 두 가지 의미가 있었다. "우리에게 저항하면 당신에게는 학살이 기다릴 뿐이다. 평화롭게 항복하면 우리는 당신을 살려 줄 것이다." 스넬그레이브는 해적기가 상선의 선원들에게 전달하는 내용을 다음과 같이 요약했다. "그들은 항복하지 않으면 살해될 것이라는 법칙에 항복하는 것이다. 검은 깃발을 장식하는 해골, 검, 피가 흐르는 심장은 다른 해석의 여지가 없다. 모든 사람은 이러한 이미지가 전달하려는 의미가 무엇인지 알고 있었다."

그렇지만 저항했던 일부에게는 재앙이 있었다. 예를 들어, 해적 선장이었던 에드워드 로우는 자신의 해적기에 저항할 의사를 보인 것만으로도 귀를 잘랐다. 로우 선장의 해적선에서 한 해적이 경험했던 또 다른 경우를 보면, "처음에 그들이 자신들과 그들의 소유물을 방어하려는 의사를 보였기 때문에 해적들은 그들을 야만적인 방법으로 갈기갈기 난도질했다." 바르톨로뮤 로버츠의 해적선은 네덜란드의 무허가 영업자를 공격했는데, 그들이 4시간 동안 완강하게 저항해서 많은 해적들이 죽었다. 그러나 결국 그 무허가 영업

자들은 제압되어 항복을 강요당했고, 선상에 살아있는 채 발견된
선원들은 여러 가지 잔인한 방법으로 죽음을 맞았다.

에드워드 잉글랜드 선장의 해적선이 제임스 맥레(James Macrae)
선장이 이끌던 상선 이스트 인디아맨(East Indiaman)호를 납치한 사
례도 해적기의 무시무시한 약속을 지키려는 해적의 공약에 대한
신뢰성을 보여 준다. 잉글랜드의 해적선은 이스트 인디아맨호를
정복하는 과정에서 처절한 저항에 부딪혔다. 그러나 잉글랜드 선
장은 맥레 선장에 대해 관대한 마음이 생겼고, 해적기의 정신에 따
라 그를 살해하기를 원하지 않았다. 그러나 해적의 규정을 위반하
는 이러한 잘못된 자비심에 대한 해적들의 반응은 그들이 그들의
정책을 얼마나 심각하게 수용했는지 보여 주었다. 기록은 이렇게
당시의 모습을 전한다. "잉글랜드 선장은 맥레 선장에게 호의를
갖고 있었지만 그의 생각이 해적들 사이에서 거부되었고, 그들은
선장이 자신들의 의사를 거스른 데 대해 매우 분노했으며, 맥레 선
장에게 잉글랜드 선장이 당신을 보호할 수 없을 것이라고 경고했
다." 잉글랜드는 저항했던 상선의 선장을 보호하는 데 성공했다.
그러나 제2장에서 논의했던 견제와 균형이라는 해적선의 민주적
인 제도가 효력을 발휘해서 다음과 같은 결과를 낳았다. "잉글랜드
선장이 지나치게 맥레 선장의 이익을 위해 편들어 준 것이 해적들
사이에서 많은 적을 만드는 계기가 되었다. 그들은 그러한 친절한
대우가 그들의 정책에 맞지 않는다고 생각했다. 왜냐하면 그러한
대우가 해적들의 범죄를 더욱 흉악하게 만드는 행위에 대해 호의
를 베푸는 것처럼 보였기 때문이다. 따라서 그는 선장의 자리를 빼

앗긴 채 쫓겨나 고도에 유배되었다."

대부분의 경우에 해적들 역시 해적기의 약속 중 밝은 쪽도 충실히 지켰다. 즉, 평화로운 항복을 선택한 자에 대해서는 자비를 베풀었다. 예를 들어 윌리엄 스넬그레이브는 그가 체포한 한 해적이 "그들은 일단 목숨을 살려 준 후에는 포로에게 어떤 나쁜 대우도 허용하지 않는다는 그들 사이에 만들어진 규칙을 엄격하게 지킨다"고 알려 주었다고 말했다. 로우 선장의 해적들도 "간청하면 자비를 베푼다"라고 규정한 규약의 이러한 정책을 기억했다.

해적기는 폭력적인 전투를 억제하는 데 있어 경이로운 효과를 발휘했다. 「보스턴 뉴스레터」(Boston News-Letter)가 보도한 내용을 보자. "저항했던 상선의 선원들은 대부분 어떠한 관대한 처분도 받지 못하고 야만스럽게 학살당했고, 이 때문에 우리 선원들은 해적이 공격했을 때 너무 겁이 나서 싸우기를 포기했다." 해적들은 해적기가 암시했던 이러한 정책을 고의적으로 퍼뜨렸고, 그것이 너무나 효과적이어서 그들은 죽일 필요가 없었다. 예를 들어 존슨 선장은 두 척의 프랑스 순양함이 바르톨로뮤 로버츠의 해적선을 프랑스가 독점하고 있는 바다에서 무역할 수 없는 외국의 상선으로 오인하고 추적했던 경우를 이야기해 주었다. "프랑스 순양함은 그를 이러한 금지된 무역업자의 하나로 추정하고, 그들이 할 수 있는 모든 힘을 다해 추적해서 그를 따라잡았다. 그러나 해적 깃발이 올라가고 그들이 속았음을 너무 늦게 알게 되면서 희망을 갖고 해적선에 가까이 접근했던 프랑스인들의 가슴은 철렁 내려앉았고, 그들은 아무런 저항도 못하고 또는 적어도 거의 저항하지 않고 항복했다." 이와 같은 항복을 이끌어낸 공포는 부분적으로 로버츠의 해적들이 저항하는 프랑스 선원들을 학살할 수 있고, 실제로 학살할 것이라는 사실을 알고 있었다는 데 기인하고 있음이 확실하다.

따라서 대부분의 상선들은 해적의 공격에 대하여 벤저민 에드워즈(Benjamin Edwards)의 선원들이 조지 로더의 해적들에게 공격을 받았을 때 대응했던 것과 같은 방법으로 대처했다. 그들은 "이들 무법천지의 친구들을 상대로 너무 완강하게 저항할 때의 결과를 두려워해서" 습격하는 해적들에게 순순히 항복했다. 실제로 해적 선장 네드 로우는 동시에 여러 척의 선박을 공격해서 단 한 발의 탄환도 소비하지 않고 그들 모두를 나포했다. "그는 저항하면 모두를 죽이겠다고 위협했고, 그들은 그러한 위협에 극심한 공포감을 느껴 권총 한 발 발사되지 않은 상태에서 물건을 악당들에게 내주었다." 해적기의 성공은 작은 규모의 한 해적선이 보여 주었던 놀라운 자신감에서도 알 수 있다. 그들은 해적의 수가 5명에 불과했지만, 해적기를 게양하고 다닌다고 소문을 내며 해안을 이리저리 항해하면서 50명 이상의 해적들이 가져다주는 만큼의 공포를 주었다.

해적기가 비록 죽음과 파괴의 이미지로 받아들여지긴 했지만 어두운 미래만을 예견해 주는 것은 아니었다. 물론 해적에게 공격을 받는 대상은 그들의 물건을 도둑에게 내주어야 했다. 그러나 대부분의 경우에 상선들이 이러한 운명을 피할 수 없는 상황에서 해적기는 상선 선원의 목숨을 빼앗아 가는 것이 아니라 살려 주는 역할을 했다. 해적들은 약탈을 통해 그들의 이윤을 증대시키기 위해 해적기를 사용했다. 그러나 가능하면 최소한의 폭력적인 태도로 공격 대상을 습격하도록 해적들을 유도한 것은 바로 이윤 동기였다. 해적기는 잠재적인 공격 대상에게 해적의 신분을 알려 줌으로써 해적은 물론이고 무고한 상선 선원들을 다치게 하고 죽음으로 몰아넣는 피비린내 나는 전투를 막았다. 따라서 아이러니하게도 깃발에 그려진 해골이 가지는 효과는 올리브 가지를 물고 있는 비둘기에 더 가까웠다.

|

해적 깃발에 그려진 절반의 진실

|

우리는 여기에서 이야기의 중요한 부분을 생략했다. 어떤 신호로서 여러 유형의 잠재적인 송신자들을 구별하는 데 성공하기 위해서는 특정한 유형의 송신자가 신호를 보내는 비용이 다른 유형의 송신자가 신호를 보내는 비용보다 더 비싸야 한다는 것을 상기해 보자. 따라서 해적기가 잠재적인 공격 대상에게 공격자가 사략선이나 해안경비대가 아니라 해적이라는 신호를 보내는 데 성공하려면 해적이 신호를 이용하는 비용보다, 합법적인 공격자가 신호를 이용하는 비용이 더 비싸야 한다. 만약 그렇지 않다면 합법적인 공격자도 해적기를 휘날리기를 원하게 되고, 그렇게 되면 해적에게 해적기가 소용없게 된다. 그렇다면 어떻게 해적기가 해적에게는 싸고, 합법적인 선박에게는 비쌀까?

해적기는 해적의 상징으로 잘 알려져 있다. 예를 들어 바르톨로뮤 로버츠의 해적들에 대한 재판에서 법원은, "피고인이 그 자체로 흉악한 해적기를 달고 자신들이 공공의 강도이며 법과 인류 그리고 신의 반대자이고 저항자임을 나타내는 행동을 했다"고 판결했다. 따라서 이를 드러내며 웃고 있는 해골의 깃발 아래 공격하는 배는 범죄자로 간주했고, 체포하여 해적으로 고소할 수 있었다. 해적들은 어쨌든 스스로 범죄자였기 때문에 해적기를 휘날리는 데 비용이 들지 않았다. 그들은 일단 붙잡히면 해적기를 사용했든 사용하지 않았든 교수형이라는 동일한 처벌을 받았다. 그러나 합법적인 선박들에게는 사정이 달랐다. 사략선과 스페인의 해안경비대 선박들은 적어도 합법이라는 겉치레를 유지하기 위해서 해적기를 게양하고 항해할 수 없었다. 만약 그들이 그렇게 했다면 해적으로 몰려서 교수형을 당할 수 있었다. 예를 들어 세인트크리스토퍼 섬의 하트(Hart) 총독은 전함을 보내서 프랑스와 스페인의 섬 사이를 항해하며 스페인 해안경비대와 같은 행위를 하는 자들에게서 해적기를 발견하면 그들을 해적으로 제소하도록 했다. 이러한 이유로 해적기 신호를 보내는 것이 해적에게는 공짜였지만, 합법적인 선박에는 비싼 비용이 들었다. 결과적으로 합법적인 바다 강도보다 해적들이 해적기를 사용할 가능성이 높았다. 따라서 상선들이 해적기가 게양된 것을 보았을 때 그들은 해안경비대나 사략선이 아닌 해적의 공격을 받고 있다고 합리적인 결론을 내릴 수 있었다. 그리고 이것을 알고 나면 그들은 저항하지 않고 항복하는 것이 더 나은 선택이라는 것을 알았다.

이런 사정이 있었지만 어떤 경우에는 공격적인 성향을 가진 합법적인 선박들도 공격 대상을 나포할 때 해적기 게양이 가져다주는 이점을 포기할 수 없었다. 예를 들어 스페인 해안경비대 문제에 관해 불평한 한 식민지 관료는 이러한 합법적인 선박 중 하나로 추정되는 선박이 (이 배의 선장은 전직 해적이었다.) 항해를 나왔다가 해적기를 달고 영국의 선박을 나포했다고 증언했다. "그는 제압할 수 있는 선박을 발견하면 해적기를 게양하고 해적처럼 행동했다. 그러나 그는 전함이나 또는 그가 감당하기에 너무 강한 선박을 만나면 해안경비대로서 포르토리코(Porto Rico, 푸에르토리코의 옛 이름) 총독에게 위임받은 임무를 수행했다." 이 해안경비대 선장은 해적기를 달고 약탈할 때의 이점을 확실히 알고 있었다. 그만 그렇게 한 것이 아니었다. "상선을 위협하여 항복을 얻어내기 위해서 일부 해안경비대 선박들은 자주 해적기를 게양하고 전투를 벌였다." 이 선박들은 해적인 것처럼 위장함으로써 손쉽게 항복을 얻어 내기 위해 해적기를 이용하려고 노력했다. 따라서 공격적인 성향의 합법적인 선박들에게는 해적기를 휘날리는 것이 비용이 많이 들긴 하지만, 많은 해적들이 수없이 확인해 주었듯이 전체적으로 보아 그렇게 하는 것을 막을 만큼 큰 비용이 드는 것이 아니었다.

그렇다면 해적기는 완전한 분리균형을 실현할 수 없었다. 그러나 해적기는 완전한 공동균형도 실현하지 못했다. 그렇지 않다면 해적들과 가끔씩 해적으로 위장하는 공격적인 성향의 합법적인 선박들이 해적기를 사용하면서 어떤 이점도 찾지 못했을 것이다. 사실 설탕무역에 관한 논문을 쓴 한 익명의 저자가 해안경비대에 대해 그들의 목적을 위해 해적기를 게양한 것을 불평하면서, 해적기를 이용해 해적들이 추구하려 했던 분리균형이 완벽하게 실현되지 못했는데도 해적기는 그런대로 목적을 이루었다고 논평했다. 1724년의 저작물에서 이 저자는 "유럽에서는 해적들에 의해, 그리고 의심할 여지없이 스페인 사람에 의해 은밀하게 유지되었던 해안경비대 선박에 의해, 지금처럼 위험한 항해가 이루어졌다"고 설명했다. 그는 "우리 상인들이 해상조약을 믿고 대규모 항해 준비를 갖추어 나섰지만 꿈에도 생각하지 못했던 스페인 해안경비대라는 적의 통제를 받게 되었고, 이 때문에 그들은 저항하지 못했다. 그러나 해적기가 높이 올라가 있었더라도 그것을 보자마자 우리 선원들은 더 이상 선박을 방어하지 못했을 것이다"라고 추가했다. 이 저자의 말이 의미하는 것은 분명하다. 상인들은 공격자가 해적이 아니라고 믿으면 저항했다. 그러나 상인들이 해적기를 보았다면 해적의 공격을 받고 있다고 결론짓고 더 이상 소동을 부리지 않고 항복했다. 따라서 이것은 일부 스페인 해안경비대가 불법적으로 해적기를 전용했지만 해적기 신호가 효과적이었음을 확인해 준다. 물론 공격적인 성향의 합법적인 선박 모두가 항상 이러한 행동을 했다면 해적기는 효과가 없었을 것이다. 그러나 앞에서 지적한 대로 해적기로 위장하기에는 비용이 너무 많이 들었기 때문에 그들은 그렇게 하지 않았고, 해적으로 위장하는 자들이 가끔씩 해적기를 사용했지만 해적기는 그 마법을 발휘할 수 있었다.

약간 다르지만 관련성이 있는 또 다른 문제도 해적기의 효과를 약화시키는 위협 요소로 작용했다. 그러나 이 문제는 외부가 아닌 해적 진영 내부에서 나타났다. 세력이 약한 해적들은 해골과 뼈다귀의 상징에 무임승차하려는 유인을 가졌다. 모든 해적들이 규모가 크고 강한 것은 아니었다. 만약 세력이 약한 해적선이 전투를 하지 않고 공격 대상을 항복시키기 위해 해적기를 게양했는데도 상대방이 맞서 싸우기로 결정한다면 공격을 받았던 상대방이 해적을 물리칠 수도 있고, 이것은 다른 상선들에게 해적기가 그렇게 무섭지 않다는 것을 알려 주는 결과가 된다. 만약 이런 일이 일어나면 강한 해적들조차 그들의 공격 대상에게 저항을 받을 수 있고, 이런 경우가 발생하면 해적기가 갖는 신호의 위력이 약화되고 해적의 귀중한 이윤이 감소하게 된다.

이 문제가 해적들을 괴롭히지 않았던 그럴 만한 이유는 위에서 논의했듯이 많은 해적들이 해적기를 주문생산했다는 데 있다. 해적기는 해적이라는 신호를 보낸다는 점에서는 유사했지만, 보다 구체적인 신분, 즉 어떤 특정한 해적선이 공격하고 있다는 것을 구분할 수 있을 만큼은 충분히 다른 모양이었다. 앞에서 설명했듯이 바르톨로뮤 로버츠 선장의 해적기는 바베이도스와 마르티니크의 총독의 머리 위에 선장이 서 있는 그림이 그려져 있었다. 다른 해적선의 해적기에는 모래시계, 피가 흐르는 심장, 그리고 전신 해골을 그려 넣었다. 만약 특정한 깃발이 특정한 해적선과 연관되기 시작하면 강한 해적들이 해적기의 무임승차 문제를 극복하고 그들 해적기의 이득을 내부화하게 되는 것이다.

해적 깃발의 경제학은 18세기 해적들의 몇 가지 중요한 특성을 알려 준다. 첫째, 해적 행위는 쉬운 일이 아니었다. 성공적인 해적 행위에 필요한 항해 기술 외에도 매우 중요한 약탈의 기술이 있었다. 상선들이 꼼짝달싹할 수 없을 정도로 가까운 거리로 접근하기 위해 해적들은 자신들이 해를 끼치지 않고 우호적이라고 생각하도록 상선들을 속여야 했다. 해적들은 상대방에 접근해도 해를 끼치지 않을 것처럼 위장하고 공격 대상을 추적하여 궁지에 빠뜨리기 위해 속도와 민첩성을 향상시키려고 배를 수선했고, 가짜 깃발을 휘날렸으며, 잠재적인 공격 대상의 사정거리에 접근하기 위해 다른 계략을 이용했다. 이 무도회의 파트너는 상선이었다. 상선은 해적의 약탈을 피하기 위해 가짜 대포로 배를 무장하고 배 위에 가짜 포문을 그리는 등의 조치를 취했다. 그러나 결국에는 일반적으로 해적들이 우세했다. 해적선이 더 강했고 빨랐으며, 더 많은 선원을 태울 수 있었다.

하지만 해적들은 약탈품을 얻는 데 여전히 심각한 문제에 직면했다. 그들은 잠재적인 공격 대상을 제압하는 데 그들의 근육을 사용하기를 원하지 않았다. 사실, 해적들이 폭력적인 전투와 피비린내 나는 파괴를 매우 좋아한다고 상상하는 일반적인 인식과는 반대로, 해적들은 잠재적인 공격 대상을 평화롭게 정복하기를 원했다. 이것은 해적들이 평화주의자라서가 아니었다. 폭력을 피하려는 그들의 희망은 이윤을 극대화하려는 갈망에서 나왔다. 폭력적인 충돌은 해적에게 많은 비용이 드는 일이었다. 그것은 부상이나 죽음을 초래했고, 약탈의 중요 수단, 즉 배를 파손시켰으며, 더욱 나쁘게는 약탈품에 치명적인 손상을 입혔다. 따라서 전투는 해적의 운영비용을 증가시켰을 뿐 아니라 해적의 수입을 감소시킬 우려가 있었다.

해적들은 공격 대상이 평화로운 항복을 선택할 수 있는 유인을 강화하기 위해 해적기를 개발했다. 해적기에 대한 기존의 설명은 상인들을 위협하여 항복하게 만드는 효과에 초점을 맞추고 있다. 그러나 기존의 설명은 왜 희생물보다 몇 배나 강한 해적선이 항복을 받아 내기 위해 해골로 장식된 깃발에 의지해야 했는지를 설명하기에 충분하지 않다. 신호발송의 경제학이 이 수수께끼의 한 가지 가능한 답을 제시해 준다. 해적기는 해적만큼 저항하기에 무섭지 않은 바다를 배회하는 합법적인 잠재적 공격자들을 해적들과 구별할 수 있게 해 주었고, 이에 따라 해적들은 해적기를 이용하여 자신들에게 저항하면 모든 선원들을 살해하겠다는 위협에 믿음을 갖도록 할 수 있는 완벽한 무법자의 지위를 누릴 수 있었다. 해적기는 공격 대상에게 해적들의 정책을 매우 명확하게 전달해 주었다. 상선 선원들은 해적기를 보았을 때 어떤 선택을 해야 하는지 알고 있었다. 대부분의 상선 선원들은 위험을 무릅쓰고 저항해서 학살을 당하기보다 전투를 하지 않고 항복하는 것을 선택했다.

마지막으로, 가장 중요한 것은 해적기를 이용하도록 유도한 해적들의 이윤 추구 행위가 해적들은 물론 그들의 공격 대상에게도 후생을 증진시키는 역할을 했다는 것이다. 해적의 공격 대상들이 해적을 만나지 않는 것이 최선이라는 사실에는 의심의 여지가 없다. 그러나 해적이 출현한다는 것을 전제로 할 때, 해적기는 폭력적이고 피비린내 나는 전투 대신 평화로운 도둑질을 보장해 주었다. 따라서 해적기가 역사적으로 죽음과 파괴의 가장 잘 알려진 상징의 하나인데도 이러한 상징성은 반쪽 이야기에 불과하다. 나머지 반은 해적들의 험악한 깃발이 보호해 주는 생명에 있다.

해적 선장의 경제학 교실 03

"이익을 좇아서"

읽을거리: 애덤 스미스의 『국부론』, 버나드 맨더빌(Bernard Mandeville)의 『꿀벌
의 우화』(*The Fable of the Bees*)

핵심주제: 탐욕은 선이다.

돈에 대한 유혹으로 사람의 행동을 조종한다는 생각은 잘못된 기업 경영의 이미지들(횡령, 사기, 그리고 고위층에게 이득이 되고 다른 모든 사람에게 많은 피해를 주는 여러 가지 형태의 회사자금 유용)을 상기시킨다. 이것은 상당 부분 소수가 저지른 불행하고 부도덕한 행동 때문이다. 그러나 작은 부분에 지나지 않는 이러한 예외를 중시하면서 간과하게 되는 것은 사회적으로 바람직한 결과를 가져오고 모든 사람의 후생을 증진시키는 정상적이고 일상적이기도 한 이윤 추구 행동이다. 월스트리트의 기업 사냥꾼 고든 게코(Gordon Gekko)의 표현대로 "탐욕이 선이다"라고 생각하는 사람이 있다면 그가 바로 현대판 해적이다.

행동의 '선'과 '악'을 그러한 행동을 유발한 동기의 '선'과 '악'에 연결하는 것이 일반적이다. 그러나 개인적인 동기의 고결함이나 비열함이 그러한 동기에 의해서 유발된 결과의 고결함이나 비열함과 무관한 경우가 많고, 어떤 경우에는 서로 반대 관계를 보이기도 한다. 때로는 가장 비열한 의도가 가장 좋은 결과를 낳을 수도 있다. 애덤 스미스의 보이지 않는 손의 원리를 설명하기 위해 제1장에서 예로 들었던 우유 생산자의 이야기가 여기에 해당한다. 우유 생산자의 동기는 결코 선할 수 없다. 그는 당신을 도와주려고 노력하지 않는다. 그는 당신에게 관심이 없고, 당신을 알지도 못한다. 우유 생산자는 단지 사업가일 뿐이고, 돈을 위해 거기에 있다. 그러나 그의 고결하지 않은 동기가 선한 결과를 방해하지 않는다. 예를 들어 고결하지 않은 동

기가 당신이 지불할 수 있는 가격에 당신이 원하는 우유를 얻는 것을 방해하지 않는다. 반대로 우유 생산자의 비열한 동기가 바로 당신이 우유를 얻게 되는 이유다. 애덤 스미스가 말했듯이 "우리가 저녁상을 마주할 수 있는 것은 도축업자, 양조업자 또는 제빵업자의 자비심이 아니라 그들 자신의 이기심에 대한 관심 때문이다." 우유 생산자의 욕심이 당신에게 우유를 공급하도록 만든다. 결과적으로 당신은 가능한 한 가장 낮은 가격에 당신이 원하는 우유를 얻는다.

이윤 동기는 당신의 수요를 확실하게 충족시킬 수 있는 가장 믿을 만한 방법이다. 식료품 장수의 욕심이 없다면 당신은 뒷마당에 야채를 심기 위해 땅을 파헤쳐야 할 것이다. 땅 주인의 욕심이 없다면 당신은 어디에선가 통나무집을 짓고 살게 될 것이다. 그리고 당신 고용주의 욕심이 없다면 당신은 직장을 갖지 못할 것이다. 시장의 아름다움은 시장이 개인의 욕심을 이용해서 다른 사람의 욕망을 채워 주도록 하는 것이다. 부에 대한 유혹을 없앤다면 당신은 물질적으로 풍요로운 생활을 영위할 가장 좋은 기회를 잃게 된다.

개인의 동기가 갖는 고결함과 그들의 행동이 가져오는 실제 결과 사이의 중요한 차이는 우리가 어떻게 해적들을 평가해야 하는지에 관하여 중요한 방향을 제시해 준다. 해적들은 비천한 욕망에 의해 동기가 부여되는 나쁜 사람들일 수 있다. 또 그들은 욕망을 충족하기 위해 폭력적인 수단을 기꺼이 이용하기도 한다. 그러나 이윤을 동기로 해서 나타난 행동의 결과는 훌륭했다. 예를 들어 이윤 추구로 인해서 해적들은 그들의 약탈품이 산산조각 나는 것을 피할 수 있었다. 그것은 해적들이 포로들을 함부로 잔인하게 다루는 것도 방지했다. 그리고 그것은 그들이 강제징집에 의존하는 것을 제한했다. 물론 이러한 모든 경우에서 해적의 탐욕이 진정한 공공의 편익을 창출하지는 않았다. 해적의 희생자들은 해적에게서 받았던 공포를 경험하지 않았더라면 더 좋았을 것이다. 그러나 해적의 출현을 전제로 할 때 해적의 비천한 동기(이기적인 탐욕)는 해적의 희생자들이 겪어야 했던 피해를 줄여 주었다.

더욱 중요한 것은 해적들이 진보적인 제도와 관습을 개척하도록 만든 것이 바로 해적의 탐욕이라는 것이다. 예를 들어 이러한 탐욕 때문에 해적의 민주주의 제도(17~18세기에 합법적인 세계에서는 말 그대로 알려지지도 않았던 제도)가 가능했다. 그것은 해적의 사회보험 제도도 가능하게 했다. 또한 해적의 탐욕은 일부 해상 강도들이 흑인들을 훌륭하게 대우하도록 만들기도 했다. 이러한 각각의 경우에 비천한 해적의 동기(사실 탐욕스러운 범죄자로서 극단적인 비천함)가 민주주의, 평등, 사회안전망 등 현대사회에서 가장 중요하게 인식되는 일부 가치와 일치하는 계몽적인 결과를 만들어 냈다.

해적들이 그들 스스로 계몽적인 가치를 최종 목표로 수용한 것은 아니었다. 그들이 목표로 삼은 것은 돈이었다. 그러나 끊임없이 돈을 추구했던 것이 계몽적인 가치와 관련하여 바람직한 결과를 가져왔고, 그러한 결과를 그들과 같은 시대에 살았던 일반 시민들이 성취하기 이전에 이루어냈다. 예를 들어 제3장에서 살펴보았듯이, 해적들은 민주적인 분권화에 대한 총명한 논리를 매디슨이 주장하기 반세기 전에 이미 그들의 제도에 반영했다. 이런 점에서 해적들은 사회구조에 관하여 우리의 가장 신성한 사상의 선구자였다. 해적의 정신이 깃든 유명한 럼주의 표어를 빌면, 미국 건국의 아버지들은 "그들 중에 작은 선장을 두고 있었다." 이것이 해적들이 우리의 존경을 조금이 아니라 아주 많이 받을 자격이 있는 이유다. 이러한 방식으로 해적들은 진정한 개척자였고, 아니면 적어도 이러한 가치들을 수용할 수 있는 사회의 가능성에 대한 최초의 증거를 제공했다. 그리고 이런 점에서 우리는 확실하게 그리고 부끄러움 없이 '친해적'이 되어야 한다. 고든 게코가 말했듯이 "욕심은 선이다. 욕심은 효과가 있다. 욕심은 어떤 형태이든 인류의 도약이라는 흔적을 남겼다." 역사에 실재한 해적들이 그것을 누구보다 훌륭하게 보여 주었다.

제 5 장

해적선의 고문 행위:

브랜드 전략

⋮

소설 속의 해적들은 가끔 웃기고 매력적이며, 때로는 사랑스러운 친구들로 묘사되기도 한다. 그러나 모든 '잭 스패로우(Jack Sparrow)'에게는 그를 위해 더러운 일을 해 주는 타락할 대로 타락하고 야만적이며 사디스트적인 해적이 여럿 있었다. 해적들은 많은 경우 포로를 고문했는데, 이는 쾌감을 얻기 위해서가 아니라 고문이 이윤을 증가시키기 위한 합리적인 수단이기 때문이었다. 해적들은 악명 높은 공포의 수단을 교묘하게 활용해서 모든 바다에 소문이 자자하게 퍼진 잔인함과 광기의 명성을 쌓았다. 이러한 브랜드는 해적 행위의 효율성을 향상시켰고 더 큰 보상을 안겨 주었다.

⋮

해적에 관하여 가장 잘 알려진 이미지 중 하나는 한 쪽 팔에는 갈고리 손을 달고 한쪽 어깨에는 앵무새를 앉힌 채, 눈을 가린 포로를 향해 뱃전에 걸친 "널빤지 위를 걸어!"라고 잔악한 표정으로 소리치는, 잔인하고 수염이 덥수룩한 선장의 모습이다. 영화에서 보면, 선장이 그를 응원하는 해적들에 둘러싸여 배의 가장자리에 서 있고, 불쌍한 포로는 배 옆 부분에 튀어나온 나무 널빤지 위에 서 있다. 포로 밑에는 삼켜 버릴 듯한 잔인한 파도가 출렁이고, 때로는 상어가 떼 지어 빙글빙글 돌기도 한다. 영화나 소설에서는 이러한 고문 행위를 해적들이 즐거움과 재미를 얻기 위한 소일거리로 묘사한다. 그러나 이런 광경이 자주 묘사되는 해적 영화는 재미를 주지만 사실은 완전히 꾸며낸 이야기다. 실제로 17~18세기 해적들이 갈고리 손을 가졌다거나 포로들을 널빤지 위에서 뛰어내리게 했다는 기록은 없다. 더욱이 해적들은 그들이 마주치는 모든 사람들을 고문하면서 즐거움을 찾는 사디스트도 아니었다. 심지어 몇몇은 그들의 공격 대상에게 관용을 베풀기도 했다.

하지만 해적들을 피에 굶주린 악마 같은 자들이라고 생각하기가 더 쉽다. 해적의 포로 중 한 명이 "나쁜 짓을 저지르는 것은 그들에게 스포츠였다"라고 말한 것을 보면 알 수 있다. 해적과 동시대에 살았던 많은 사람들이 그들을 이처럼 인식했다. 예를 들어, 찰스 존슨은 바르톨로뮤 로버츠의 해적들이 보여준 폭력적인 광기에 대해 다음과 같이 묘사했다. "양심의 가책이 없이는 이 해적들이 저지른 파멸과 파괴를 상세하게 설명하기가 불가능하다. 왜냐하면 천하고 무지한 사람들의 손 안에 있는 권력만큼 처참한 것은 없기 때문이다. 그러한 권력은 사람들을 방자하고 경솔하게 만든다. …… 그들은 선동, 화살, 그리고 죽음의 그림자를 드리우며 '우리는 스포츠를 즐길 뿐이다'라고 말하는 미치광이와 같다. 해적들은 그들의 후원자인 악마처럼 악행을 스포츠로 잔인함을 즐거움으로 그리고 영혼에 대한 저주를 지속적인 일거리로 만들어야 했다."

해적에 대한 현대적 인식도 이러한 모습에 집착하고 있다. 소설 속의 해적들은 가끔 웃기고 매력적이며 때로는 사랑스러운 친구들로 묘사되기도 한다. 그러나 모든 '잭 스패로우(Jack Sparrow)'에게는 그를 위해 더러운 일을 해 주는 타락하고 야만적이며 사디스트적인 여러 명의 해적들이 있었다. 분명히 그들 중에는 정신착란 증세를 보이는 해적들도 있었다. 하지만 대부분의 해적들은 새뮤얼 벨라미 선장이 표현한 것처럼 "나는 나에게 이득이 되지 않는 이상 악행을 저지르는 누구도 경멸한다"라는 태도에 더욱 가깝게 행동했다. 해적들은 많은 경우에 포로들을 고문했다. 벨라미의 말을 인용하자면 해적들은 '그들에게 이익이 되는 경우에' 이윤을 증가시키기 위해 합리적으로 고문을 했다. 해적들은 악명 높은 공포의 수단을 교묘하게 활용해서 모든 바다에 소문이 자자하게 퍼진 잔인함과 광기의 명성을 쌓았다. 해적들이 이것을 너무나 교묘하게 수행했기 때문에 그들의 명성은 해적의 브랜드로서 자리 잡게 되었다. 이러한 브랜드의 결과로 해적들은 해적 행위의 효율성을 향상시켰고, 그 결과 약탈에서 더 큰 보상을 얻게 되었다. 해적들에게 잔혹 행위를 당했던 사람들에게는 불행한 일이지만, 이러한 해적의 브랜드로 인해서 널빤지 위를 걷는 것과 같은 친절하고 짧은 고문은 더 이상 이루어지지 않았다.

해적들은 세 가지 중요한 이유로 포로들을 고문했다. 첫째, 포획한 배에 숨겨진 귀중품의 위치에 대한 정보를 캐내기 위해서 고문했다. 둘째, 해적들은 그들을 붙잡으려 노력하거나 동료 해적들을 붙잡아 교수형에 처하려는 정부 관리들을 벌주려고 고문했다. 셋째, 해적들은 부도덕하거나 착취하는 상선의 선장들을 벌주기 위해 고문을 이용했다. 고문에 대한 처음 두 가지 동기는 해적들의 복지에 직접적으로 기여했고, 그들의 이윤 추구 목표의 일부였다. 세 번째 이유는 이윤 극대화와는 관련이 없는 대신 해적의 '공정성 동기'를 충족시켰다. 그렇지만 아마 가장 중요한 점은 해적의 고문에 대한 세 번째 이유가 바다에서 상선의 선원들에 대한 대우를 개선시켰을 수 있다는 것이다.

공포라는 이름의 브랜드

해적들이 이윤을 극대화하기 위한 그들의 여정에서 마주쳐야 했던 방해물은 폭력적인 충돌만 있었던 것은 아니었다. 이윤을 극대화하려는 노력에 폭력적인 충돌만큼 손해를 가져다준 것이 잃어버린 약탈품이었다. 나포된 배의 선원들이 언제나 해적들이 원하는 대로 배 위에 실려 있는 귀중품의 위치를 알려 주지 않았던 것은 놀라운 일이 아니다. 해적의 희생물이 해적기를 보고 당황해서 싸우지 않고 항복했다고 하더라도, 일부 선원들은 해적들이 배 위로 올라왔을 때 그들의 약탈품을 비폭력적으로 눈치 채지 못하게 감추려고 애썼다. 예를 들어, 포로들은 때때로 귀중품을 해적의 손에 넘어가지 않도록 숨겼다. 어떤 경우에는 나포된 배의 선원들이 약탈품을 해적이 가져가지 못하도록 파괴하기도 했다. 예를 들어, 에드워드 로우가 공격했던 한 상선의 선장은 객실 창 밖에 11,000모이도르(moidore, 옮긴이 주: 포르투갈의 옛 금화)가 든 가방을 매달아 놓고, 로우에게 붙잡히자마자 밧줄을 잘라 바다로 빠뜨렸다. 어둡고 깊은 바다 밑에서 물건을 다시 건져내는 것이 불가능했기 때문에 약탈품을 파괴하는 것은 누워서 침 뱉기와 같은 행동이었다. 위에서 언급한 로우의 희생자처럼, 절망에 처한 일부 해적의 포로들은 약탈품을 파괴하려고 노력했다.

해적들이 돈의 위치를 발견하는 데에만 열중했던 것은 아니다. 그들은 때때로 정부 관리들이 선택한 항로나 물건을 많이 싣고 항해하는 다음 번 공격 대상이 있을 만한 장소와 같은 중요한 정보를 알려주는 문서를 찾는 데에도 관심이 많았다. 예를 들어 블랙비어드의 해적들은 한 선박을 나포한 후에 모든 문서들을 마치 영국의 장관 사무실에서나 볼 수 있을 정도로 충실하게 읽었다. 만약 그러한 문서들이 배 위에 있었는데 그것들을 포로들이 숨기거나 파괴해서 해적들이 찾지 못했다면, 해적들로서는 약탈품을 늘릴 수 있는 기회를 잃어버린 것이나 마찬가지였다.

따라서 포로들의 수동적인 저항은 해적들의 이익에 위협이 되었다. 포로로 잡힌 선원들이 약탈품을 숨기거나 파괴하면 성공적인 약탈 원정에서 얻을 수 있는 수입이 줄어들게 되고, 그 결과 각각의 해적에게 돌아갈 몫도 줄어들게 된다. 해적들은 이런 문제에 대응해서 그 유명한 고문의 관습을 만들었다. 해적들은 귀중품을 숨기거나 파괴한 사람들, 또는 그러한 행동을 했을 것으로 의심되는 사람들에게 극악무도한 고문을 자행함으로써 수입을 감소시킬 수 있는 행동을 방지할 수 있었다. 그러나 흉악한 고문을 통해서 숨겨진 귀중품을 찾아내는 것보다 더욱 중요한 것이 있었다. 해적의 흉악한 고문은 앞으로 빼앗게 될 약탈품에서 포로들이 귀중품을 숨기려고 시도하는 행위를 막았다. 이것은 고문이 모든 바다에 소문을 퍼뜨려 해적이 포악하다는 명성을 쌓게 함으로써 가능했다. 해적들은 이러한 명성을 쌓으려 적극적으로 노력했고, 이러한 명성을 이용했으며, 대부분의 희생자들은 이러한 명성에 겁을 먹고 그들이 가진 모든 것을 해적들이 원하는 대로 갖다 바쳤다. 누가 감히 야만적이고 비인간적인 악마와 같은 피에 굶주린 무리로부터 약탈품을 숨길 수 있겠는가? 실제로 아무도 그러지 못했고, 이것이 바로 해적들이 이런 모습으로 보이기 위해 노력한 이유다.

사업을 이어나가려면 명성을 만들어 내고 유지해야 한다. 기업들은 이것을 여러 가지 방법으로 시도한다. 한 가지 방법은 단순하게 좋은 품질의 상품을 만들고, 이러한 정보를 퍼뜨려 주는 입소문에 의지하는 것이다. 이 방법은 긍정적인 명성을 쌓아서 기업들이 기존 고객들을 지키고 새로운 고객들을 끌어모을 수 있도록 해 준다. 반면에, 생산자가 위조 상품을 공급하면 이러한 정보 역시 널리 알려져 판매자의 명성이 떨어지고, 그에 따라 고객을 잃게 된다. 따라서 돈을 벌기 위해서 기업은 자신이 바라는 유형의 명성을 쌓는 데 도움이 될 수 있도록 지속적으로 행동해야 한다.

기업들은 브랜드에 투자함으로써 그들의 명성을 높일 수 있다. 브랜드는 명성을 제도화하는 것이다. 예를 들어 메르세데스 벤츠를 생각하면 곧바로 최고급 자동차가 떠오른다. 이 자동차 생산자의 브랜드는 우리 마음속에 품질이 좋고, 호화롭고, 귀족적이라는 명성으로 자리 잡고 있다. 혼다도 브랜드가 있지만, 우리의 머릿속에 다른 명성을 떠오르게 한다. 우리는 혼다를 내구성, 실용성, 접근성과 연결시킨다. 따라서 생산자들은 각자가 목표로 삼는 고객에 따라 그에 알맞은 브랜드를 만들려고 한다. 기업들이 브랜드에 투자하는 방법은 여러 가지가 있지만, 가장 보편적인 방법은 아마도 광고일 것이다. 기업들은 각자의 특별한 이미지를 공개적으로 알려 줌으로써 그들이 알리고자 하는 제품의 특성에 대한 명성을 만들어 내고 제도화한다.

이런 점에서 해적 사업은 자동차를 판매하는 사업과 다를 것이 없었다. 해적들은 상품을 팔지 않았다. 그러나 그들 사업의 이윤은 그들이 높이려고 애썼던 명성과 브랜드에 달려 있었다. 포로들이 앞에서 설명한 방법으로 약탈품을 숨기는 것을 방지하기 위해 해적에게는 잔인하고 야만적인 명성이 필요했다. 그리고 아래에서 설명하겠지만, 해적의 명성에 광기를 보탠다고 손해되는 일은 없었다. 해적들은 사나움과 광기라는 명성을 메르세데스 벤츠가 같은 목적을 위해 이용했던 것과 똑같은 방법을 통해서 해적의 브랜드로 제도화했다. 그것은 입소문과 광고였다. 해적들은 잡지에 화려한 광고를 내보내지는 않았지만, 야만성과 광기를 드러냄으로써 그들의 명성이 더욱 강화되고 퍼져나갈 수 있도록 했다. 더욱이 18세기 유명한 신문들은 해적들의 명성에 대한 기사를 내보냈는데, 이것이 기대하지 않게 해적들의 잔인한 브랜드 형성에 기여했고, 간접적으로 그들의 이윤을 증가시켰다.

해적들은 사악함의 명성을 쌓기 위해, 귀중품을 숨기거나 파손함으로써 자신들의 요구를 거역하는 포로들에게 가능한 한 높은 비용을 부담시키려고 노력했다. 한 법원에서 언급했듯이, 해적들이 들어보지도 못한 만행에 대한 소름 끼치는 이야기를 꾸며내기 위해 그렇게 많은 시간을 소비하는 이유가 여기에 있었다. 뱃전에 걸친 널빤지를 눈을 가린 채 걸어가도록 한다는 소문과 같은, 상대적으로 고통이 덜한 고문은 희생자들이 소유하고 있는 모든 것을 내놓게 할 만한 명성이 될 수 없었다. 그러나 산 채로 펄펄 끓는 물에 던져진다거나 얼굴에서 귀가 잘려나가고 그것을 먹도록 강요당할 것이라는 예상은 그러한 명성이 될 수 있었다. 해적들은 나포한 선박에 승선하면 우선 귀중품의 소재를 물어보았다. 만약 포로들이 이 정보를 즉시 알려주지 않으면 해적들이 돈의 행방을 심문하는 광폭한 고문을 시작했다. 앞에서 등장했던 이야기의 결말은 이렇다. "상선의 선장이 에드워드 로우의 해적들이 가져가지 못하도록 금덩어리를 바다 속에 던져 넣자, 로우는 선장의 입술을 잘라서 그의 얼굴 앞에서 불에 구웠고, 그 다음에는 32명에 이르는 모든 선원을 살해했다." 「아메리칸 위클리 머큐리」(*American Weekly Mercury*)에 실린 기사에서 한 목격자는 로우의 해적들이 저항하는 포로들을 어떻게 다루었는지 묘사했다. "그들은 돈이 어디에 있는지 알아내려고 포로들을 칼로 베고 몽둥이로 때렸는가 하면 손가락 사이에 성냥을 넣어 뼈까지 태웠다." 확실히 그것은 통하는 방식이었다. 이 신문은 "로우의 해적들이 승객과 승무원에게서 1,000피스톨(스페인의 옛 금화)의 가치에 해당하는 약탈품을 빼앗았다"고 보도했다.

해적에 붙잡힌 포로들의 수동적인 저항에 대하여 이러한 반응을 보였던 것은 로우 선장만이 아니었다. 찰스 베인 선장은 한 포로의 손과 발을 등 뒤로 묶어 마스트에 성냥과 함께 거꾸로 매달아 눈앞에서 불을 붙였고, 총알을 장전한 권총의 총구를 그의 입에 쳐 넣고 배에 돈이 얼마나 있는지 고백하도록 강요했다. 에드워드 잉글랜드 선장은 "만약 돈이 어디에 있는지 밝히지 않으면 배를 침몰시키고 목 주위에 두 개의 포탄을 매달아 배 밖으로 던지겠다"고 위협했다. 조지 로더 선장도 숨겨 놓은 귀중품의 위치를 알아내기 위해 고문을 이용했는데, 금이 있는 위치를 알아내기 위해 포로들의 손가락 사이에 불붙인 성냥을 놓았다. 상상력이 부족한 한 선장은 "한 포로가 배 위에 숨겨 놓은 것이 분명한 40온스의 금을 찾지 못하자 포로를 죽이겠다고 위협했다." 신사적인 해적으로 소문난 스테디 보닛조차도 약탈품의 소재를 밝히지 않은 포로를 고문하지 않을 만큼 선량하지는 않았다. 「보스턴 뉴스레터」의 기사에 따르면, 보닛의 해적들은 돈을 숨긴 상선의 선장 맥 크레넌(Mac Clenan)을 야만스럽게 다루었다.

버커니어는 약탈품의 인도를 거절하는 포로들에게 고통을 주는 특별한 기술을 갖고 있었다. '울딩(woolding)'이라는 그들의 관행을 보면 이것을 잘 알 수 있다. 버커니어가 협력을 거부한 한 포로에게 집행했던 이 고문을 엑스케멜린은 다음과 같이 묘사했다. "그들은 그의 손을 뒤로 묶어 양팔이 완전히 탈구될 때까지 높이 매달았고, 밧줄로 그의 이마 주위를 단단하게 묶어 그의 눈이 큰 달걀처럼 불뚝 튀어나왔다. 그래도 그가 돈궤가 어디에 있는지 밝히지 않자, 남자의 상징물을 묶어 높이 매달아 한 사람은 매질을 했고, 한 사람은 코와 귀를 잘랐으며, 또 한 사람은 불로 태웠다." 약탈품의 소재를 밝히기 거부한 또 다른 불쌍한 친구에게 "그들은 그의 엄지손가락과 엄지발가락을 긴 밧줄로 묶은 다음 4개의 지팡이로 밧줄을 내리쳐 몸을 끌어당겨 떨리게 만들었고 근육을 잡아 늘였다. 그렇게 했는데도 만족스럽지 않으면 무게가 적어도 200파운드는 나가는 돌을 그의 허리 위에 올려놓고, 몸 아래에 야자수 나뭇잎으로 불을 붙여 얼굴을 태우고 머리카락에 불이 붙도록 했다."

프랑스 버커니어였던 프랑수아 로로내(Francois L'Ollonais)는 숨겨 놓은 돈의 행방을 알려 주지 않았던 고집 센 스페인 포로 몇 명을 특별한 방식으로 고문했다. "악마의 분노를 뿜어냈던 프랑수아는 그의 작은 칼로 한 포로의 몸을 열었고, 그의 몸 안에서 박동하는 심장을 꺼내 갉아먹은 뒤 다른 포로의 얼굴에 던져버렸다."

일부 18세기 해적들은 선배 해적들이 사용했던 밧줄매기를 본받아 포로들에게서 귀중한 정보를 끄집어냈다. 예를 들어 해적의 포로였던 리처드 라젠비(Richard Lazenby)는 존 테일러의 해적들이 포로를 어떻게 대했는지 묘사했다. "테일러의 해적들은 포로들에게 자백을 받기 위해 그들의 관절을 강하게 압박했다."18세기의 해적들은 버커니어 선배들의 창의력에 뒤지지 않기 위해 그들만의 특별한 고문 기술을 개발했다. '피땀 짜내기(The Sweat)'라는 기술을 예로 들어보자.『브리티시 저널』(British Journal)에 실린 한 해적 포로의 설명에 의하면 '피땀 짜내기' 방법은 다음과 같다. "갑판 사이에 있는 돛대 주위에 양초를 꽂고 25명 정도의 남자들이 칼, 펜나이프, 나침반, 포크 등을 손에 쥐고 양초를 둘러쌌다. 포로가 그 중심에 들어오면 바이올린으로 즐거운 음악을 켜고 포로는 10분 동안 달려야 하는데, 그 와중에 25명의 남자들은 자신이 갖고 있는 도구로 포로의 엉덩이를 찔렀다."

해적들은 때때로 포로들이 귀중품을 숨기고 파괴하는 것을 막기 위해 과도한 열의를 보일 때도 있었다. 예를 들어, 한 번은 버커니어의 몇몇 해적들에 붙잡혔던 운이 나쁜 한 여인을 그들 생각에 그녀가 갖고 있었다고 의심되는 돈의 행방을 알려 주지 않았다는 이

그림 5-1 스프릭스 선장의 해적선에서 벌어진 '피땀 짜내기' 고문 장면
자료: Captain Charles Johnson, *A General History of the Robberies and Murders of the Most Notorious Pyrates,* unknown edition.

유로 발가벗긴 뒤 뜨겁게 달군 돌 위에 올려놓고 그을렸다. 그러나 해적들은 포로들을 가리지 않고 마구 고문할 수는 없었다. 잘못된 고문을 자주하면 해적들이 바라는 고문의 효과가 사라질 수 있었다. 해적들은 반드시 포로를 고문한다는 명성을 얻게 되면, 그래서 포로들이 귀중품을 해적들에게 인도해 주든 또는 인도해 주지 않든 똑같이 고문당한다는 것을 알게 되면, 포로들은 보물을 숨기는 데 따르는 비용이 크지 않다는 것을 알게 될 것이다. 고문이 벌칙으로 여겨지기 위해서는 포로들이 해적들의 요구를 순순히 들어주었을 때 해적들도 잔인한 고문을 아낄 필요가 있었다. 예를 들어, 필립 애쉬튼(Philip Ashton)은 그가 체포한 해적들에게서 포로에게 자비를 베풀기로 했다면 더 이상 피를 보거나 생명을 빼앗지 않는 것이 해적들의 규정 중 하나였다는 것을 배웠다. 이것은 로버트 선장의 해적선에서 한 해적이 포로를 괴롭히는 것을 목격했던 사무장이 보여 주었던 너그러움에 대해서 말해준다. "사무장이 이 광경을 목격하고는 앞으로 나서서 포로를 때리지 못하도록 해적을 밀치고, 그에게 당신이 포로라면 기분이 어떨지 물었다." 따라서 해적들은 정말로 의심되는 포로들의 저항에 대해서는 고문해야 할 인센티브가 있었지만, 충분한 이유가 없는 고문에는 관심을 두지 않았다.

해적의 고문을 공포에 대한 명성을 만들기 위해 합리적으로 선택한 수단이라고 이해한다면 존슨 선장이 "해적들의 세계에서 사악함의 끝을 달리는 해적은 일종의 질투심을 일으킨다"라고 한 말을 다소 다르게 해석할 수 있다. 이러한 사악함이 만들어 낸 명성은 위협적인 브랜드를 강화시켜, 포로들의 수동적인 저항에 따른 해적의 비용을 줄여 주었고, 결국에는 해적의 수입을 증가시켰다.

해적들의 잔악함이 입에서 입으로 전해지는 과정이 중요했기 때문에 해적들은 포로들이 해적들의 요구에 저항했던 결과를 다른 사람들에게 전해 주고 그들의 잔악함에 관한 이야기를 퍼뜨려 줄 수 있는 생존자들이 필요했다. '죽은 자는 말이 없다.' 이것이 바로 해적들이 고분고분한 포로들을 죽이지 않았던 이유다. 해적들이 약탈품을 탈취한 후에 나포한 배를 침몰시켜 그 배가 집으로 돌아가 그동안 겪었던 일을 말하지 못하도록 하는 것이 좋은 정책이 되는 경우가 있었다. 그러나 해적들은 많은 경우에 해적에 합류하지 않는 포로들의 일부 또는 전부를 풀어 주어 그들이 집으로 돌아가 그들의 경험을 다른 사람들에게 알려 줄 수 있도록 했다. 해적 선장이었던 존 필립스는 이러한 방법으로 '흉악한 악귀의 끔찍한 기질을 가진 피비린내 풍기는 잔인한 악한'이라는 명성을 얻었다. 예를 들어, 필립스가 존 필모어(John Fillmore)를 붙잡았을 때 필모어는 "그 형편없는 해적이 저질렀던 잔인함에 관해서 들어본 적이 있었기 때문에 필립스의 손에 잡힌 것이 너무 무서웠다"라고 말했다.

해적기가 해적 사회에서 잠재적으로 무임승차 문제를 야기했던 것처럼 고문도 마찬가지였다. 약탈품을 숨기거나 파괴한 포로들에게 잔인하게 고문할 만한 힘이나 배짱이 없는 허약한 해적들은 고문을 강행했던 해적들에게 무임승차하려고 노력했다. 어떤 포로가 이러한 해적들을 시험해 볼 만한 용기가 있다면 그는 이러한 사실을 알게 될 것이고, 이에 대한 소문을 퍼뜨림으로써 값비싼 대가를 치러야 하는 행동을 포로들이 하지 못하도록 유인했던 해적의 고문에 대한 두려움을 약화시킬 수도 있었다. 그러나 해적기와 마찬가지로 해적의 보편적인 브랜드의 후광 아래 한 선장이 자신만의 개인적인 명성을 쌓음으로써 무임승차 문제를 극복할 수 있었다. 그리고 그들은 그렇게 했던 것으로 보인다. 예를 들어 존 필립스 선장은 자신만의 독특한 명성을 누렸다. 앞으로 논의할 블랙비어드를 비롯한 다른 해적들도 마찬가지였다. 해적마다 특정한 브랜드를 쌓아 감으로써 그러한 명성에 따른 이득을 내부화했고 고문과 관련된 무임승차 문제를 방지했다.

17세기 그리고 18세기의 해적들에 관한 소식을 대중에게 가장 잘 전달해 준 것은 런던과 뉴잉글랜드에서 발행된 신문이었다. 이 신문들은 해적의 동향, 납치, 새로운 해적의 구성에 관한 사실과 함께 해적의 희생자들과 풀려난 해적의 포로들에 대한 정보도 보도했다. 조엘 베어(Joel H. Baer)는 이들 신문 기사에 "앞으로 해적들과 마주칠 사람들을 돕기 위해 해적들의 기질에 관한 내용이 포함되었다"라고 지적했다. 해적의 성격에 관한 신문 보도는 해적들이 미치고 무자비한 야만인으로서의 명성을 쌓을 수 있는 더 많은 기회를 제공했다. 해적들이 신문을 이용해 명성을 쌓았던 한 가지 방법은 그들이 교류하는 일반 시민들에게 그들의 사악한 행동을 알려 주고, 그 사람들이 해적들의 행동을 신문사에 알려 주어 기사로 보도하도록 만드는 것이었다. 예를 들어 「아메리칸 위클리 머큐리」에 실린 한 해적 포로는 이렇게 증언했다. "해적들은 우리에게 선원들을 학살한 일, 배를 태워 버린 일, 그리고 그들이 특히 자랑스러워했던 선장의 귀와 코를 자른 일 등 폭력적인 약탈 행위를 이야기해 주었다." 포로들이 두려움 속에서 이런 사실을 직접 고백했다는 건 쉽지 않은 일이었다. 하지만 그러한 순진한 용기가 해적들의 명성에 도움을 주는 결과를 가져다준 것이었다.

해적들이 그들의 특성을 신문에 보도하기 위해 이용했던 또 다른 방법은 그들이 만나는 일반 시민들에게 "악마도 걱정을 안고 산다"라는 이미지를 심어 주고, 그들이 이러한 태도를 신문에 알려 주어 보도하도록 만드는 것이었다. 예를 들어 해적들은 죽음도 법도 두려워하지 않는다는 것을 그들을 제압한 사람들에게 큰소리로 이야기했다. 『브리티시 저널』은 "그들은 붙잡힌다는 생각을 전혀 하지 않았고, 만약 그들 스스로 패할 것이라는 생각이 들면 해적기가 치욕을 당하거나 개죽음 당하기보다는 즉시 그들의 배를 폭파해 버리겠다고 무시무시한 어투로 맹세했다"고 보도했다. 『보스턴 뉴스레터』도 한 해적에게 포로로 잡혔던 선원의 증언을 통해 "해적들은 교수대에 매달려지는 템스 강에 있는 호프 포인트(Hope Point)로 가지 않을 것이라고 자주 말했다. 왜냐하면 만약 그들이 이길 수 없는 우월한 군대에게 공격을 받게 되면 그들은 즉시 화약에 권총을 발사하고 모두가 함께 기꺼운 마음으로 지옥행을 선택할 것이기 때문이다"라고 보도했다.

해적들은 이러한 태도를 너무 자주 표출해서 그것이 해적의 표어처럼 되어버렸다. 예를 들어 바르톨로뮤 로버츠 선장은 '즐겁고 짧은 인생이야말로 나의 좌우명'이라는 유명한 말을 자랑스럽게 던졌다. 여기에서 중요한 단어는 '짧은'이다. 부분적으로 로버츠의 말과 같은 의사 표시는 사실에 기초한 것이었다. 극히 소수의 해적만이 겨우 몇 년 이상을 해적으로 살아남았다. 그러나 중요한 것은 해적들의 이러한 좌우명이 경제학자의 용어로 그들에게 '할인율'이 높았다는, 즉 그들에게 미래가 그리 중요하지 않다는 신호를 보내는 유용한 방법이었다는 사실이다. 이것은 매우 유용한 전략이었다. 왜냐하면 잠재적인 희생자들이나 정부 관리들이 해적들은 생명을 하찮게 여긴다고 생각하면 해적들의 비이성적이고 자폭 테러범 같은 대응을 두려워하여 해적들과 전투를 벌이거나 해적들의 노여움을 불러일으키는 위험을 감수하려 하지 않았을 것이기 때문이다. 윌리엄 스넬그레이브의 포로들이 "그에 관해 말하자면 그는 최근 대포 포탄을 맞고 지옥으로 보내지길 바랐다"라고 말했던 것에서 해적들의 생각을 이해할 수 있다. 대중들이 볼 수 있도록 『보스턴 뉴스레디』에 보도되었던 블랙비어드와 로버트 메이너드(Robert Maynard) 대위의 마지막 전투의 감상적인 상황마저도 근시안적인 악마라는 해적들의 명성을 강화시켰다. 이 신문은 메이너드와의 교전을 앞두고 "선장이 와인 한 잔을 요청했고, 그가 목숨을 구걸하든지 아니면 상대의 목숨을 살려 주든지 스스로에게 지옥으로 갈 것이라고 맹세했다"라고 보도했다.

잔인성과 광기의 브랜드를 쌓으려는 해적들의 욕망을 생각해 보면 해적들이 약탈품을 빼앗은 뒤에 화물 꾸러미를 배 밖으로 던져 버리고 해적의 기준에 부합되지 않는 배를 불태우는 등 언뜻 이해하기 힘든 화물 파괴 행위를 이해할 수 있다. 해적들이 그들의 높은 할인율을 공개한 사실을 신문에서 보도했던 것처럼 이러한 해적의 광적인 이미지도 신문에서 보도했다. 예를 들어 바르톨로뮤 로버츠 해적선의 한 피해자가 해적들의 기이한 행동을 「보스턴 뉴스레터」에서 어떻게 묘사했는지 살펴보자. 이 피해자에 의하면 로버츠 일행은 "광기와 분노를 가득 품고 선실로 들어와서 도끼와 단검으로 트렁크, 상자, 용기, 짐짝을 자르고 찢고 열고 부숴 버렸다. 그리고 그들이 배에 싣고 싶지 않은 물건이 나오면 그것을 바다에 던져 버렸다. 해적들 사이에는 욕설과 저주, 그리고 상상할 수 있는 가장 심한 악담 이외에는 아무 소리도 들리지 않았다." 프랜시스 스프릭스 선장의 해적선에 포로로 잡혀 있었던 리처드 호킨스도 이와 비슷한 해적의 광기를 그의 경험담을 통해 『브리티시 저널』에서 묘사했다. "그들은 마음에 들지 않는 모든 것을 바다로 던져 버렸고, 모든 개인 물품들을 파괴했다. 또한 창문을 모두 부숴 버렸고, 선장실을 엉망으로 만들었으며, 나에게 끔찍한 상태가 된 배를 인도했다." 한 해적의 포로는 「보스턴 뉴스레터」에 해적들의 명백한 반종교적인 행동을 구체적으로 이야기하면서 해적들이 악마의 소유물에 속해 있고 하나님의 말씀을 조롱한다는 해적에 대한 대중적인 생각이 옳다는 것을 확인시켜 주었다. 이 피해자는 당시 상황을 이렇게 증언했다. "그들은 배를 약탈하며 두세 권의 성경을 발견했는데, 그들 중 일부는 성경을 보자마자 자신들은 성경과 하나님, 또는 그 이상의 어떤 것과도 상관이 없다고 선포했다."

해적들이 방화광이 된 이유도 마찬가지로 볼 수 있다. 존슨 선장이 왜 해적들이 그렇게 자주 배를 불태우는지에 대한 이유를 나열한 목록을 만들었는데, 그 목록에는 "때로는 정보가 유포되는 것을 방지하려고, 또 때로는 항해하려는 사람들을 남겨 놓지 않으려고, 그리고 또 때로는 악의로, 즉 선장의 행동이 마음에 들지 않아서"라고 적혀 있었다. 이 장의 후반부에서 상선의 선장들에 대한 해적의 처벌에 관해 논의한다. 그러나 존슨이 서술했던 악의적인 파괴는 앞에서 논의한 것처럼 광기와 공포의 이미지를 쌓으려는 매우 계획적인 행동이었다. 예를 들어 한 포로가 존 필립스에게 왜 쓸데없이 배를 불태우는지 묻자, 그는 "재미를 위해서"라고 대답했다. 재미를 위한 파괴를 목격하거나 그것을 신문에서 읽은 사람들은 이러한 행동에 충격을 받았고, 해적들이 평등과 이성의 규칙의 반대편에서 산다고 스스로 천명했다고 말한 보스턴의 한 변호사의 표현이 옳다는 것을 확인할 수 있었다. 요약하면, 해적의 광기는 정확히 해적들이 바라는 효과를 가져다주었다.

일부 해적들은 공포라는 브랜드를 만들기 위해 추가 조치를 취했다. 블랙비어드(옮긴이 주: 검은 턱수염이라는 의미)라는 이름으로 더 잘 알려진 악명 높은 해적, 에드워드 티치(Edward Teach)가 이에 대한 가장 좋은 예다. 괴기하고 두려운 외모를 만듦으로써 티치는 무시무시한 이미지로 등골이 서늘해지는 명성을 쌓았고, 그러한 명성은 오랜 시간에 걸쳐 블랙비어드라는 브랜드로 자리 잡았다. 예를 들어 존슨 선장에 의하면 "그의 수염은 그의 이름을 두렵게 만드는 데 크게 공헌했다." 존슨은 블랙비어드가 외모로 얻었던 효과를 다음과 같이 묘사했다.

> 티치 선장은 블랙비어드라는 별명이 암시하듯 유성처럼 생긴 무성한 무서운 수염이 얼굴 전체를 덮고 있었고, 오래전에 나타났던 어떤 혜성보다도 미국인들을 두렵게 했다. 수염은 검은색이었고 그 자신도 힘들어할 만큼 터무니없이 길게 자랐다. 숨을 쉬면 수염이 눈까지 올라갔고, 수염을 작은 꼬리 모양의 리본으로 꼬아 묶어 귀 부근으로 돌렸다. 세 개의 가죽 띠에 권총의 가죽 케이스가 장식을 단 창처럼 매달려 있었고, 모자 아래로는 얼굴 양쪽에 불붙은 성냥이 꽂혀 있었다. 그의 눈은 선천적으로 험상궂고 거칠게 보였다. 전체적으로 그 이상의 포악한 모습을 상상할 수 없을 정도로 저승사자처럼 무시무시했다.

그림 5-2 에드워드 티치 선장의 브랜드, 블랙비어드

자료: Charles Coquelin, *Dictionnaire de l'economie politique*, 1854.

블랙비어드와 같은 해적들은 화려함이나 광기 또는 괴벽 때문이 아니라 그들의 약탈을 용이하게 하기 위해서 고의적으로 괴이하고 무시무시한 모양으로 치장했다. 예를 들어 블랙비어드는 그가 만들어 낸 대중적인 이미지를 분명하게 알고 있었고 그것을 유지하기 위해 열심히 노력했다. 물론 대부분의 해적들은 한 목격자가 묘사했던 모습과 더욱 가까웠다. "그는 거무스름한 얼굴빛을 하고 상스러운 용모를 가진 보통 체격의 남자였다. 머리는 짧고 갈색이었으며, 술을 마실 때에는 포르투갈어나 무어의 말을 사용하기도 했다." 하지만 해적들은 잔인하고 광기에 차 있다는 명성을 더욱 강화시키기 위해 블랙비어드와 같은 외모를 갖기 위해 투자했고, 그러한 외모는 피해자의 저항을 줄였고 결과적으로 이윤을 증가시켰다. 적어도 블랙비어드에게 이러한 투자는 충분한 보상을 가져다주었다. 블랙비어드의 인생과 해적 생활을 광범위하게 연구했던 앵거스 컨스텀에 의하면, 영국 군함 진주(Pearl)호의 로버트 메이너드 대위와 마지막 전투를 벌여 목숨을 빼앗길 때까지 세계에서 가장 악명 높고 무서웠던 이 해적은 단 한 명도 죽이지 않았다. 확실히 그는 그럴 필요도 없었다.

약속한 보복은 반드시 이행한다

해적들은 포로들이 귀중품을 숨기는 것을 방지하기 위한

목적 외에 또 다른 이유 때문에 야만스러운 고문을 가했고 보다 일반적으로 '악마'라는 브랜드를 구축했다. 그 이유는 정부 당국의 엄중한 단속을 저지하는 것이었다. 해적의 관습은 앞에서 설명한 대로 행해졌지만, 여기에서만은 해적들이 고집 센 포로들에게 처벌을 가하는 대신 해적들을 붙잡으려는 정부 관리들 또는 그것이 어려우면 그들의 시민들에게 야만성을 과시했다. 예를 들어 제4장에서 살펴보았듯이 로버츠 선장은 바베이도스와 마티니크 총독들이 자신을 체포하려는 계획에 대응해서 자신의 새로운 정책을 알리기 위해 특별한 깃발을 만들었다. 그것은 그가 항해 중에 만나는 모든 바베이도스인과 마티니크인을 죽이겠다는 내용이었다. 로버츠가 마티니크의 프랑스 총독이 자신의 가장 가까운 부하를 사형시켰다는 것을 이유로 그 총독을 붙잡아 배의 돛대 끝에 매달아 죽이고 그의 일등 항해사를 몇 분 동안 매달아 놓았을 때 로버츠의 위협에 대한 신뢰성을 의심하던 시선이 사라졌다.

다른 해적들도 로버츠보다는 허세를 덜 부렸지만 비슷한 정책을 채택했다. 예를 들어 로우 선장은 "뉴잉글랜드인에 대해 참을 수 없는 혐오감을 갖고 있다"고 말했고, 결국 "그 지방 사람은 누구라도 그의 화풀이 대상이 되지 않고는 떠날 수 없었다." 로우의 혐오감은 뉴욕에 기지를 둔 영국 군함 그레이하운드(Greyhound)호의 오만함에서 비롯되었는데, 그레이하운드호는 한때 로우를 공격하여 그의 해적 동료였던 찰스 해리스(Charles Harris)를 납치하는 데 성공했다. 로우는 앞으로 마주치는 뉴잉글랜드 선박들에게 잔혹하게 보복할 것이라고 선언했고, 그 약속을 지켰다. 그 후에 그가 나포한 두 선박은 우연하게도 플리머스(Plymouth)에서 온 선박이었다. 「보스턴 뉴스레터」는 이 일화를 다음과 같이 보도했다. 로우는 한 선장을 산 채로 난도질했고, "심장을 꺼내 불에 태워서 그 배의 선원에게 먹도록 했다." 로우는 다른 상선의 선장도 자신만의 특별한 방법으로 처리했다. 즉, 로우는 그를 칼로 베고 망치로 때린 다음 귀를 잘라 그에게 먹도록 했다.

또 다른 몇몇 해적들도 로우의 뉴잉글랜드를 향한 분노를 함께 나누었다. 로우, 해리스와 함께 항해했던 프랜시스 스프릭스도 로우와 같은 이유로 보복했다. 그러나 다른 해적들의 뉴잉글랜드를 향한 분노의 원인은 사나운 폭풍으로 파괴된 샘 벨라미 선장의 위더(Whydah) 호에 승선했던 해적들이 보스턴에서 교수형을 당한 사건으로 거슬러 올라간다. 이들 해적들의 포획에 대해 몇몇 해적들이 복수의 칼을 갈았다. 예를 들어 블랙비어드는 자신이 당시 나포한 선박의 선장인 윌리엄 와이어에게 "배가 보스턴 소유이기 때문에 불태울 수밖에 없으며, 앞으로 여섯 명의 해적들을 사형시킨 대가로 뉴잉글랜드 소유의 모든 배를 불태울 것"이라는 경고를 전했다. 상선의 선장 토머스 폭스(Thomas Fox)도 자신의 배를 나포한 해적들이 "보스턴에 있는 수감자들이 고통을 받는다면 자신들이 붙잡은 뉴잉글랜드에 관련된 모든 사람들을 죽일 것"이라고 맹세했다고 증언했다.

그러나 해적들의 적대감은 여기서 그치지 않았다. 그들은 그들 '형제' 중 누구에게라도 부당하게 대우하는 간부들에게 가차 없이 보복했다. 예를 들어 로우 선장은 "선원의 반은 영국인, 반은 포르투갈인으로 구성된 선박을 만났는데, 자신의 부하 일부가 포르투갈로 보내졌다는 데 대한 보복으로 포르투갈인들을 목매달았다." 영국인들은 쉽게 풀려났는데, 그 이유는 로우가 영국인들에게 다른 속셈이 없었기 때문이다. 그는 영국인들을 그들의 보트에 밀어넣고 그들 스스로 떠나도록 했다. 바르톨로뮤 로버츠도 로저스 선장과 친분이 있는 사람들에게 메시지를 보내기 위해 비슷한 전략을 사용했다. 로저스 선장은 로버츠를 공격하기 위해 바베이도스 해안으로 파견된 두 대의 선박 원정대를 이끌었던 사람이다. 로버츠의 희생자 중 한 명이 「보스턴 뉴스레터」에 공개한 바에 의하면, "해적들은 로저스 선장 때문에 브리스톨 사람들에게 큰 분노를 느끼고 있었다." 로버츠 선장의 해적들이 브리스톨의 배를 빼앗았을 때 "그들은 그 배의 선장을 야만적으로 다루었다. 왜냐하면 같은 고향 사람인 로저스 선장이 브리스톨 출신이었기 때문이다." 더욱이 "바베이도스에 소속된 배를 만나면 그는 다른 배보다 훨씬 가혹하게 대했다." 이와 비슷하게 찰스 베인 선장은 버뮤다 정부가 해적 토머스 브라운(Thomas Brown)을 체포했다는 이유로 버뮤다의 선박을 학대하는 정책을 제도화했다. 상선의 선원 새뮤얼 쿠퍼(Samuel Cooper)는 "그들은 해적 행위로 의심을 받아 이 섬에 억류되었던 토머스 브라운 때문에 버뮤다인들을 폭행했고 그들의 돛대를 잘라 버렸다"라고 증언했다.

해적들의 보복 위협은 보다 적극적으로 해적을 소탕하려 했던 일부 식민지 관리들에게 무척이나 신경 쓰이는 일이었다. 예를 들어 버지니아 총독 알렉산더 스포츠우드는 1721년에 바르톨로뮤 로버츠의 희생자 중 한 사람에게서 "로버츠가 다른 배를 타고 버지니아로 돌아와 그곳에서 사형당했던 해적들을 위해 보복할 것"이라는 말을 들었을 때 마음이 편할 수 없었다. 이것이 스포츠우드를 두렵게 만들어 무역경작위원회에 다음과 같은 내용의 편지를 쓰도록 만들었다. "야만적인 철면피들이 상선의 선원들을 겁박하기 위해 선장의 코와 귀를 자르는 행위를 내버려 둔다면 그들의 우두머리 해적인 태치(Thatch)를 죽였던 대가로 그들에게 가장 중요한 보복의 대상으로 지목당한 내가 그들에게 붙잡혔을 때, 수많은 그의 동료들이 해적기를 버지니아의 허공에 흔들어 대면서 나에게 얼마나 비인간적인 대우를 하겠는가?" 그러나 이것은 스포츠우드에게만 해당하는 일이 아니었다. 예를 들어 버뮤다의 호프(Hope) 총독은 "내가 해적의 사형 집행에 관한 법안과 지침을 만들었기 때문에 해적들이 나를 파멸시키려고 노력한다"며 자신에게 다가올 해적의 보복을 두려워했다.

마커스 레디커에 의하면 적어도 일부 경우에 이러한 종류의 위협은 실행이 뒷받침되면 실제로 효과가 있었다. 예를 들어 버뮤다 제도의 한 식민지 관리가 불평했듯이 버뮤다의 주민들은 두 해적의 사형 때문에 자신들의 배가 해적들의 손에 들어간 경우에 그에 대한 보복으로 더 나쁜 운명에 처할까봐 두려워했고, 그래서 그들을 처벌하기 위해 필요한 증언을 제공하기를 꺼려했다. 해적의 보복 위협은 해적들의 야만성에 대한 명성으로 인해 신뢰성이 있는 것으로 간주되었고, 정부 관리들이 열정적으로 해적들을 추적하는 것에 대하여 한번 더 생각하도록 압박감을 주었다. 결과적으로 이것이 정부기관에게서 해적들이 받게 되는 압박감을 덜어주었다.

정의의 이름으로 널 용서하지 않겠다

해적들은 또 다른 목적, 즉 착취적인 선장들에게 정의(正義)를 구현하기 위해 야만적인 고문을 가했다. 윌리엄 스넬그레이브는 이것을 다음과 같이 표현했다. "그들은 이러한 악행에 대한 한 가지 이유가 선원들을 정당하게 취급하도록 하기 위한 것이라고 주장했다." 앞에서 언급했던 목적을 달성하기 위한 고문과 달리 잔학한 행위에 대한 이러한 동기는 좀 더 개인적인 부분이 있었다. 제2장에서 논의한 것과 같이 몇몇 해적들은 상선의 선장이 선원들을 학대한다는 사실을 해적에 가담한 이유로 들고 있다. 이러한 선원의 일부는 해적의 역할을 스스로 고맙게 받아들였다. 해적들의 야만적 행위에 대한 다른 동기와 마찬가지로 정의라는 동기 역시 해적들이 명성을 쌓는 데 기여했다. 더욱이 착취적인 상선의 선장을 처벌함으로써 해적들은 상선의 선원들 사이에서 긍정적인 평판을 얻었다. 이로 인해 상선의 선원들이 해적의 공격에 기꺼이 항복하게 되어 신입 해적을 고용하는 데 도움이 되었고, 상선의 선원들이 잠재적인 공격 대상의 위치에 관한 정보를 제공하는 등 다른 방법으로 해적들을 도와주기까지 했다.

그러나 이전 동기와 달리 '정의'의 경우에 해적들이 이윤 추구를 염두에 두고 있는 것 같지는 않다. 그러나 이것이, 잘못된 대우에 대한 보복이 공공성이 있다고 간주될 수 없다면, 정의를 근거로 행해지는 고문이 해적의 이타주의의 결과로 나타났다는 것을 의미하지는 않는다. 하지만 비도덕적인 상선의 선장에게 정의를 행사하는 것은 바다에서 일하는 다른 사람들에게 공공의 이득을 가져다줄 수 있다.

제1장에서 선장이 선원들을 착취하는 상황을 방지하기 위해 영국법에서는 상선의 선원들을 보호하는 몇 개 규정이 포함되어 있다고 언급했다. 그러나 공식적인 법적 보호는 실패할 수도 있고, 실제로 실패하기도 했다. 그 결과 선원들이 선장의 학대로부터 효과적이거나 적어도 즉각적인 보호 장치가 없는 상태로 내버려졌다. 법으로는 착취적인 상선 선장들이 군림하는 것을 막지 못했지만, 해적들은 희한하게도 그것을 해냈다. 원칙적으로 영국 정부는 상선 선장들의 학대에서 선원들을 더욱 잘 보호할 수 있는 정책을 채택할 수 있었다. 예를 들어, 정부가 영국의 항구를 떠나는 모든 선박에 정부 관리를 배치할 수 있었다. 비슷한 취지로 정부가 해군을 파견하여 바다를 순찰하게 하고, 항해하는 상선을 세워 선원과 선박의 관리들 사이의 상황을 점검할 수도 있었다. 그러나 이러한 정책은 당연히 실행하기 어려웠다. 첫째, 이 정책들은 정부에게 막대한 비용을 부담시켰을 것이고, 해군 자원의 낭비를 가져왔을 것이다. 둘째, 이러한 정책들이 실제로 집행되었다면 상선 선박의 운행 속도가 상당히 떨어졌을 것이고, 영국에서 장려하던 상업 활동에 부담이 되었을 것이다.

바다에서 착취적인 상선의 선장들을 상대로 정의를 구현하는 데 따르는 비용과 편익의 관점에서 보면 해적들이 정부보다 이 일을 수행하는 데 훨씬 효과적이었다. 해적의 수는 가장 많을 때를 기준으로 해도 해군의 15%에 지나지 않았지만, 그래도 해적의 수는 어마어마했다. 더욱이 해적에게는 착취적인 상선의 선장들에게 정의를 구현하는 데 들었던 추가비용이 매우 낮았다. 해적들은 어차피 약탈을 위해 상선들을 찾아다녔고 포획했다. 나포한 선원들에게는 선장이 그들을 어떻게 대우했는지 물어보고 그에 따라 정의를 시행하는 데에는 추가적으로 적은 시간과 노력이 들었다. 그들의 착취적인 이전 선장들에게 복수할 때 얻어지는 편익은 이러한 적은 비용을 보상할 만큼 충분히 컸다. 그리고 이미 언급했던 이유로 인하여 해적들은 범죄자이며 미치광이로 인식되었기 때문에 해적의 정의 구현이라는 위협의 신뢰성이 매우 높았다.

해적들은 배를 포획한 후에 관습에 따라 선장의 대우에 관하여 선원들을 조사했다. 선원들이 해적들에게 선장이 부정을 저질렀다고 알려 주면, 해적들은 선장을 처벌했다. 해적들은 앞에서 언급했던 것들을 포함한 여러 가지 방법으로 선장을 고문했다. 예를 들어 20명의 선원으로 구성된 소금 상선을 포획했을 때 해적 선장 크리스토퍼 컨덴트는 선원들에게 선장의 행동 방식을 물어 보았는데, 선장에 대한 불만이 터져 나오자 그를 채찍으로 때리고 상처 위에 소금물을 부었다.

특히 운이 나쁜 선장들은 자신과 함께 상선의 선원으로 일했던 해적들에게 붙잡히기도 했다. 예를 들어 에드워드 잉글랜드 선장의 해적 중 한 명은 스키너(Skinner) 선장의 배를 나포했을 때 그가 자신이 이전에 갑판장으로 함께 일했던 상선의 선장임을 바로 알아챘다. 스키너는 명백하게 선장으로서 부정한 일을 저질렀다. 그 해적은 그의 예전 선장에게 말했다. "아, 스키너 선장, 당신이군요. 내가 보고 싶었던 단 한 사람. 당신에게 빚진 게 많으니 이제 조금도 남김 없이 갚아주겠소." 해적들은 스키너를 윈치(winch, 밧줄이나 쇠사슬로 무거운 물건을 들어 올리거나 내리는 기계)에 묶고 그에게 유리병을 던져 엉망진창으로 상처를 냈다. 그 후에는 갑판에 끌고 와 자기들이 힘이 빠질 때까지 채찍으로 때렸다. 잉글랜드의 해적들은 스키너 선장의 머리에 총을 쏘는 것으로 마무리했다. 토머스 탈튼(Thomas Tarlton)이라는 선장도 이전에 함부로 대했던 한 선원을 바르톨로뮤 로버츠 선장의 배에서 만나 똑같이 괴롭힘을 당했다. 그 선원은 자신이 생각하기에 잔인한 짓을 서슴지 않았던 탈튼을 무자비하게 비난했다. 이것을 들은 로버츠는 자진하여 정의의 사자처럼 탈튼을 잔인하게 때리고 괴롭히며 처벌을 가했다.

이와 반대로 포로로 붙잡힌 상선의 선원들이 그들의 선장에 대해 칭찬하면 해적들은 선장을 처벌하지 않았을 뿐 아니라 그의 인간성과 올바른 행동에 대해 보상을 해 주기도 했다. 예를 들어 토머스 코클린(Thomas Cocklyn)의 해적들이 윌리엄 스넬그레이브의 배를 포획했을 때, 스넬그레이브가 그의 선원들에게 배를 방어하라는 명령을 내렸다는 이유로 머리를 박살내려 하자 갑판에서 그 광경을 보고 있던 부하 중 일부가 "우리 선장은 죽이지 마세요. 우리는 그보다 더 좋은 사람과 함께한 적이 없어요"라고 큰소리로 외쳤다고 스넬그레이브는 당시 일을 회고했다. 스넬그레이브는 "나의 선원들 중 아무도 나에 대해 불만이 없었기 때문에 해적들이 내목숨을 살려주었을 뿐 아니라, 나의 포용력에 대해 선원들이 큰 감동을 느꼈다는 이유로 귀중품을 가득 실은 배를 선물로 주었다"고 말했다. 이와 비슷하게 호킨스 선장도 그의 선원들에 대한 정직한 행동 때문에 해적들의 고문을 피할 수 있었다. 해적들이 호킨스 선장에게 고통을 주자고 제안했을 때 호킨스를 알고 있던 몇몇 사람들이 "호킨스는 어떤 사람에게도 나쁜 짓을 한 적이 없고 정의를 저버린 적이 없다"고 주장하여, 결국 해적들은 그의 처벌을 면해주었다. 상선 선장 헨리 파울(Henry Fowle)을 알던 해적들도 그에게 처벌을 면제해 주고 나서 그들의 동료들에게 "그는 어떤 선원도 학대하지 않았던 정직한 친구였고, 그래서 파울의 배를 불태우지 않았다"라고 알려 주었다.

해적들은 앞으로 도움을 줄 수 있고 우정을 유지할 수 있다고 믿는 상선의 선장들에게는 선물을 주기도 했다. 예를 들어 해적 선장 윌리엄 루이스(William Lewis)는 스미스(Smith) 선장이 지휘하는 캐롤라이나 소속의 배를 포획했다. 하지만 루이스는 그를 정중하게 대우했고, 그에게 빼앗은 것보다 더 많은 것을 내주었으며, "해안에서 돈을 벌면 캐롤라이나에 돌아올 것이고 그때 우정을 지켜나가자"고 말하면서 그를 보내주었다. 비슷한 예로 샘 벨라미의 해적들은 나포한 로렌스 프린스(Lawrence Prince) 선장을 특별히 친절하게 대우했다. 그들은 그들이 최근 포획했던 리처드 선장의 배에 가장 좋고 값 비싼 물건을 그 배가 운반할 수 있는 만큼 가득 실어 프린스 선장에게 주었다. 프린스 선장은 20파운드가 넘는 금과 은을 화물로 싣고 떠났다. 일부 해적들은 상선의 선원들이 그들에게 항복하려는 동기를 유발하기 위해 포로들에게 운임을 지불하기도 했는데, 이것은 화물 소유주에게는 손해를 입혔시만 상선의 선상과 선원들로서는 해가 될 것이 없었다. 알렉산더 스포츠우드가 기록했듯이, "해적들 사이에서는 그들이 약탈한 물품을 대신해서 그들에게 별로 쓸모가 없는 물품을 상선의 선장과 선원들에게 선물하는 것이 일반적인 관행이었다." 예를 들어 1720년대에 상선 선장 노트(Knott)는 그의 선원들이 붙잡혔을 때 그다지 실망할 이유가 없었다. 해적들은 상인들에게서 그들이 원하는 것을 가져갔지만, 똑같은 가치의 돈과 물건들을 그에게 주었다. 존 고우 선장의 해적들은 특히 그들의 피해자들에게 보상을 해 주는 데 대해 책임감을 느꼈다. 그들은 약탈과 관용이 함께 어우러져 만들어진 '거짓 정의'라는 묘한 감정에서 그들이 폭력적으로 하나를 빼앗으면 다른 하나를 주었다.

해적들이 적용한 '정의'라는 사적인 위협이 선장들의 착취 행위를 줄이는 데 얼마나 효과적이었는지 말하기는 어렵다. 그러나 1722년 세 명의 상인 선장들이 버지니아 총독에게 보냈던 편지를 보면 그것이 다소 효과가 있었음을 확인할 수 있다. 그들은 "해적들을 만났을 경우에 가장 큰 위험은 우리가 선원들 중 누구라도 괴롭혔다는 사실이 조금이라도 알려지면 해적들이 발명한 모든 고문 기술이 우리에게 행해질 것이 확실하다는 것이다"라고 썼다. 해적의 정의를 두려워했던 상선의 선장들은 선원들을 덜 가혹하게 다루게 되었고, 이런 점에서 해적들은 상선 선원들의 복지에 이바지했다고 볼 수 있다.

물론 해적의 정의가 모두 좋은 면만 있는 것은 아니었다. 해적의 정의는 국가가 정의를 실현하는 데 따르는 높은 비용을 피할 수 있게 해 주었지만, 통제가 불가능하다는 문제를 안고 있었다. 예를 들어 해적의 처벌은 범죄를 교화하기보다는 그 한계를 넘어서는 경우가 대부분이었다. 공적인 법정에서는 많은 경우에 선장의 학대를 금전적으로 처벌하였지만, 해적들은 사형선고를 특히 좋아했고, 처형도 잔인하고 비정상적인 방법으로 집행했다. 더욱이, 해적의 사적인 정의 시스템에는 불만이 가득한 선원들과 해적들만이 참여했다. 선장들은 자기편을 위해 아무런 항변도 할 수 없었다. 따라서 해적의 정의 아래서는 어떤 객관성도 찾을 수 없었다. 해적들은 상선의 선장들이 공정함을 주장한다고 해도 선원들의 증언에만 의존하여 무고한 상선의 선장들을 죽이거나 고문하는 경향이 있었다. 예를 들어 화난 상선의 선원들이 합법적인 절차에 따라 그들을 교정했거나 식량을 부족하게 배급했던 선장들을 고발했을 수도 있었다. 요약하면, 상선의 선장들에 대한 해적의 정의 시스템은 아마도 감옥 수용자들이 그런 기회를 가졌을 때 그들의 교도관에게 구현했을 정의와 비슷한 정도의 정당성을 갖춘 것으로 보인다. 당연히 공적인 법적 시스템에 맡겨졌다면 처벌을 피할 수 있었던 일부 파렴치한 인물들은 해적에 의해 죗값을 치렀다. 그러나 처벌을 받지 않아도 되는 사람들이 해적의 손에 고통을 받았다는 것도 역시 사실이다.

해적의 고문은 흉악한 행위였지만 기분 내키는 대로 이루어진 것도 드물었다. 대신 해적들은 무엇보다 이윤 추구라는 목표를 위해 음흉한 책략을 사용했다. 해적들은 야만스러운 고문을 통해 광기, 잔인성, 살인적 파괴라는 명성을 쌓으려고 부지런히 노력했다. 이렇게 함으로써 그 당시 어떤 이의 표현대로 "비이성적인 지옥의 분노로 인해 가장 생생한 지옥의 그림을 볼 수 있었고" 그 결과 누구도 그들에게 저항할 수 없을 정도로 무시무시한 명성을 쌓았다. 포로들은 악명 높은 고문에 대해 듣지 못했다면 침략자들에게 숨겼을지 모르는 귀중품들을 포기했고, 정부 당국은 자신들과 시민들에 대한 보복을 두려워하여 해적들을 나포하거나 처벌하기 전에 다시 한번 고민해야 했다. 한 법정 진술의 내용처럼 해적들은 확실히 '악마에게 교사된' 것처럼 보였지만, 현실적으로 '해적들의 죄악과 광기'는 이성적이고 합리적이었으며, 적어도 야수보다 더 무서운 브랜드를 만들기 위해 신중하게 계산된 결과였다고 그 시대 많은 사람들이 평가했다.

해적들은 이윤을 위해 포로를 고문했던 것과는 별개로 '정의'를 위해 고문하기도 했다. 상선에서 평범한 선원으로 항해하면서 선장들에게 괴롭힘을 당했던 해적들은 동료 해적 중 한 사람을 괴롭혔거나 착취했다는 소문이 있는 상선의 선장을 우연히 만나 처벌하는 것에 매우 만족해했다. 한편, 상선의 선장들에 대한 해적의 정의 구현 행위는 이들 선장의 학대 행위를 위축시키는 데 도움이 되었고, 이것은 정부가 그러한 역할을 할 수 없었던 상황에서 상선 선원들의 복지에 기여했다. 다른 한편으로는 통제할 수 없는 해적의 정의는 불공정하고 과도한 경우가 있었으며, 완전히 용납되지 않는 경우도 자주 있었다.

지금가지 해적들이 '목표를 갖고' 고문을 가했다는 점을 살펴보았지만, 사디즘에 지나지 않는 경우도 있었다. 우리의 논의는 전자에 초점을 맞추었는데, 그 이유는 후자가 더 잘 알려져 있을 뿐 아니라 해적의 고문에 대하여 잔인함을 예외라기보다는 규칙으로 잘못 묘사하고 있는 왜곡된 그림을 그렸기 때문이다. 하지만 상선 선장들, 해군 선장들, 그리고 선원들 중 일부가 그랬듯이 소수의 해적들도 정신병자에 지나지 않았다. 예를 들어 프랜시스 스프릭스는 단지 재미를 위해 상선 선장 리처드 호킨스에게 양초 한 접시를 먹도록 했다. 그러나 스프릭스의 야만적인 고문은 에드워드 로우와 같은 진정한 사디스트적인 해적의 고문에 비하면 대학 남자 동아리의 신입 신고식에 불과했다. 예를 들어 로우는 "한 친구가 기름져서 불에 잘 탈 것 같다"는 이유 하나로 사람을 살아있는 채로 불태웠다.

그러나 로우조차도 그가 만났던 모든 사람들을 야만스럽게 다루지는 않았다. 그와는 반대로 포로들을 풀어 줘서 이득이 생기는 경우에는 때때로 그의 괴팍한 열정을 잠재워 두곤 했다. 예를 들어 이 장의 앞 예에서 살펴보았듯이 로우는 그가 붙잡았던 영국인 포로들을 딴 마음을 갖지 않고 풀어 주었다. 보다 일반적으로 로우는 그의 사디스트적인 욕망에 지나치게 빠지지 않는 것에 대한 중요성을 인식했던 것 같다. 그가 사디스트적인 욕망에 빠졌다면 그가 이끄는 해적선의 궁극적인 목표, 즉 가능한 한 저항을 받지 않고 약탈품을 얻으려는 목표에 방해가 되었을 것이다. 예를 들어 로우는 마데이라(Madeira) 섬 총독에게 물을 얻어 내기 위해 노인 한 명을 인질로 이용하려고 붙잡았다. 해적들은 만약 총독이 거부하면 "그 노인을 돛 가름대의 끝에 목을 매달아 죽이겠다"고 협박했다. 그러나 요구가 받아들여지자 (해적들이 말하길) 노인을 명예롭게 풀어 주었고, 해적들에게 붙잡혔을 때보다 더 훌륭한 옷으로 갈아입혀 집으로 돌려보냈다. 이러한 합의를 어긴다면 로우의 말이 신뢰성을 잃게 되었을 것이고, 앞으로 포로들의 몸값을 받아 내기가 더욱 어려웠을 것이다. 확실히 이윤 동기는 때때로 가장 사디스트적인 해적의 성향을 이겨낼 만큼 강했다.

해적 선장의 경제학 교실 04

"너의 공포에 브랜드를 붙여라!"

읽을거리: 이 시간의 과제는 책을 읽어오는 대신 당신이 꾸밀 수 있는 가장 무
서운 모습으로 수업시간에 오는 것이다. 가장 무서운 모습의 학생은
상으로 5점을 받을 것이다. 가장 무섭지 않은 모습을 한 학생은 외딴
섬으로 귀양 보낼 것이다.

핵심주제: 어떤 것도 브랜드를 이기지 못한다.

브랜드 개발은 해적에게 그러했듯이 모든 기업의 성공에 결정적인 역할을
한다. 앞서 해적들이 그들의 상표를 개발하기 위해 어떻게 합법적인 현대 기
업과 똑같은 기초적인 방법, 즉 입소문과 광고를 이용했는지 논의했다. 해적
의 희생자들과 18세기 신문들은 알지 못하는 사이에 폭력적인 미치광이로서
해적의 무서운 명성을 알리고 고착시키는 해적의 선전원 역할을 했다.

합법적인 현대 기업들은 기업에서 사용할 로고와 슬로건을 개발하고 회사
가 보여주려는 이미지를 개발하고 알리는 데 도움을 얻기 위해 막대한 돈을
들여 상표 제작 전문가를 고용한다. 그렇지만 뛰어난 전문가 없이도 해적들
이 만들어 낸 만큼 즉시 알아볼 수 있는 상표를 만든 경우는 거의 없다. 해
적들의 상징인 검은색 바탕에 그려진 해골과 뼈다귀 그림은 맥도날드 간판
보다 더 널리 알려져 있다. 그들의 로고는 너무나 강력해서 럼주에서 티셔츠
까지 각종 물건을 판매하는 수많은 현대기업들이 차용해 왔다.

해적의 상징에 생명력을 가져다준 것은 그것이 전달하려는 메시지(저항에
는 학살을, 항복에는 자비를)에 대한 열정, 무자비하고 미치광이로 보이려는 해
적의 열정이었다. 「프린세스 브라이드」(Princess Bride)에 나오는 흉악한 해
적 로버츠가 빈정댄 것처럼 해적이 너그러워졌다는 말이 한 번 새어 나가면

사람들이 그에게 복종하지 않게 되고 그것은 항상 일만 해야 하는 것을 의미했다. 따라서 해적들은 포로들이 귀중품을 숨기거나 파괴하면 잔인하게 고문했고, 설사 포로가 그렇게 하지 않더라도 미친 사람처럼 행동했다.

모방이 가장 극단적인 형태의 아첨이라면 해적들은 물 속 깊은 곳에 있는 그들의 묘지에서 얼굴을 붉힐 것이다. 해적에게서 영감을 받은 제품들이 영화 「캐리비안의 해적」에 나오는 모건 럼(Morgan Rum)부터 랄프 로렌(Ralph Lauren)의 럭비 경기복까지 오늘날에도 믿을 수 없을 만큼 다양하게 존재한다는 사실은 17~18세기에 그들 자신을 브랜드화했던 해적들의 효율성을 보여주는 현대의 증거 자료다. 해적들을 그토록 잊을 수 없는 것은 그들의 브랜드가 갖고 있는 힘 때문이다. 그리고 이 작은 책의 이야기에서 해적의 힘이 느껴지는 것도 그들의 브랜드가 아직까지 유효하기 때문이다.

제 6 장

법정에 선 해적들:

자유의지의 경제학

⋮

　통념과는 반대로 대부분의 해적은 강제로 징집된 자들이 아니라 자발적으로 지원한 자들이었다. 해적이 강제징집보다 자발적인 지원 방식을 선호한 이유는 비용−편익 분석에 있었다. 18세기 초 해적 행위를 위태롭게 만들었던 법적인 변화에 대응해 해적은 자신들을 보호하기 위해 합리적으로 반응했는데, 해적선 합류를 거부하는 동료를 속이기 위한 계획된 쇼를 통해서, 그리고 자신들이 강제로 징집된 신분이라는 것을 알리는 거짓된 신문광고를 통해서 위장했다. 이러한 계략은 후에 정부에 체포된 뒤 법정에서 꺼내들 무죄 증거를 만들어 주었다. 또한 대부분의 해적이 강제로 징집된 자들일 것이라는 오늘날의 인식을 만들어 냈다.

⋮

대부분 사람들의 마음속에 징집제는 해적 이야기에
서 앵무새나 의족만큼이나 빠져서는 안 될 부분이다. 유명한 해적
소설은 악명 높은 강요와 협박에 대해 반복해서 언급한다. 그러한
강요와 협박은 끔찍할 만큼 단순했다. 해적들은 포로들을 붙잡았
을 때 해적이 되거나 죽음을 당하거나, 두 가지 선택권을 주었다.
이러한 선택의 기로에 선 많은 포로들은 해적 집단에 합류했다. 대
중적인 해적 문화에서 반복해서 나타났던 이러한 내용으로 인해
해적들은 말 그대로 모든 구성원들을 징집한다는 인식을 갖게 되
었다. 그리고 그것은, 제4장과 제5장에서 논의했던 것처럼, 해적
들이 그들 앞에 있는 모든 사람을 재미로 죽이는 피에 굶주린 살인
자였다는 인식을 갖도록 했다. 해적이 포로의 목숨을 그렇게 가볍
게 봤다면 해적에 합류한 모든 선원들은 눈앞의 칼날 때문에 어쩔
수 없이 그런 선택을 했을 것이라고 생각하는 것이 큰 무리가 아
니다.

악명 높은 해적들의 많은 관행처럼 해적질을 강요한다는 통속적

인 루머의 진실성은 매우 낮다. 해적들은 일부 선원들에게 해적이 되기를 강요하기는 했다. 그러나 해적의 징집제는 원칙이라기보다는 예외였다. 실제로 대부분의 선원들은 자발적으로 해적이 되었다. 직관과 반대되는 모습을 보이는 해적들의 다른 행동처럼 이것 또한 해적들의 이기심에서 비롯된 것이었지 자비심의 결과가 아니었다. 해적들은 일반적으로 단순히 비용과 편익을 고려해서 지원자의 숫자를 늘려갔다. 역설적이지만 비슷한 비용과 편익에 대한 고려가 해적들이 구성원들을 거의 대부분 징집했다는 인식을 영구화시켜 버렸다. 이러한 명백한 모순을 해결하기 위한 열쇠는 또다시 알려지지 않은 해적의 경제학에 있다.

|

강제징집의 비용과 편익

|

필요한 선원들을 모집하기 위해 남자들의 마음을 움직여야 했던 영국 해군과 달리 해적들은 무력을 사용하지 않고도 일반 선원들을 해적으로 채용하는 데 어려움이 없었다. 제1장에서 자세히 설명했듯이 17~18세기 상선에서의 삶은 고된 것이었고, 때로는 잔인했으며, 대부분의 일반 선원들에게는 최저 수준의 소득이 제공되었다. 해적선에서의 생활도 놀이 수준은 아니었지만 상선의 생활보다 훨씬 수월했고, 학대를 덜 받았으며, 상당히 많은 소득을 올릴 수 있는 가능성이 있었다. 해적의 포로들이 도덕적인 딜레마

만 극복할 수 있다면, 많은 경우에 포로들을 해적에 합류시키는 일이 그다지 어렵지 않았을 것이다. 예를 들어 윌리엄 스넬그레이브의 포로 중 한 명이 그에게 말한 것처럼 "일반적으로 사람들은 그들에 합류하는 기회를 반가워했다."

비록 많은 선원들이 그들을 납치한 해적 집단에 합류하기로 기꺼이 서명할 준비가 되어 있었다고 해도, 해적들은 왜 그들을 징집자가 아닌 자유인의 신분으로 받아들였는가에 대한 의문이 남는다. 선원들을 징집하는 데 따르는 해적의 이득은 분명했다. 자유로운 사람들은 약탈품에 대한 몫 전체를 받았지만, 징집자들은 아무런 몫도 받지 못하는 경우가 종종 있었다. 따라서 해적들은 포로로 잡힌 상선의 선원들을 지원자로 받아들이는 대신 스스로 해적에 합류하려는 선원들까지도 강제로 징집함으로써 자신들의 몫을 늘릴 수 있었다. 해적들은 원래 불법을 저지르고 있었기 때문에 선원들을 징집하는 데 따르는 법적 비용이 추가로 들지 않았다. 선원들을 강제로 징집하는 일은 해적들에게는 식은 죽 먹기와 같은 것이었다.

그러나 해적들이 선원들을 징집할 때 발생하는 법률 외적인 비용을 무시하는 경우에만 그렇게 보인다. 해적의 자치적인 지배구조가 그들의 범죄 기업이 성공하는 데 결정적 역할을 했다는 것을 상기해 보자. 해적들은 그들 사이에 협동을 유지하고 불만을 잠재우기 위해 정부에 의지할 수가 없었기 때문에 이것을 스스로 해결해야 했다. 그들은 이를 위해 사적인 규약을 만들었다. 해적들은 선상 생활을 규율하는 규정에 만장일치로 동의했다. 이 규정은 분쟁과 약탈을 위한 협동력을 위태롭게 할 수 있는 의견 충돌을 방지했다. 해적들은 징집된 선원들에게 규정에 동의하도록 강요할 수 있었다. 그러나 이처럼 징집된 자들은 자발적으로 그렇게 한 것이 아니었기 때문에 나머지 해적들과 같은 방식으로 배의 규칙에 동의한 것이 아니다. 징집제는 해적들이 해적선에서 협동을 이끌어 내기 위해 이용했던 만장일치의 의미를 훼손시킴으로써 해적 규약이 추구했던 바로 그 목적을 위태롭게 했다. 해적 선장 바르톨로뮤 로버츠는 이것을 잘 이해하는 듯했다. 로버츠는 "징집제는 통치체제를 위험에 빠뜨리고 시간이 지나면 파괴시킬 것"이라고 말했다.

징집된 선원들이 해적 사회의 질서에 위협을 가하는 데 그치지 않고 징집을 강요했던 해적들을 상대로 반란을 일으킨다면 해적 기업을 파멸로 이끌 수도 있었다. 해적 선장 존 필립스는 강제로 해적이 된 일곱 명의 선원들이 그들을 이끌었던 목수 에드워드 치즈맨(Edward Cheeseman)과 함께 자신의 배에서 해적 정부를 전복시킬 계획을 세웠고, 결국 그 배에 자발적으로 합류한 해적의 수가 모자라 그 계획이 성공하고 나서야 이것을 알아차렸다. 치즈맨과 징집자들은 반란을 일으켜 정부 당국에 해적들을 인도했고, 정부 관리들이 야수 같은 인간들에게 유죄를 선고하여 사형을 집행했을 때 그들은 틀림없이 흡족해 했을 것이다. 강제징집자들은 해적 선장 윌리엄 플라이의 해적선에서도 반란에 성공했는데, 그들은 플라이와 그의 해적들을 정부 당국에 넘겨 주었고, 결국 해적들은 사형을 당했다. 이와 비슷하게 당국에서 해적선을 나포하면 징집된 선원과 같은 포로들이 해적들을 제일 먼저 신고했고, 해적들의 행동을 목격한 대로 증언해 주었다. 예를 들어 버지니아에서는 해적

218

의 포로였던 한 남자와 한 여자가 그들을 납치했던 해적들에게 유죄를 선고하는 데 가장 중요한 증인이 되었다.

징집자들은 기회가 있을 때면 징집을 강요했던 해적들에게서 탈주하곤 했다. 탈주하는 선원들이 너무 많으면 배에 선원의 수가 충분하지 않아 해적들이 약탈품을 탈취하는 데 곤란을 겪었다. 예를 들어 해적 선장 존 핀(John Finn)의 모닝스타(Morning Star)호에서 48명의 징집자들이 탈주했는데, 배에 강제징집된 사람들이 매우 많았다는 점으로 볼 때 그것은 계획되었던 일이었다. 탈출한 징집자들은 정부 당국에 해적들을 포획하고 유죄를 선고하는 데 필요한 정보를 제공할 수도 있었다. 예를 들어 해적 선장 존 고우의 리벤지호에 승선했던 한 징집자는 탈주한 후에 정부에 투항해서 고우가 누구인지, 배의 선원들은 어떠했는지, 어떤 일로 항해를 하고 있었는지, 그들의 계획이 무엇인지에 대해 알고 있는 것을 알려 주었다. 비록 징집자들이 탈출하는 일이 전혀 없었다고 하더라도 해적선에서 그들이 차지하는 비중이 적지 않았다는 점을 고려해 볼 때 그들은 자신들이 타고 있던 해적선을 심각하게 약화시킬 수 있었다. 물론 강제징집자들은 전투에서 최선을 다하지 않았고, 붙잡히기를 바라며 의도적으로 전투에 거의 참여하지 않기도 했다. 예를 들어, 근시안적인 생각에서 자신의 해적선을 70명의 징집자로 채웠던 코르넬리우스(Cornelius) 선장은 여러 대의 군함을 발견하고 추격했지만, 70명의 부하들이 자신들은 강제로 배에 태워졌다는 이유로 싸우려 하지 않았고, 결국 다른 곳으로 항해할 수밖에 없었다. 비슷한 예로 고우 선장의 해적들이 프랑스 국적의 잠재적인 사냥감에게서 도망쳐야 했는데, 고우는 "그 배와 싸우지 못했던 이유가 자신의 배에 수많은 포로들이 승선했기 때문이었다"라고 말했다.

해적들은 선원들을 강제로 징집하는 데 수반되는 이러한 비용 때문에 원하지 않는 선원들을 강제로 해적에 합류시키는 것을 꺼렸다. 일부 해적들은 필요한 선원들을 강제로 징집하지 않으려고 아주 오랫동안 기다려 주기도 했다. 예를 들어 에드워드 로우가 필립 애쉬튼을 붙잡았을 때 해적에 합류할 것인가에 관해서 납치한 선원들에게 해적의 전통적인 취조를 시작했다. 애쉬튼은 이것을 "해적의 통상적인 관습에 따라 그는 나에게 그들의 규약에 서명하고 그들과 함께 가겠냐고 물었다"라고 설명했다. 대단한 도덕심을 갖고 있던 애쉬튼은 거절했다. 로우는 일이 실패로 끝난 후에 그에게 돌아와 규약에 서명하고 그들과 함께 가자고 같은 질문을 다시 던졌다. 애쉬튼이 또 거절하자, 로우는 기다렸다가 다시 애쉬튼에게 다가와 이번에는 험악하고 위협적으로 자신들과 동행하겠냐고 물었다. 그가 세 번째로 거절하자, 해적들은 애쉬튼에게 다소간의 폭행을 가했다. 그리고 그들은 그의 마음이 돌아서기를 바라며 다른 방법으로 유혹하기 위해 술을 대접했으며, 모든 방법을 동원해서 최대한의 존경심과 친절로 그를 대했다. 애쉬튼이 4번째로 거절하자, 그때야 로우가 희망을 버리고 "당신이 우리 규약에 서명하지 않고 나와 함께 지내지 않는다면 머리에 총을 쏘겠다"라며 폭력적으로 위협했다. 애쉬튼은 로우가 깜짝 놀랄 만큼 완강하게 버텼고, 결국 해적 선장은 애쉬튼을 질질 끌고 다녔다. 그러나 로우가 징집제의 값비싼 비용과 지원자의 이득을 인정하고 있었다는 것은 분명했다. 그렇지 않다면 그가 왜 그토록 애쉬튼을 조약에 서명하도록 설득하려고 노력했을까?

　애쉬튼은 그를 붙잡았던 해적 선장이 접근했지만 자기주장을 굽히지 않았다. 이런 점에서 그는 비정상적으로 정의로운 사람이었다. 포로로 붙잡힌 다른 많은 선원들은 애쉬튼과 같은 정의감을 갖고 있지 않았다. 오히려 스넬그레이브가 말한 것처럼 그들은 해적에 합류할 수 있는 기회를 즐거워했다. 해적들을 목격했던 몇몇 사람들이 이것을 인정했고, 해적은 선원들을 징집하는 것을 싫어한다고 증언했다. 예를 들어 버뮤다 총독 베넷(Bennet)은 "선원들이 붙잡혔을 때 해적에 합류하려는 수가 많은 것으로 보아 해적이 곧 몇 배로 늘어날 것 같아 걱정"이라고 무역·경작위원회에 불만을 토로했다. 알렉산더 스포츠우드도 해군본부위원회에서 해적들이 "누구에게도 해적에 합류할 것을 강요하지 않는다고 밝히고 있지만 그들이 나포한 배에서 선원들이 새롭게 해적에 합류함에 따라 나날이 해적들의 세력이 강해지고 있다"며 비슷한 내용으로 한탄했다. 17세기 후반 해적과 동시대에 살았던 사람들도 해적들의 이러한 특성을 알아차렸다. 예를 들어 당시에 살았던 어떤 사람이 약탈에 성공한 후 해적의 수가 늘어났던 한 해적선에 대해 설명하면서 "해적들은 그들에게 합류할 것을 강요하지도 않았고, 합류할 의사가 있는 모두를 환영하지 않았다고 스스로 밝히기도 했지만, 실제로도 어떤 강요나 협박을 하지 않고 해적의 수를 늘렸다"라고 말했다. 해적의 포로였던 존 브렛(John Brett)은 샘 벨라미의 해적들에 대한 재판에서 "포로들에게 강요하지 않는 것이 해적의 관습이었고, 그들과 함께 남았던 사람들은 모두 자원자들이었다"라고 증언했다.

어떤 선원들은 그들을 납치했던 해적들에게 마음대로 합류할 수 없었다. 그들은 해적들에게 받아달라고 빌었다. 예를 들어 바르톨로뮤 로버츠의 해적들이 군인을 수송하던 구축함 온슬로(Onslow)호를 포획했을 때 열성적인 지원자들이 넘쳐났다. 한 증인이 말했듯이 누구도 강요할 필요가 없었으며, 그들이 받아줄 수만 있었다면 훨씬 많은 수가 해적에 합류했을 것이다. 또 다른 증인에 의하면, 해적들은 그들에게 합류한 온슬로호의 지원자 대부분을 경멸했고, 그들의 요청에 따라 관용을 베풀어 그들을 받아들였다. 일부 해적들은 선원들을 무차별적으로 징집하기보다 선별적으로 합류를 허용했다. 예를 들어 네드 로우는 기혼자는 거부했다. 그는 "부인이나 자식들처럼 강력하게 사람의 마음을 흔들 수 있는 대상의 영향을 받을 수 있는 사람은 누구와도 함께하지 않았는데, 그 이유는 그런 사람들은 해적 생활에 점점 불편함을 느낄수록 자신을 버리고 가족을 위해 집으로 돌아가려는 성향이 있었기 때문이다"라고 말했다. 바르톨로뮤 로버츠의 해적들은 풋내기 선원들을 뽑기를 꺼려했고 '진정한 선원'들만 뽑아갔다. 로버츠는 아일랜드 사람들도 받아주지 않았는데, 이전에 그들의 돈을 갖고 도망갔던 한 아일랜드 사람에게 사기를 당한 적이 있어서 "시골사람들은 해적의 규약을 받아들이지 않는다"라고 생각했기 때문이다.

평범한 상선의 선원들에게 해적에 합류할 것을 강요하는 데 수반되는 해적의 비용은 그 이득을 초과하는 경우가 많았지만, 다양한 전문 기술을 갖춘 기술직 선원들의 경우에는 사정이 달랐다. 상선과 마찬가지로 해적선에서도 선원들 사이에 특정한 기술직 선원들이 필요했다. 그러나 일반 선원들과 달리 특별한 전문 기술을 보유한 선원들은 구하기 쉽지 않았다. 더욱이 선박에서 수행하는 일로 볼 때 일반 선원들은 다른 사람들로 쉽게 대체할 수 있었고 개인적으로 해적선의 전반적인 성공에 특별히 중요한 역할을 하지 못했던 데 반해, 기술직 선원들은 다른 사람들로 쉽게 대체할 수 없었고 그들의 존재가 나머지 선원들이 능력을 발휘하는 데 결정적이었다. 이것이 해적들이 언제나 기술직 선원들을 징집했다는 것을 의미하지는 않는다. 때때로 기술직 선원들이 자발적으로 해적에 동참하기도 했다. 그러나 이러한 요인들은 기술직 선원들의 강제징집에 따른 이득을 크게 증가시켰고, 그 결과 지원자가 나타나지 않으면 기술직 선원들을 강제징집하는 경우가 많았다.

기술직 선원들은 전형적인 해적 집단에서 수적으로 적은 부분을 차지했다. 그러나 그들은 그들의 전문적인 기술 때문에 중요한 역할을 담당했다. 이러한 기술직 선원들은 누구였을까? 해적 선장 토머스 하워드(Thomas Howard)는 목수, 무기 제조자, 외과의사, 음악가를 강제로 선박에 태웠는데, 이들이 해적들이 가장 많이 강제로 징집했던 유형의 고도의 기술직 선원들이었다. 외과의사가 중요했던 것은 당연했다. 부상을 당하거나 병든 해적들은 합법적인 선박에 있는 선원들과 마찬가지로 치료를 받아야 했다. 목수도 바다에서 성공을 거두기 위해 외과의사만큼 필요했다. 해적선이든 일반 선박이든 선박이 파손될 수 있는 상황에 처하는 것은 흔한 일이었다. 암초와 폭풍우, 그리고 당연히 폭력적인 전투는 17~18세기 선박의 상태에 위협이 되었다. 부서지거나 파손된 선박은 속도를 잃었고 가라앉을 위험이 컸으며, 그 결과 성공적인 항해에 방해가 되었다. 목수의 일은 이것을 고치는 것이었다.

목수들은 갑자기 선박을 기울여 빨리 전진하도록 하는 일도 수행했는데, 이것은 추격하거나 추격을 피하는 데 매우 유용했다. 또한 그들은 틈새를 메우는 기술자가 없을 때에는 배의 널빤지 사이를 뱃밥과 송진으로 메우는 등 침수 문제를 처리하는 일도 책임졌다. 하워드가 징집했던 다른 기술직 선원들도 상대적으로 중요하고 수행하기 어려운 전문적인 역할을 담당했다. 예를 들어, 통 제조자들은 식량을 저장하던 배의 나무통을 관리하는 일을 맡았다. 식량을 가능한 한 오랫동안 신선하게 유지하기 위해 훌륭한 통 제조자들이 꼭 필요했다. 반면에 음악가들은 해적들에게 여흥을 베풀어 주었고, 해적선에서 보통 춤과 함께 자행되던 고문을 위한 배경 음악을 제공해 주었기 때문에 중요했다. 예를 들어 네드 로우의 해적들은 시카모어 갤리(Sycamore Galley)호에서 한 소년을 바이올린을 켤 수 있다는 이유로 강제로 데려 왔다.

이와 같이 해적들이 기술직 선원들을 징집하는 데에는 기본적으로 제한이 따랐지만, 기술이 없는 일반 선원들의 경우에는 그들이 필요하거나 지원자를 찾을 수 없을 때 원칙적으로 강제징집에 반대하는 입장에 있지 않았다. 그러나 이 경우에도 처음에는 강제로 징집되었던 사람들이 해적 행위를 조금 하고 나면 새로운 직업을 즐기기 시작했고 자발적으로 해적 활동에 나섰다. 18세기의 한 목격자는 이것을 "선원이 해적에 강제로 합류한 후에 그가 이전에 얼마나 정직했는지, 처음 해적에 합류할 때 얼마나 본의가 아니었는지, 또는 얼마나 반항했는지에 관계없이 진정한 악당이 될 수 있었다는 것은 의심의 여지가 없다"고 설명했다. 예를 들어 포로가 된 한 상선의 선장은 그의 부하 중 두 명이 "처음에는 해적에게 강요당했지만 그 이후에는 완전히 해적으로 변신했다고 믿을 수 있는 이유가 있다"라고 말했다. 이와 비슷하게, 해적의 포로였던 해리 글래스비(Harry Glasby)는 로버트 크로우의 재판에서 "크로우가 처음에는 그를 납치했던 해적에 의해 강제로 징집되었을 수 있다고 믿지만, 그가 계속 해적선에 승선하면서 이번에는 자기가 다른 사람처럼 약탈품을 빼앗고 강탈했다"고 말했다. 어떤 포로들은 해적선의 민주적인 의사결정 참여, 약탈품의 몫에 대한 권리, 다른 선원들과 결투에 의해서 분쟁을 해결할 수 있는 권리 등 자발적인 지원자에게 주어지는 권리들을 징집자에게 허용하지 않았기 때문에 전향하기도 했다. 예를 들어 강제징집자였던 조지프 윌리엄스(Joseph Williams)는 지원자였던 로버트 블랜드(Robert Bland)에게 몽둥이로 맞았다. "윌리엄스는 블랜드와 결투할 자유를 얻어 복수하려고 즉시 해적선의 인명부에 지원자로 등록했고, 결국 블랜드에게 결투를 요청해서 허락을 받아냈다."

그러나 궁극적으로 완벽한 지원자로 변신하여 해적 생활을 영위했던 가장 유명한 인물은 아마도 가장 성공적인 해적 선장이었던 바르톨로뮤 로버츠였다. 그는 1719년과 1722년 사이의 짧은 경력

동안에 대략 400척의 배를 나포했다. 원래 노예선의 선원이었던 로버츠는 하웰 데이비스(Howell Davis) 선장이 기니(Guinea) 연안에서 노예선을 나포했을 때 데이비스에 의해 해적에 강제로 합류했다. 로버츠는 처음에 이런 종류의 삶을 매우 싫어했고 적당한 기회가 주어졌다면 확실히 그들에게서 탈출했을 것이다. 그러나 그는 그 후에 자신의 원칙을 버렸고 데이비스가 죽자마자 자신이 선장으로 선출된 선거 결과를 받아들였다. 로버츠는 자신의 전향 스토리를 들려주며 벤저민 파(Benjamin Parr)의 징집을 적극적으로 추진했다. 벤저민 파는 로버츠에게 그들에게서 떠나게 해달라고 눈물로 호소했고, 로버츠는 자신도 처음 붙잡혔을 때 거짓 눈물을 그렇게 많이 흘렸지만 그것을 극복했다고 설득했다. 그도 결국 로버츠의 말을 따랐다.

해적이 법적 환경 변화에 대처하는 방법

해적들은 스스로를 강제징집자라고 생각하지 않았지만, 해적의 증언을 잠깐만 살펴보면 그들이 거의 모든 구성원을 광범위하게 징집했다는 것을 알 수 있다. 해적들은 법정에서 언제나 자신들이 의지에 반하여 해적이 될 것을 강요당했다며 강제징집된 사람들이라고 주장했다. 해적들은 흔히 그들을 납치했던 사람들이 함께 일하기를 거절하면 자신들을 쏴 죽였을 것이라는 이유를 들며 해적에 합류할 수밖에 없었다고 항변했다. 이러한 주장과 앞에서 살펴본 대부분의 해적들이 지원자라는 목격자들의 반대되는 설명은 어떻게 양립할 수 있을까?

이 질문에 답하려면 해적들이 이윤을 추구하면서 직면하는 환경이 시간이 흐르면서 어떻게 변화했는지 이해하는 것이 중요하다. 특히 중요한 것은 18세기에 증가하는 해적 문제에 대한 정부의 태도 변화로서, 그것은 바다에서 해적들의 약탈 행위를 점점 더 어렵게 만들었다. 이러한 태도 변화는 부분적으로 더욱 엄격한 반(反)해적법의 도입을 통해서 나타났다. 이러한 법적인 변화로 인하여 해적이 되는 데 따르는 위험이 커졌고, 그에 따라 해적으로 살아가는 비용도 증가했다. 해적 활동의 초기시대인 1340년과 1536년 사이에 영국에서는 공해에서 이루어지는 범죄를 관할하기 위해 해사법정(海事法廷)이라고 부르는 특별한 법정에서 민사법으로 해적들을 재판했다. 해적 행위와 관련된 1536년 이전의 법률은 여러 가지 측면에서 불완전했다. 가장 중요한 것은 해적 행위를 이유로 어떤 사람을 유죄선고하려면 피고인의 자백이나 두 명의 목격자가 필요했지만, 목격자 중 누구도 기소된 해적 행위를 증언해 주기 위해 공범자가 되려고 하지 않았다. 1536년에 영국은 이러한 결함을 바로 잡은 해상범죄법을 제정했는데, 이 법에서는 해적 행위를 보통법의 절차, 즉 공범자의 증언을 허용하는 절차에 따라 재판해야 한다고 규정했다. 이 규정에 의해 해적들의 운명이 영국 형사법원의 특별 해사법정에서 사건을 청취한 12명의 귀족으로 구성된 배심원의 수중에 놓이게 되었다.

1536년 이전의 해적과 관련된 법률과 마찬가지로 해상범죄법도 역시 결함이 있었다. 가장 심각한 것은 해상범죄법이 확장일로에 있던 영국의 식민지들이 체포해 놓은 해적들을 처리할 실제적인 방법을 제공하지 못했다는 것이다. 일부 식민지들은 해적 행위와 관련해서 그들 고유의 법적인 절차를 채택했지만, 식민지에서 열리는 해적 재판은 드물었고, 고등해사법정이 그들의 결정을 뒤집을 수 있었다. 1684년에는 영국 정부가 식민지에서 해적 행위에 관한 어떤 소송도 재판할 관할권이 없다고 결정함에 따라 대부분의 식민지 재판이 중단되었다. 1536년 법령은 식민지 관리들이 기소된 해적들과 목격자들을 영국으로 보내 재판에 참여하도록 의무화했다. 많은 해적 행위가 영국에서 멀리 떨어진 식민지나 또는 그 부근에서 발생했기 때문에 해상범죄법은 해상 강도를 효과적으로 처리하는 데 심각한 저해 요인이 되었다. 그 이후에 한 법안은 다음과 같이 언급했다.

동인도제도와 서인도제도에서 또는 그 부근에서, 그리고 매우 먼 곳에 떨어져 있는 바다에서 해적 행위와 강도 그리고 중죄를 저지른 자들에게 응분의 처벌을 가하려면 그들을 법률이 정하는 바에 따라 본국에서 재판을 받게 하기 위해 영국으로 보내는 데 많은 문제와 비용이 발생한다는 것을 경험을 통해 알았다. 이에 따라 해적 행위와 강도질을 저질렀던 사람들을 체포하고 기소하는 데 많은 문제와 비용이 발생했기 때문에 게으르고 품행이 좋지 않은 많은 사람들이 적어도 쉽게 심문당하지 않으리라는 믿음을 갖고 해적으로 변신했고 그들 자신을 그토록 사악한 생활 속으로 몰고 갔다.

이러한 문제에 대응하여 1700년에 영국은 '해적 행위를 더욱 효과적으로 진압하기 위한 법'을 제정했다. 이 새로운 법은 왕이나 해군 제독에게 위임을 받아 현지에서 해적들을 재판하고 처벌하는 대리해사법정을 주재할 수 있는 권한을 식민지에 주었다. 이 법의 규정은 다음과 같다.

> 영국 해군 제독이 통치권을 갖고 있는 바다, 항구, 강, 만, 또는 어떤 지역에서 저질러진 모든 해적 행위와 중범죄, 강도 행위는 영국 왕의 지배 아래 있는 모든 섬, 식민 재배지, 식민지, 자치령, 성채 또는 공장의 바다 또는 육지의 어떤 지역에서든지 행정 당국 또는 사법 당국이 왕의 위임이나 영국의 인장 또는 영국 해군 제독의 인장을 통한 위임에 의해 임명을 받아 이 법의 지시에 따라 조사하고 심문하고 재판하고 심리하고 결정하고 판결할 수 있다.

대리해사법정에는 기소된 해적의 재판을 위해 7명 또는 그 이상의 판무관이 참석했다. 해적이 기소되어 영국에서 재판을 받는다면 여전히 보통법 절차에 따라 배심원에 의한 재판을 받을 수 있었지만, 그가 식민지 중 한 곳에서 재판을 받는다면 한 가지 예외 말고는 이러한 재판이 허용되지 않았는데 이러한 경우가 점점 늘어났다. 해적들을 재판하는 권한을 갖고 있는 정기적인 식민지 법정의 개설은 정부가 해적들을 공격하는 데 막대한 도움을 주었다. 의회는 원래 1700년 법을 7년 이내에 만료시키기로 규정했다. 그러나 해적을 보다 정상적으로 고발할 수 있게 해준 1700년 법이 가져온 경이적인 효과 때문에 스페인 왕위계승전쟁이 끝나고 나서 의회에서 그 법을 여러 번 갱신했고, 결국 1719년에는 그 법의 효력을 영구적으로 연장했다.

'해적 행위의 더욱 효과적인 진압을 위한 법'은 해적의 입장에서 볼 때 두 가지 걱정거리를 추가로 만들어 주었다. 첫 번째로, 이 법은 적극적인 해적의 동조자를 해적 행위의 종범(從犯)으로 취급해서 사형과 재산 몰수 등 실제 해적들과 동일한 처벌을 내리도록 규정했다. 이 법은 다음과 같이 규정했다.

식민 재배지와 기타 지역에서 질이 나쁜 사람들이 해적의 수를 증가시키고 해적 활동을 조장하는 데 상당한 기여를 해온 반면에 …… 앞에서 언급한 권한에 의해 다음과 같이 규정한다. 육지 또는 바다에서 고의적으로 또는 의도적으로 해적에 관해 이야기하거나, 또는 바다에서 해적 행위나 강도 행위를 저지른 사람들을 도와주고 부양하고 물품을 조달해 주고 지휘하고 상의하고 충고하거나, …… 또는 그러한 해적이나 강도를 받아 주고 여흥을 베풀어 주고 숨겨 주거나, 또는 해적이나 강도가 해적 행위로 또는 흉악한 방법으로 빼앗은 배·선박·물품 또는 노예들을 받거나 관리하는 사람은 누구라도 그러한 해적과 강도의 종범으로 선고하고, …… 그러한 해적 행위와 강도 행위의 주범과 같이 판결한다.

두 번째로, 이 법은 상인들에게 해적의 공격에 대항해서 "그들이 방어해 낸 화물과 선박 그리고 물품의 1센트당 2파운드를 초과하지 않는 범위 내에서" 보상해 줌으로써 그들 스스로를 방어하도록 격려했다. 1717년까지 영국에서는 해적의 공격에 방어적으로 저항한 개인들을 보상했을 뿐 아니라 해적에 대항하여 적극적으로 공격을 시도한 사람들도 보상했다. 이러한 보상 내역은 『보스턴 뉴스레터』에 다음과 같이 보도되었다. "지휘관 1명당 총 100파운드, 부관 · 기술직 · 갑판장 · 목수 · 포수 1명당 총 40파운드, 하급 관리 1명당 총 30파운드, 그리고 일반 선원 1명당 총 20파운드."

1717년 9월에 영국은 해적들에게 그들의 활동을 억제시키기 위해 사면을 제안했다. 최초의 '특사법'은 1718년 9월 5일 만료되었지만, 그 후에 정부는 사면 기한을 1719년 7월 1일로 연장했다. 많은 해적들이 정부의 사면을 받아들였다. 그러나 정부가 관대한 조치를 베풀었을 때 정부가 마음속에 갖고 있던 의도대로 사면을 받아들인 해적은 거의 없었다. 영국 왕의 관대한 사면을 수용하는 것은 해적의 입장에서 볼 때 그들이 영업을 포기할 것인가 아닌가에 관계없이 남는 장사였다. 사면의 조건은 이전에 저질렀던 모든 해적의 이력을 깨끗이 씻어 주는 것이었다. 따라서 해적이 사악한 생활을 영원히 그만두려는 의도가 없다고 하더라도 영국 정부가 제안하는 사면을 받아들이는 것은 여전히 그에게 가치가 있는 일이었다.

많은 해적들이 사면을 받아들였지만 한 해적의 재판에서 변호사가 언급했듯이 '개가 자신의 토사물을 먹는 것처럼' 많은 해적들이 옛날의 혐오스러운 생활 방식으로 되돌아갔다. 예를 들어 18세기에 해적들을 가장 많이 사라지게 했던 우즈 로저스는 1718년에 뉴 프로빈스(New Province)에서 1천명 이상의 해적들이 국왕의 사면을 받아들이게 만들었다. 그러나 몇몇 영국 군대의 장교가 말했듯이 이 악당들은 국왕의 특사법에 굴복하여 충성을 맹세하고 항복 확인서를 수용했는데도 대부분이 해적 생활을 계속했다. 로저스는 처음에 국왕의 사면을 수용했던 뉴프로빈스의 600명의 해적 중 100명이 사면을 수용한 지 3개월 이내에 그들의 옛 사업으로 되돌아간 것으로 추산했다.

1721년에 의회는 다시 반해적법을 개정했고, 이제는 해적과 거래한 사람에게는 누구라도 책임을 물었다. 새로운 법에서는 물물교환이나 다른 방법으로 해적과 교활한 거래를 하면 어떤 자에게라도 해적 행위의 죄를 물어 판결했고, 해적들과 동일한 처벌을 내렸다. 더욱이 1700년 법에서 해적의 공격에 대항해서 선박과 화물을 성공적으로 지켜낸 상인들에게 약속한 보상금의 당근에 추가하여 1721년 법은 해적의 공격에 대항해서 방어하려고 노력하지 않은 무장한 상인들에 대하여 임금 몰수와 6개월 감금이라는 채찍을 추가했다.

1721년 법에 추가된 또 다른 중요한 내용은 해적을 포획하고 해적에게서 상선을 보호할 임무를 부여받은 해군 선박들이 고유 임무 대신 무역에 개입하는 것을 처벌했다는 것이다. 국왕의 전함이 상선을 방어하고 해적을 잡기보다 사사로운 무역 거래를 경호하는 데 정부의 선박을 이용했던 것으로 보인다. 예를 들어 1718년에 자메이카 총독이 무역·경작위원회에서 국왕의 전함 사령관의 근무 태만에 대하여 "그는 해적 진압과 섬의 안전 그리고 그에 따르는 무역의 보호를 위해 임명되었지만, 실제로 계획했던 업무와 관련해서는 거의 일을 하지 않고 대신 섬에 소속된 선박이 담당하기로 되어 있는 상품을 운송하는 일에 개입했다"고 불평을 털어 놓았다. 이러한 행동에 대해 엄격한 처벌을 도입함으로써 1721년 법은 이러한 문제를 줄여 주었고, 그 결과 해적들에게 보다 강력한 압박으로 작용했다.

이러한 법적인 변화는 해적들을 도와주고 선동한 민간의 개인들을 처벌하는 것 외에도 해적과 정확히 반대 입장에 있지 않은 일부 공무원을 기소하는 데에도 도움이 되었다. 해적 행위에 따른 잠재적인 부의 축적은 일부 상선의 선원을 부패하게 만들었을 뿐 아니라 정부의 일부 관료들의 부패도 초래했다. 알렉산더 스포츠우드가 설명했듯이 "사람들은 해적들이 나쁜 짓으로 빼앗은 부를 나누어 가질 수 있다는 희망을 가질 때 이러한 인류의 해충에 쉽게 호의를 베풀게 된다." 그러한 호의를 보이면 엄중한 처벌을 받게 된다는 사실로 인해 이 법은 범죄적인 거래를 수행하는 일반 시민들의 도움을 받던 해적들을 간접적으로 압박할 수 있었다.

종합해 볼 때 이러한 법적인 변화로 인해서 1720년대와 1730년대에 해적 행위가 종전에 비해서 훨씬 더 위험한 직업이 되었다. 해적들은 이러한 위험 증가에 대하여 법에 의한 처벌을 우회하는 그들만의 계략으로 합리적으로 대응했다. 이러한 목적으로 그들이 채택한 주요한 계략이 징집제도였다. 그러나 이 징집제도에는 하나의 함정이 있었다. 많은 경우에 그것은 사실이 아니었다. 해적들에게 징집을 강요당했던 상당수의 선원들은, 존슨 선장의 말을 빌리자면, "기꺼이 강요당했다."

정부 당국에서 일단 해적들을 체포하면 대부분의 해적들은 법정에서 항변할 것이 거의 없었다. 따라서 앞뒤가 맞지 않는 주장이 많았다. 예를 들어 윌리엄 테일러(William Taylor)의 항변 내용에서 핵심적인 부분은 그가 "다른 해적들처럼 위협에 의해 강요당한 것이 아니라 공개재판에 회부되었다"는 것이었다. 이 주장은 법정을 설득하지 못했다. 그러나 때때로 효과가 있었던 항변 한 가지는 해적들이 배를 나포했을 때 그 배의 선원들을 해적에 강제로 합류시키려 했다는 것이다. 법은 바다에서 자발적으로 강도질을 한 개인들을 가혹하게 처벌했다. 기소된 대부분의 해적들은 교수형을 당했다. 그러나 법정은 죽인다거나 신체적인 위해를 가하겠다는 위협 속에서 강제로 해적에 합류한 사람들에게 유죄판결을 내리는 것을 꺼려했다. 기소된 해적들이 법정에서 자신들은 사실 강제로 징집되었다는 것을 입증할 수 있다면 그들은 벌을 받지 않고 재판에서 빠져나올 수 있었다. 존슨 선장이 설명했듯이 "강요되었다는 항변은 그들이 체포되었을 때 그들을 보호해 주는 유일하면서 최선인 계략이었다." 법정에서는 법에 따라 해적에 강제로 합류했다는 것을 입증할 수 있는 모든 사람들을 무죄로 석방해 주었다.

예를 들어 1722년에 바르톨로뮤 로버츠의 선원 몇 명을 재판했던 법정은 "해적법에서 유죄로 인정되는 3가지 상황으로 첫째, 처음부터 지원자였거나, 둘째, 선박을 탈취하거나 약탈할 때 지원자였거나, 셋째, 탈취한 배의 약탈품의 몫을 자발적으로 받아들인 경우"를 지적했다. 또한 윌리엄 키드를 재판했던 법정은 다음과 같이 밝혔다. "중죄나 해적 행위는 의도성과 자유의지가 수반되어야 혐의가 인정된다. 해적은 속박을 받는 존재가 아닌 자유로운 주체로 이해되어야 한다. 이 경우에 드러난 행동은 의지에 따라 이루어진 행동이 아니라면 유죄가 되지 않는다." 확실히 해적과의 자발적인 공모가 유죄를 인정하는 데 중요했다. 해적들은 이러한 빠져나갈 구멍을 이용하기 위해 자발적으로 합류한 선원들을 강제징집한 것처럼 가장했다. 앞에서 논의한 것처럼 해적들이 실제로 일부 선원들을 해적에 합류하도록 강요했기 때문에 법관들도 징집했다는 항변을 타당한 것으로 받아들였다.

해적들은 그들의 계략이 효과를 발휘하도록 하기 위해 징집되었다는 증거를 꾸며내야 했다. 많은 해적들은 단순히 강제징집되었다고 주장하며 처벌을 피하려고 했지만 확실한 증거가 없이 징집되었다는 항변만으로는 대체로 설득력이 없었다. 해적들은 두 가지 방법으로 징집에 대한 확실한 증거를 만들었다. 첫째, 징집자는 참이든 거짓이든 간에 해적들에게 잡혔다가 풀려난 동료들에게 런던이나 뉴잉글랜드의 유명한 신문에 그들의 징집에 관한 광고를 내달라고 요청했다. 행정 당국이 해적들을 징집자와 함께 붙잡았을 때 징집자들은 항변을 위해 강제징집자라는 신분을 증명하는 데 신문광고를 이용할 수 있었다. 예를 들어 에드워드 손든(Edward

Thornden)은 로버츠 선장의 해적선에 강제로 탑승한 후에 동료 선원 중 한 사람에게 그의 징집 사실을 눈여겨보았다가 그것을 관보에 실어줄 것을 요구했다. 풀려난 선원들 대부분은 죄의식, 연민, 또는 동료 의식에서 그들의 불행한 친구를 위해 기꺼이 광고를 내주었다. 그들이 기꺼이 광고해 주지 않을 때는 약간의 뇌물이 일을 진행시키는 데 도움이 되었다. 선원들은 이러한 광고가 그들의 무죄를 입증하는 너무나 중요한 증거로 생각했기 때문에 광고를 내달라고 동료 선원에게 뇌물을 주는 것에 대해 양심의 가책을 느끼지 않았다. 예를 들어 니콜라스 브래틀(Nicholas Brattle)은 관보에 자신이 강제로 징집된 사람이라는 것을 광고해 달라며 선장에게 그의 모든 임금을 주었다.

'징집주장광고'는 징집된 선원들에게 경이로운 발명품이었다. 그러나 징집주장광고는 체포되어 유죄판결을 받을 것에 대비한 안전장치를 원했던 지원자들에게도 똑같이 유용했다. 그러한 선원들은 해적에 합류해서 해적에게서 풀려난 동료들에게 신문에 그들의 징집을 증명해 주는 광고를 실어달라고 요청하고, 법에 의해 붙잡혔을 때 강제로 징집된 사람으로서 처벌을 피할 수 있는 적어도 합리적인 무기 하나를 갖고 있다는 사실에 위안을 얻고 바다를 배회했다. 더욱이 이 발명품은 해적들에게도 선원을 고용하는 훌륭한 수단이 되었다. 징집주장광고는 해적이 되는 비용을 줄여 줌으로써 더욱 위험해진 법적 환경을 맞아 해적들이 지원자를 구하기 쉽게 해주었다. 따라서 해적들은 이러한 광고를 반대하기보다 적어도 일부 경우에는 적극적으로 장려했다. 예를 들어 어떤 해적선은 해적의 사무장이 포로들을 데리고 다니다가 뉴잉글랜드로 보내 그들이 원하면 광고를 하도록 한다고 공개적으로 선언했다. 해적 선장 존 필립스는 한 단계 더 나아가 그의 징집된 동료 혹은 징집되었다고 주장하는 동료들에게 그러한 내용을 신문기사로 알릴 것을 요구했다. 필립스 선장은 존 버렐(John Burrell)을 강제로 그의 선원으로 끌어들였을 때 버렐의 선장이었던 제스로 퍼버(Jethro Furber)에게 귀향하자마자 버렐이 강제징집자라는 것을 공개적으로 밝히라고 명령했다. 그리고 "만약 퍼버가 이 말을 무시하면 다시 그를 만났을 때 그의 귀를 자를 것"이라고 말했다.

해적에 기꺼이 참여했던 선원들이 체포되어 유죄판결을 받을 것에 대비해서 마련한 안전장치의 두 번째 계략은 첫 번째 계략의 효과를 더욱 확실하게 만드는 작용을 했다. 선원들은 그들을 공격한 해적들과 협조해서 해적 징집에 대한 쇼를 연출했는데, 이 쇼는 불법 행위에 동업자로 참여할 의사가 없는 보다 양심적인 동료 선원들 앞에서 행해졌다. 예를 들어 해적들이 상선을 공격할 때 해적에 합류하기 원하는 상선의 선원들이 다음과 같은 계획을 꾸몄다. 먼저, 해적이 되고 싶은 선원들 중 한 사람이 해적의 선장이나 사무장 옆으로 다가가서 해적에 합류하고 싶다는 의사를 알렸다. 그 다음 해적이 되려는 선원들은 해적에 합류하기를 원하지 않는 동료 선원들이 자신들이 징집되었다는 사실을 확신할 수 있도록 해적 합류를 강요하는 광경을 연출해 달라고 해적들에게 요청했다. "그들의 요청에 따라 해적들은 단검을 흔들고 권총을 휘두르며, 해적에 합류하려 하지 않는 상선의 관리들과 선원들이 들을 수 있도록 큰 소리로 떠들었다." 예를 들어 로버츠 선장은 납치한 선원들에게 "누구에게도 강요하지 않은 상태에서 기꺼이 그와 함께 가겠는가"라고 물었다. 그러나 그들은 대답을 하지 않았고, 그는 이 친구들이 강제징집 쇼를 원한다고 생각했다. 그리고 사실은 해적에 합류하기로 합의했던 선원들을 강제로 징집한 것처럼 서로 꾸몄다. 존슨 선장이 말했듯이 "로버츠가 보여준 그들에 대한 가장된 강요와 협박은 양측 사이에서 모두 흔쾌하게 이루어지는 매우 흔한 공모였다."

강제징집 쇼는 해적들이 당국에 붙잡혔을 때 유죄판결의 위험에 대비해서 그들을 보호하는 데 이용된 가장된 징집주장광고를 정당화하는 데 도움이 되었다. 정직한 포로들은 그들 동료들이 징집당하는 것을 목격했다고 믿었기 때문에 신문에 희생자들의 이름을 공개하는 광고를 내는 데 대해 의심하지 않았다. 더욱이 강제징집 쇼를 목격한 사람들은 이러한 강압을 진짜로 믿었기 때문에 후에 해적들이 당국에 붙잡혔을 때 법정에서 종전에 함께 생활했던 선원들이 강제로 징집된 신분이라는 것을 증언해 줄 수 있었다.

역사학자 패트릭 프링글에 의하면 이 계략은 꽤 효과가 있었다. 이 계략이 효과를 본 이유는 법원이 기소된 해적들의 유죄 또는 무죄를 결정할 때 해적의 신분이 지원자인가 아니면 징집자인가에 관한 목격자의 증언에 의존했기 때문이다. 예를 들어 해적의 포로였던 스티븐 토머스(Stephen Thomas), 해리 글래스비, 헨리 도슨(Henry Dawson)은 기소된 해적이었던 리처드 스캇(Richard Scot)을 위해 법정에서 증언했다. 세 명 모두 스캇이 강제로 징집된 사람이라고 증언했다. 그들에게 이러한 증언을 하도록 만든 것은 해적으로서 스캇이 보여주었던 태도와 행동이었다. 그들은 "스캇은 눈에 눈물이 가득 고인 채 부인과 자식을 애도했고, 해적의 약탈품에서 자신의 몫을 받지 않았다"고 증언했다. 법원은 이러한 몇 가지 정황을 고려해서 그가 강제로 징집된 것이 틀림없다고 결론짓고 그를 석방했다.

이와 비슷한 취지로 선원의 행동이 자유롭게 보였다거나 즐거운 마음으로 해적이 되었다는 목격자의 증언은 해적에게 유죄판결을 내리는 데 결정적인 역할을 했다. 예를 들어 한 해적 포로는 이렇게 증언했다. "그들이 해적을 모집했을 때 나는 해적의 포로였고, 누가 함께 갈 것인가라는 말이 선원들 사이에 퍼져 나가는 것을 알았다. 그리고 나는 모두가 자발적으로 그렇게 한 것을 보았다. 강요는 없었으며 오히려 첫 번째가 되기 위해 서둘렀다." 법원은 그가 증언했던 해적들이 유죄라고 판단하여 그들에게 교수형을 선고했다. 이런 정황으로 볼 때 해적이 되려는 희망을 공공연히 밝힐 만큼 어리석은 선원은 해적들에게 붙잡혀 그들과 함께 다니다가 재판을 받게 될 때 목격자가 이러한 취지로 증언하리라는 것을 예상할 수 있었다. 그러한 선원의 한 사람이 새뮤얼 플레처(Samuel Fletcher)였다. 그의 동료 선원은 그가 여러 번 전능하신 하나님에게 "해적을 만나게 해달라"고 기도하는 것을 들었고 후에 실제로 그렇게 되었는데, 그가 재판을 받을 때 그가 기도했던 소망이 증거가 되어 해적 행위에 대하여 유죄판결을 받았다.

해적의 징집을 꾸며 대는 것이 처벌을 피하는 확실한 방법은 아니었다. 한 검사가 말했듯이 법원에서는 징집되었다는 통상적인 주장에 대해 "모든 해적이 강압이나 강요라는 변명을 늘어놓는다"라며 당연히 강한 의심을 품었다. 한 포로의 증언과 다른 사람에 의해 강제로 징집되었다는 기소된 해적의 주장이 엇갈린다면 이것은 속였기 때문이다. 예를 들어 샘 벨라미의 해적선의 선원이었던 피터 후프는 재판에서 "벨라미의 해적들이 그들의 불법적인 계획에 함께 참여하지 않으면 죽이겠다고 협박했다"고 주장했다. 그러나 후프의 입장에서는 불행하게도 위더호에 승선했던 토머스 체클리(Thomas Checkley) 등 포로들이 법정에서 "그 당시 벨라미의 해적들은 누구에게도 그들과 함께 가자고 강요하지 않았고, 누구도 그들의 의지에 반해서 데리고 가지 않았다"라고 알려 주었다. 해적을 재판했던 판무관들은 때때로 이와 같이 상충되는 주장을 놓고 협상해야 했다. 이 경우에 기소된 해적들에게 신문광고와 같은 확실한 증거가 징집을 주장하는 데 특히 도움이 된 것으로 밝혀졌다. 애석하게도 후프는 그러한 광고가 없었다. 법원은 그에게 유죄판결을 내렸고, 몇몇 다른 사람들과 함께 "숨이 멎을 때까지 목을 매달라"고 선고했다.

그러나 증거로서 징집주장광고가 있다 해도 기소된 해적이 유죄판결을 피하지 못할 수도 있었다. 한 변호사가 말했듯이 변론의 근거가 앞에서 논의한 신문광고에 있을 때에는 다소 사정이 좋았지만, 재판마다 모든 해적이 자신은 강제로 징집되었다는 진부한 변론에 대해서는 법원 관리들이 지겨워했다. 예를 들어 조지프 리비(Joseph Libbey)는 자신이 강제로 징집되었고, 로우 선장에 의해 감금

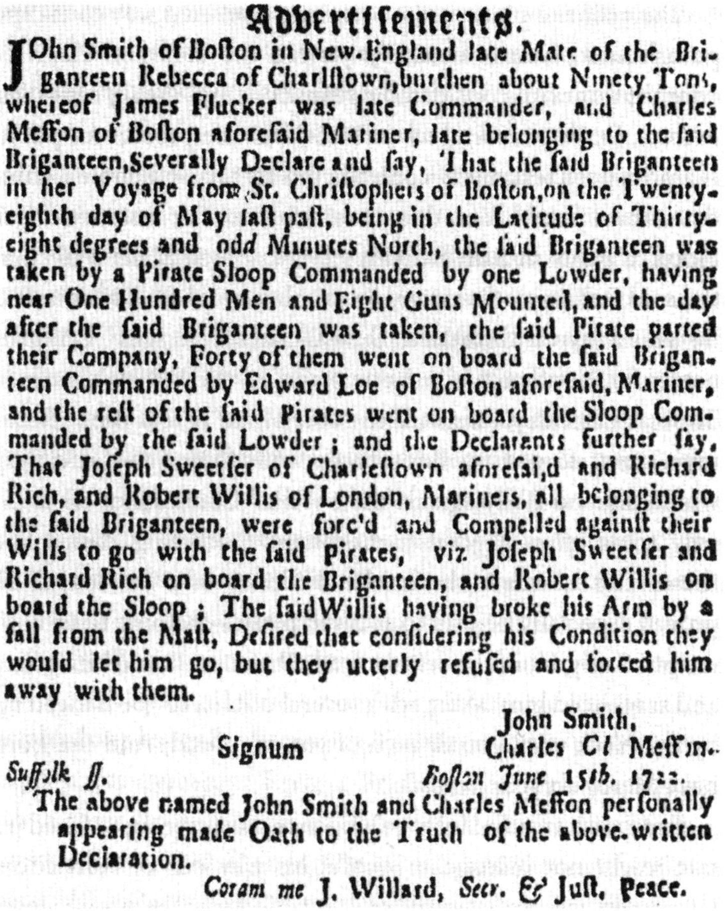

Advertiſements.

JOhn Smith of Boſton in New-England late Mate of the Briganteen Rebecca of Charlſtown, burthen about Ninety Tons, whereof James Flucker was late Commander, and Charles Meſſon of Boſton aforeſaid Mariner, late belonging to the ſaid Briganteen, Severally Declare and ſay, That the ſaid Briganteen in her Voyage from St. Chriſtophers of Boſton, on the Twenty-eighth day of May laſt paſt, being in the Latitude of Thirty-eight degrees and odd Minutes North, the ſaid Briganteen was taken by a Pirate Sloop Commanded by one Lowder, having near One Hundred Men and Eight Guns Mounted, and the day after the ſaid Briganteen was taken, the ſaid Pirate parted their Company, Forty of them went on board the ſaid Briganteen Commanded by Edward Loe of Boſton aforeſaid, Mariner, and the reſt of the ſaid Pirates went on board the Sloop Commanded by the ſaid Lowder; and the Declarants further ſay, That Joſeph Sweetſer of Charleſtown aforeſai,d and Richard Rich, and Robert Willis of London, Mariners, all belonging to the ſaid Briganteen, were forc'd and Compelled againſt their Wills to go with the ſaid Pirates, viz. Joſeph Sweetſer and Richard Rich on board the Briganteen, and Robert Willis on board the Sloop; The ſaid Willis having broke his Arm by a fall from the Maſt, Deſired that conſidering his Condition they would let him go, but they utterly refuſed and forced him away with them.

John Smith,
Signum Charles C M Meſſon.

Suffolk ſſ. *Boſton June 15th. 1722.*

The above named John Smith and Charles Meſſon perſonally appearing made Oath to the Truth of the above-written Declaration.

Coram me J. Willard, *Secr.* & Juſt. Peace.

그림 6-1 조지프 스위처의 신문광고

자료: *Boston News-Letter*, June 11–June 18, 1722.

되었으며, 그러한 사실을 광고에 실었다고 말했지만 해적 행위에 대해 유죄판결을 받고 교수형을 선고받았다. 그러나 해적들의 계획은 가끔 효과가 있었다. 리비에게 유죄판결을 했던 법원에서 로우 선장이 강제로 해적으로 만들었다는 광고를 이용해서 변호했던 조지프 스위처(Joseph Swetser)에게는 무죄판결을 내렸다. 아마도 스위처는 진짜로 징집자였을 수도 있다. 아니면 그가 많은 다른 사람들처럼 징집주장광고를 이용해 법원의 판결을 조작했을 수도 있다. 우리는 결코 알 수 없다. 그리고 이런 점에서 역시 법원도 결코 알 수 없었다.

　　　　　　　■

　일반적인 생각과는 반대로 대부분의 해적들은 징집자가 아니라 지원자였다. 해적들이 강제로 징집된 사람들보다 기꺼이 지원하는 동료들을 찾았던 것은 그들이 원하는 것을 얻기 위해 힘을 이용하는 것에 반대한다는 원칙 때문이 아니라 단순히 비용-편익을 고려했기 때문이다. 한편으로 해적들은 많은 경우에 그들의 숫자를 늘리기 위해 강압에 의존할 필요가 없었다. 해적선에서 제공되는 더 좋은 대우와 훨씬 많은 급여의 가능성은 많은 선원들이 기회가 왔을 때 해적에 합류하기에 충분한 동기 부여가 되었다. 따라서 일반 선원들을 강제로 징집하는 데 따르는 이득이 아주 작았다. 다른 한편으로는 선원들을 강제징집하는 데 따르는 비용이 매우 클 수 있다. 강제징집된 사람들은 해적의 사적 지배구조 체제의 근거가 되는 조화를 깰 우려가 있었다. 또한 징집자들은 해적들에게 다른 면에서 부담이 되기도 했다. 그들은 탈출해서 당국에 제보할 수 있었고, 해적선이 유지될 수 없을 정도로 남아 있는 해적이 줄어들면 떠날 수도 있었다. 그들은 지원자만큼 해적 활동에 참여할 인센티브를 갖지 못했기 때문에 그들이 탈주하지 못한다 해도 징집자의 구성 비중이 큰 해적선은 성공할 가능성이 매우 낮았다. 특히 외과 의사, 목수, 항해사와 같은 기술직 선원들의 경우에는 해적들이 고려해야 하는 비용−편익의 계산 방법이 달랐다. 이러한 선원들은 꼭 필요했지만 구하기 어려웠고, 더구나 그들은 상대적으로 희소했고 해적의 지배구조에 거의 영향을 미치지 않았기 때문에 해적들이 기술직 선원들을 강제로 징집하는 경우가 많았다.

역사 기록에 보면 해적의 징집에 관해서 많은 주장들이 있지만, 이러한 주장들은 보다 면밀하게 검토되어야 한다. 18세기 초 해적 행위를 더욱 위험하게 만들었던 법적인 변화에 대응하여 해적들은 그들 자신을 보호하기 위해 합리적으로 반응했다. 그들은 해적에 합류하기를 원하지 않는 보다 양심적인 동료들을 속이기 위한 계획된 쇼를 통해서, 그리고 그들이 강제징집된 신분이라는 것을 대중에 알리는 신문광고를 통해서 강제징집을 가장했다. 이러한 두 가지 계략은 해적들이 붙잡혔을 때 재판에서 그들이 사용할 수 있는 무죄에 대한 증거를 만들어 주었다. 이러한 계략은 대부분의 해적들이 강제로 징집된 사람이라는 현대의 인식을 만들어내는 결과를 초래했다. 그리고 이러한 계략이 해적에 대한 그러한 인식을 만들어 내는 효과를 발휘했듯이 그 반만큼의 효과만 해적에게 작용했어도 단 한 명의 해적도 교수대에 달리지 않았을 것이다.

해적 선장의 경제학 교실 05

"법에 민첩하게 대응하라. 그렇지 않으면 악마가 기다린다."

읽을거리: 하이에크(F. A. Hayek)의 『자유헌정론』(*The Constitution of Liberty*), 제임스 뷰캐넌(James Buchanan)·로버트 톨리슨(Robert D. Tollison)·고든 털록(Gordon Tullock)의 『지대추구사회론』(*Toward a Theory of the Rent-Seeking Society*)

핵심주제: 당신의 손익에 영향을 미칠 수 있는 법적 변화를 경계하라.

해적들은 새로운 반해적법의 제정에 따른 불법 거래의 비용 증가에 대응하기 위해 그들이 헤쳐 나가야 했던 법적 환경의 변화를 인식하고 이러한 변화에 대처하는 방법을 개발할 필요가 있었다. 해적들은 최선을 다했다. 그들은 '강제징집 쇼'를 연출했고, 그들이 붙잡혔을 때 무죄의 증거로 제시하려고 '징집주장광고'를 이용했다. 이러한 전략은 부분적으로 효과적이었지만, 해적의 존재를 사라지게 하려고 결정했던 영국 정부에게서 살아남기에는 충분하지 않았다.

합법적인 현대 기업들도 그들의 생존을 더욱 어렵게 만드는 법의 변화가 있을 때 힘든 싸움을 해야 한다. 해적의 전성기 이후 300년이 지난 지금 정부가 엄청나게 커짐에 따라 오늘날 운영되는 모든 기업에 영향을 미치는 법이 계속해서 광범위하게 제정되었다. 이에 따라 그 어느 때보다 경제적인 생존이 법적 환경의 변화에 대한 지식과 적응에 의해 좌우되게 되었다. 기업들이 법의 영향력 확대에 적응해 왔던 한 가지 방법은 경제학자들의 용어로 '지대추구(rent-seeking)'를 통한 것이다. 일부 기업들은 그들이 직면한 광범위한 규제 환경을 어떻게 자신들에게 유리하게 작용하도록 만들 것인가를 현명하게 생각해 냈다.

모든 종류의 기업들은 그들의 지속적인 생존에 필요한 법적 절차를 통과하기 위해 매년 막대한 자금을 투자한다. 예를 들어 법적 절차가 외국산 철강에 관세를 부과함으로써 외국의 철강 생산자에게서 국내 철강 생산자를 보호할 수 있는 힘이 있기 때문에 국내 철강 생산자들은 이러한 방식으로 법을 이용하여 자신들을 보호하기 위해 입법자들에 대한 로비 활동에 돈을 쓴다. 예를 들어 국내 철강 생산자들에게 관세의 잠재적 가치가 500만 달러라면, (즉, 국내 철강 생산자가 보다 효율적인 외국의 철강 생산자에게서 경쟁 압력을 받을 때에 비해 관세 때문에 500만 달러를 더 벌 수 있다면) 원칙적으로 국내 철강 생산자들은 그러한 관세를 통해서 보호를 받기 위한 법률을 지지하는 입법자를 위해 기꺼이 500만 달러까지 쓰려고 할 것이다.

20세기에 믿을 수 없을 만큼 정부가 성장함에 따라 정부는 법적 절차를 통해서 기업들에게 또는 경쟁자들에게 특혜를 제공하거나 새로운 비용을 부과함으로써 정부가 원하는 특정 기업이나 산업을 살리거나 죽일 수 있는 힘을 갖게 되었다. 그 결과 기업들은 그들에게 도움을 주거나 경쟁자에게 손해를 끼칠 수 있는 법을 제정하는 정부의 힘을 얻기 위해 전례 없이 지대추구 행위에 참여한다. 경제학자인 데이비드 라밴드(David Laband)와 존 소포클레우스(John Sophocleus)는 1985년 한 해 동안 미국에서 민간 부문이 정치적인 지지 활동에 투자한 금액이 거의 74억 달러에 이른다고 추산했다. 2007년에는 로비 활동에만 28억 달러 이상을 소비했다.

적극적인 정부에 대처해야 하는 기업들의 입장에서는 지대추구가 합리적이지만 경제 전체에 대한 효과는 그렇게 바람직하지 않다. 기업들이 법적 절차를 거치기 위해 소비하는 자원은 사회에 이득이 되는 상품과 서비스, 즉 부를 생산하는 데 사용하지 않는 자원이다. 예를 들어 앞의 예에서 국내 철강 생산자들이 정치적인 절차에 소비한 500만 달러는 그들이 철강을 생산하는 데 투입할 수 있었지만 그 대신 사회적으로 비생산적인 지대추구 활동에 낭비되었다. 따라서 지대추구는 사회를 더 부유하게 만들기보다 더 가난하게 만든다. 더욱이 법적 절차의 특혜를 받은 성공적인 지대추구 기업들은 다른 기업들이 공정한 경쟁 무대에서 그들과 경쟁하는 것을 저지할 수 있다. 이것은 시장이 잘 작동하도록 만드는 경쟁 압력을 줄여 주고, 그 결과 사회를 더욱 가난하게 만든다.

　불행하게도 지대추구 행위는 이른 시일 내에 사라질 것 같지 않다. 아니 사라질 수 없다. 정부가 다른 생산자를 희생해서 일부 생산자에게 특혜를 줄 수 있는 힘이 있는 이상 기업의 지대추구는 보상을 받는다. 성장을 원하는 기업들은 미래의 법적인 환경 변화에 효과적으로 대응하기 위해 그러한 환경 변화를 예의 주시해야 한다.

제 7 장

동일노동, 동일임금:

비용−편익 분석의 결과

⋮

　해적선에서 흑인 노예는 독특한 존재였다. 백인 해적들이 가졌던 인종적 편견은 동시대 일반인들의 그것과 다르지 않았다. 하지만 해적선에서 일부 해적들은 매우 다른 모습을 보였다. 해적선의 선원 중 1/4 이상이 흑인이었는데, 적어도 이들 중 일부는 해적선에서 함께 항해했던 백인 해적들과 동등하게 대우받았다. 동일한 투표권을 가졌고, 약탈품도 같은 몫으로 배분받았다. 노예제도가 유지되던 당시 상황에서, 해적선이라는 특수한 공간에 작용한 '보이지 않는 손'이 해적들이 인종적으로 진보주의적인 모습을 보이도록 만들었던 것이다.

⋮

민권운동, 미국시민자유연맹(American Civil Liberties Union), 또는 기회균등법(Equal Opportunity Act)이 나타나기 수 세기 전에 이미 일부 해적들은 해적선에 흑인 선원들을 고용하는 정책을 채택했다. 더욱이 이 해적들은 흑인 구성원들에게도 투표권을 확대했고, '동일노동, 동일임금' 또는 '동일약탈, 동일임금'이라는 관행에 동의했다. 이것은 17~18세기 다른 세상의 흑인에 대한 견해나 정책을 고려해 볼 때 놀라운 일이다. 영국에서는 정부가 1772년까지 노예제도를 폐지하지 않았고, 영국 식민지의 노예들도 1833년이 될 때까지 자유를 얻지 못했다. 미국에서는 노예제도가 1865년까지 지속되었다. 흑인들은 그보다 훨씬 후에도 정치적으로 또는 일터에서 시민들과 동등한 권리를 누리지 못했다. 이와 대조적으로 일부 해적들은 1700년대 초에 그들의 해상 사회에서 흑인 선원들에게 백인 선원들과 동일한 수입과 시민권의 혜택을 주었다.

17~18세기에 해적만이 흑인 선원들을 태우고 다녔던 유일한 항

해자는 아니었다. 상선, 영국 해군 함정, 그리고 노예선도 흑인 선원들의 노동에 의존했다. 어떤 흑인들은 해안이나 섬 사이의 운송을 담당하는 작은 배에서 명목상의 선장을 맡기도 했다. 이러한 흑인 선원들 중 일부는 자유인이었다. 그러나 대부분의 흑인 선원은 소유주를 위해 일하거나 소유주가 고용한 노예였거나, 일꾼이 필요한 배에 일자리를 찾아서 온 도망자였다. 해적선에는 합법적인 선박보다 흑인 선원의 비중이 높았고, 앞에서 언급한 것처럼 해적선의 흑인 선원들은 백인 동료들과 똑같은 권리를 누렸다. 이와 대조적으로 합법적인 선박에서는 노예 선원들이 항상 노예로서 취급되었다. 이것은 그들이 배에서 임금을 받지 못하고 자기 목소리를 내지 못하며 항해했음을 의미한다.

해적들이 선구적인 노예 폐지론자였으며, 위대한 흑인 해방 운동가인 해리엇 터브먼(Harriet Tubman)이나 부커 워싱턴(Booker Washington)의 선배이며, 인종차별 철폐를 계몽한 선구자였을까? 진실은 이것과 거리가 멀다. 해적들은 고상한 이상이 아닌 경제적인 이해관계 때문에 임금을 지급하는 완전한 선원으로서 흑인들을 고용했다. 해적들이 활동했던 독특한 상황 속에서 그들의 단순한 이기심이 일부 해적들의 진보적인 인종정책을 낳았다. 결국 해적이 관용을 베풀게 된 데에는 '보이지 않는 손'이 작용했던 것이다.

자유를 가진 흑인 해적

범선시대 흑인 선원들의 광범위한 연구 자료가 담긴 『블랙잭』(*Black Jacks*)의 저자인 제프리 볼스터(Jeffrey Bolster)는, "자료를 구하기 힘들었지만 인상적인 것은 그 시기에 해적선의 흑인 선원들이 무역선이나 해군에 종사하던 흑인 선원들의 비율보다 훨씬 많았다"고 언급했다. 예를 들어 1718년에 에드워드 잉글랜드 선장의 해적 중 80명이 흑인이었다. 1721년에 로버츠 선장의 선원으로 이름을 올린 88명의 해적도 흑인이었다. 1717년에 블랙비어드의 한 해적선에는 60명의 흑인이 승선했다. 그리고 이들 중 적어도 한 명은 블랙비어드와 개인적으로 친밀한 관계였다. 이 해적의 이름은 시저(Caesar)인데, 그는 블랙비어드가 양육한 강한 의지를 가진 흑인이었다.

역사학자인 케네스 킨코(Kenneth Kinkor)는 20여 척 해적선의 인종별 구성에 관한 자료를 수집하는 귀중한 작업을 했다. <표 7-1>은 1682년에서 1726년 사이에 활동했던 해적선 23척의 인종별 구성을 보여 주는 자료다. 이 자료는 해적 사회가 흑인과 백인으로 구성되어 있음을 보여준다. 킨코의 표본에서 보면 흑인 해적의 비중은 적게는 13%에서 많게는 98%까지 차지하고 있다. 이들 해적선 중에서 해적 모두가 백인인 경우는 하나도 없었다. 조사 대상 해적선 중 7척에서, 즉 1/3 가까이는 해적 중 반 또는 그 이상이 아프리카 혈통이었다. 이 표본이 대표성이 있다고 할 때 해적 황금시

〈표 7-1〉 해적선의 인종 구성(1682~1726)

구분		선원 구성			
선장(알파벳순)	연도	총원	백인	흑인	흑인비율(%)
앤스티스(Anstis)	1723	60	40	20	33
벨라미(Bellamy)	1717	180	<153	>27	>15
찹스(Charpes)	1713	68	48	20	29
쿠퍼(Cooper)	1726	19	15	4	20
데이비스(Davis)		250	<210	>39	>16
에드먼슨(Edmonson)	1726	10	6	4	40
잉글랜드 1(England 1)	1718	180	130	<50	<28
잉글랜드 2(England 2)	1719	380	300	80	21
프랑코(Franco)	1691	89	39	50	56
하만(Hamann)	1717	25	1	24	96
햄린(Hamlin)	1682	36	16	22	61
해리스(Harris)	1723	48	42	6	13
라 보쉬(La Bouche)	1719	64			50
루이스(Lewis)		80	40	40	50
로더(Lowther)	1724	23	16	9	39
필립스(Philips)	1724	20	17	3	15
로버츠 1(Roberts 1)	1721	368	280	88	24
로버츠 2(Roberts 2)	1722	267	197	70	26
쉽튼(Shipton)	1725	13	9	4	31
태치 1(Thatch 1)	1717	100	40	60	60
태치 2(Thatch 2)	1718	14	9	5	36
윌리엄스(Williams)	1717	40	<25	>15	>38
익명	1721	50	1	<49	<98

자료: Kenneth Kinkor, *Black Men under the Black Flag*, 201.

대의 전성기에 활동했던 해적들의 25~30%는 놀랍게도 흑인이
었다.

역사학자들은 해적선에서 흑인 선원들의 지위에 관해 의견을 달
리한다. 데이비드 코딩리(David Cordingly)는 그들 대부분이 노예였

다는 의견을 제시한다. 그는 "해적들도 서구 세계의 백인들과 똑같은 편견을 가졌다"라고 말했다. 이 말을 믿을 만한 훌륭한 이유가 있다. 이 책에서 계속 강조했듯이 해적들은 이윤 추구자였고, 따라서 기회주의자였다. 그들은 더 많은 벌이를 위해 필요한 일을 하는 데 있어서 양심의 가책을 느끼지 않았다. 때때로 이것은 납치한 노예들을 파는 것을 의미했다. 또 때로는 그것이 납치한 노예들을 배 위에서 천한 일을 시키기 위해 데리고 있다는 것을 의미하기도 했다. 더욱이 해적들이 당시의 일반 시민들과 비교해서 인종적으로 계몽되었음을 보여 주는 역사적인 기록도 없다. 그러나 단순히 해적들이 당시의 일반 시민들과 동일한 인종적인 신념을 공유했을 수 있다고 해서 해적들이 항상 일반 시민들이 했던 것과 같이 편견을 갖고 행동했다고 확신할 수는 없다. 해적들도 인종적 편견을 갖고 흑인 선원들에 대해 경멸감을 갖고 있었지만, 동시에 그들을 동등하게 대우하는 것은 전혀 모순이 아니다.

이에 대한 이유는 사람들이 신념이나 좋아하는 것에 빠져드는 비용이 매우 높다는 것이다. 이러한 높은 비용 때문에 사람들은 자신이 실제로 좋아하는 것과 다르게 행동할 수 있다. 이것을 좀 더 확실하게 알아보기 위해 검은 피부를 가진 사람을 좋아하고 빨간 머리를 가진 사람을 몹시 싫어하는 고집불통의 한 고용주를 생각해 보자. 이 고집불통의 고용주는 신발 공장을 소유하고 있고 종업원들이 필요하다. 빨간 머리 노동자와 검은 피부 노동자는 생산성이 같다. 60시간 훈련을 받은 빨간 머리 노동자와 60시간 훈련을 받은 검은 피부 노동자는 시간당 같은 양의 신발을 생산한다. 그러나 빨간 머리 노동자가 시간당 10달러를 받고 신발 공장에서 기꺼이 일하려고 하는 반면에 검은 피부의 노동자는 같은 노동에 대하여 시간당 20달러를 요구한다.

고집불통 고용주는 어떻게 할까? 그는 빨간 머리 노동자를 싫어한다. 그러나 그가 검은 피부 노동자 대신 빨간 머리 노동자를 고용하면 한 사람에 시간당 10달러의 추가 이윤을 챙길 수 있다. 다시 말하면 그가 자신의 편견을 고집하면 그가 고용하는 검은 피부 노동자 한 사람에 시간당 10달러의 비용이 더 들게 된다. 만약 고집불통 신발 공장 소유주가 그의 고집만큼이나 욕심이 많다면 빨간 머리 노동자를 고용할 것이다. 그가 이윤 동기에 의해 고용 결정을 할 때 마치 전혀 편견이 없었던 것처럼 행동하는 것이다. 사실 이윤 동기로 인해서 빨간 머리 노동자를 싫어하는 고용주가 실제로 빨간 머리 노동자를 좋아하는 것처럼 행동한다. 빨간 머리 노동자가 검은 피부 노동자보다 시간당 임금이 적은 상황에서는 편견을 가진 고용주가 검은 피부 노동자를 불리하게 차별하여 빨간 머리 노동자만을 고용하는 것이 이득이 된다.

맹신적이지만 이윤을 추구하는 고용주의 행동, 즉 빨간 머리 노동자를 고용하고 검은 피부 노동자를 내치는 행동은 빨간 머리 노동자와 검은 피부 노동자의 임금을 동일하게 만드는 역할도 한다. 그가 빨간 머리 노동자를 더 많이 고용함에 따라 빨간 머리 노동자의 임금이 상승한다. 동시에 그가 검은 피부 노동자를 덜 고용함에 따라 검은 피부 노동자의 임금이 떨어진다. 빨간 머리 노동자의 임금 상승과 검은 피부 노동자의 임금 하락은 더 이상 고용주가 자신의 이윤을 위해 이용할 수 있는 임금 차이가 없어질 때까지, 다시 말하면 빨간 머리 노동자와 검은 피부 노동자의 임금이 같아질 때까지 계속된다.

물론 고집불통 고용주는 실제로 빨간 머리 노동자를 싫어하는 그의 감정에 따라 선택할 수도 있다. 이 예에서 그가 빨간 머리 노동자에 대하여 차별을 하지 못하도록 규제하는 법은 없다. 그러나 그가 가능한 한 많은 돈을 버는 데 관심이 있다면 이것은 문제가 되지 않는다. 고집불통의 고용주는 여전히 빨간 머리를 싫어하기보다 좋아하는 것처럼 행동한다. 빨간 머리를 싫어하는 취향과 빨간 머리를 좋아하는 행동은 모순 없이 공존한다. 왜냐하면 그가 빨간 머리에 대한 반감을 따르면 비용이 발생하고, 따라서 빨간 머리를 좋아하는 행동을 따르게 된다. 우연히 고집불통의 고용주가 손해를 볼 것을 알면서도 빨간 머리에 대한 반감에 충실하겠다고 결정한다면, 경쟁자가 존재하는 경우에 그가 업계에서 살아남을 가능성이 크지 않다. 더 많은 이윤을 추구하려는 경쟁자는 임금이 낮은 빨간 머리 노동자를 모두 고용하여 가격을 낮출 수 있고, 그 결과 검은 피부 노동자에게 더 많은 임금을 지급함으로써 경쟁이 가능할 정도로 가격을 낮출 수 없는 고집불통의 고용주는 시장에서 퇴출당하게 된다.

이 예를 해적과 관련해서 생각해 보면 해적의 인종차별이 어떻게 해적선에서 흑인 선원의 지위에 영향을 미쳤는지 알 수 있다. 앞의 예에서 고집불통의 신발 공장 고용주처럼 해적들은 그들의 사업과 관련해서 '행동하는 인종차별주의자'가 아닌 '생각하는 인종차별주의자'가 될 수 있다. 요약하면, 해적들이 같은 시대에 살았던 일반 시민들처럼 흑인에 대한 편견을 갖고 있었기 때문에 당연히 그들처럼 흑인들을 혹독하게 대우했을 것이라고 결론짓는 것은 잘못이다. 결국 해적들은 이윤 추구자였고, 그것은 그들이 흑백에 관심을 갖기보다 금과 은에 더 많은 관심이 있었다는 것을 의미한다.

<표 7-1>에서 흑인 해적 중 몇 퍼센트가 자유인이고 몇 퍼센트가 노예였는지는 알 수 없다. 그러나 몇 가지 사실이 해적선의 흑인 선원들 중 상당수가 (확실히 합법적인 선박의 경우보다는 많은 수가) 좋은 지위를 갖고 있는 정식 해적들이었다는 것을 말해 준다. 예를 들어 해적선의 일부 흑인 선원들은 무기를 가지고 다니며 적극적으로 전투에 참여했다. 몇몇 흑인 해적들은 블랙비어드 선장과 나란히 싸웠으며, 바르톨로뮤 샤프(Bartholomew Sharp)의 해적선에 있던 한 흑인 해적은 어떤 백인 동료보다 열심히 싸웠다. 이 흑인은 다리에 총을 맞아 휴식을 취하라는 말을 들었지만, 그것을 거절하고 그 자리에서 총에 맞아 죽을 때까지 네댓 명의 적을 죽였다. 해적들이 노예를 무장시키는 위험한 습관을 갖고 있지 않았다면, 그리고 노예들이 주인의 부를 늘려 주기 위한 전투를 즐거워하지 않았다면, 해적들 사이에서 흑인들이 무장하고 싸웠다는 것은 그들이 노예가 아니라 자유인이었음을 암시해 준다. 예를 들어 샤프의 해적선에 있던 한 흑인은 확실한 자유인이었다. 샤프의 백인 해적 중 한 명은 "이 친구는 자메이카에서 데려온 노예였지만 우리 선장이 자유를 주었다"라고 말했다.

몇몇 흑인 해적들은 적극적으로 활동했을 뿐 아니라 해적들 사이에서 중요한 지위에 올랐고 권력까지 얻었다. 예를 들어 시저는 정부 당국의 습격을 당한 해적선을 폭파시키는 중요한 임무를 맡았다. 또한 어떤 스페인 해적선에서는 가장 중요한 자리 중 하나인 조타수 한 명이 흑인이었다. 더욱이 마커스 레디커가 지적했듯이 "흑인들은 해적의 지도자들 중 일부를 차지했고, 가장 믿을 수 있고 용감한 사람들이 습격할 선박에 승선하도록 지명되었다. 예를 들어 드래곤(Dragon)호에 승선한 에드워드 컨덴트(Edward Condent) 선장의 선원 중 절반 이상이 흑인"이었다. 이러한 흑인 해적들은 미국 최초의 통합된 국가기구인 대륙군(Continental Army, 미국 독립전쟁 중 영국군에 대항하기 위해 만들어진 군대)의 흑인 병사들을 떠올리게 한다. 역사학자 데이비드 피셔(David Fischer)에 의하면 이들 중 일부는 1776년에 인상적인 무훈으로 뉴잉글랜드에서 육군 대령의 지위까지 올랐다. 주목할 것은 대륙군의 인종차별 철폐를 이끌었던 매사추세츠 대륙군 제14연대는 마블헤드(Marblehead) 같은 매사추세츠 주의 어촌 지역 출신이 대부분이었고, 이러한 어촌에서는 선원 생활과 인종차별 철폐가 보다 보편화되었다. 그러나 마블헤드 연대의 인종차별 철폐조차도 해적의 인종차별 철폐보다 1세기 이상 늦게 나타났다.

다른 흑인 해적들의 행동도 그들의 자유로운 지위를 보여 준다. 예를 들어 스테디 보닛의 해적선에서 한 흑인 해적은 그의 동료들 사이에서 정규적인 지위를 차지하고 있다는 것을 보여 주었다. 그는 백인 포로인 조너선 클라크(Jonathan Clarke)에게 다른 해적들처럼 즐겁게 말을 걸었다. 클라크는 이것을 다음과 같이 묘사했다. "배 뒤쪽에 있었는데 한 흑인이 다가와 나에게 욕을 하며 내가 무엇을 하고 있었는지, 왜 나머지 사람들과 함께 가서 일하지 않는지 물었다."

해적에게 붙잡혀 온 흑백 혼혈 선원인 토머스 제라드(Thomas Gerrard)는 해적들이 자발적으로 해적에 합류한 흑인 선원들을 자유인으로 대우했다고 말했다. 제라드에 의하면 "한 해적이 와서 자신들에게 합류하겠냐고 물었다. 그는 내가 흑인과 다를 것이 없고, 그들에게 합류하지 않는다면 노예로 만들 것이라고 말했다." 버뮤다의 총독이 무역·경작위원회와 주고받은 서신을 보면 제라드가 한 말의 의미를 확실하게 이해할 수 있다. 그는 다음과 같이 적었다. "흑인에 대해서 말하자면 그들은 최근 너무 무례하고 치욕적으로 자랐기 때문에 우리는 그들의 도움을 받을 수 없고, 그 반대로 그들이 해적에 참여하는 것을 걱정해야 한다." 이것은 만약 흑인들이 해적에 참여함으로써 노예의 신분이 소속만 바뀌는 것이라면 하지 않아도 될 걱정이다. 그러나 노예들이 자발적으로 해적에 참여하여 자유를 얻는다면 그러한 걱정에는 일리가 있다.

마지막으로 법원에서는 해적선에 승선한 흑인 선원들을 때때로 노예라는 이유로 사면해 주었지만, 어떤 경우에는 흑인 해적들을 백인 해적들과 대등한 정규적인 해적으로 간주했다. 블랙비어드 해적선에 승선했던 5명의 흑인 해적에 대한 재판을 관장했던 법원은 이들 흑인 해적들을 다음과 같이 규정했다. "흑인 해적들은 해적선에 승선해서 겉으로 보기에 나머지 해적들과 동일한 대우를 받기 때문에 해적행위법에 따라 백인 해적들과 동일한 방법으로 재판되어야 한다. 그리고 그들의 상황에 어떤 차이점이 드러나면 그들을 재판할 때 그러한 차이점이 고려되어야 한다." 명백히 그들의 상황에 어떤 차이점도 드러나지 않았다. 법원은 흑인 해적들에게 유죄판결을 내렸고, 그들의 범죄에 대해 사형선고를 내렸다. 이 예가 말해 주듯이 '상황'이 흑인 해적들에게나 백인 해적들에게 똑같았다면 이들 흑인 해적들은 동일한 몫의 약탈품을 받았을 것이고 해적의 구성원으로서 다른 권리도 동등하게 누렸을 것이 확실하다.

예를 들어 어떤 해적선의 운영에 관한 한 목격자의 증언에 의하면 자유로운 흑인 해적들이 존재했을 뿐 아니라 그들이 백인과 똑같은 투표권을 갖고 있었음을 알 수 있다. 1721년에 강제징집된 한 외과의사의 동료인 리처드 무어가 존 테일러의 해적선에 포로로 잡혀 항해했다. 무어는 풀려난 후에 서면 증언에서 테일러의 해적들이 참여한 중요한 투표에 관하여 기록했는데, 이 투표에서는 112명의 백인들과 40명의 흑인들이 사면을 받기 위해 서인도제도로 가자고 의결했다. 이것은 노예와 강제징집자를 포함해서 해적선에 승선해 있는 모든 사람들에게 투표를 허용했던 상황이라고 할 수 없었다. 왜냐하면 무어가 강제징집자라고 생각하던 외과의사들은 이 문제에 관하여 투표권이 없었다고 말했기 때문이다. 무어의 서면 증언에는 흑인 해적들의 급여 문제를 직접적으로 언급하지 않았지만 투표에 참여한 흑인 해적들이 모든 다른 해적들과 동등한 몫을 받았던 것은 거의 확실하다. 예를 들어 킨코에 의하면 블랙비어드의 포로였던 헨리 보스톡(Henry Bostock)이 "블랙비어드의 흑인 해적들이 백인과 똑같이 약탈품을 배분받았다"고 증언했다. 따라서 보상과 인센티브는 해적선 내에서 피부 색깔보다는 개인의 능력에 근거해서 효과적으로 이루어진 것으로 보인다.

비용은 집중되고 편익은 분산되는 해적선의 노예제도

해적선에 승선했던 흑인들의 일부 또는 다수가 노예였다는 사실은 놀랍지 않다. 놀라운 것은 해적선에 승선한 어떤 흑인은 자유인으로 대우받았다는 것이다. 우리는 해적들이 상선에서 납치한 자유로운 흑인조차도 노예로 삼았을 것이라고 예상하기 쉽다. 상선의 선장들은 자유로운 지위가 법으로 보장되는 이러한 선원들을 노예로 만들 수 없었다. 그러나 명백한 범죄자들이었고 따라서 그러한 법적인 보호에 구속받지 않았던 해적들은 자유인이든 아니든 그들이 원하면 누구라도 노예로 만들 수 있었다. 비록 자유로운 흑인 해적들의 수가 적었다 하더라도 (이것은 앞에서 논의했듯이 의심할 만한 이유가 있지만) 해적들이 노예로 만들 수 있는 흑인들에게 자유를 확대해 준 것을 어떻게 설명할 수 있을까?

이것은 비교적 쉽게 밝혀낼 수 있다. 제6장에서와 같이 간단한 '비용－편익 분석'이 큰 도움이 된다. 앞으로 보겠지만 흑인 선원들을 자유인으로 대우해 주었던 것은 때때로 해적의 경제적인 이

해와 관련이 있었다.

어떤 생산 활동에서 노예의 편익은 그의 무상노동이 소유주를 위해 벌어들이는 추가 수입이다. 전형적으로 한 명의 노예에는 한 명의 소유주가 있고, 그 소유주가 노예의 추가 수입을 모두 가져간다. 예를 들어 설탕 농장에 한 명의 노예를 추가해서 농장 주인에게 연간 1,000달러의 추가 수입이 발생한다면 농장 주인은 그 노예에게서 1,000달러의 편익을 얻게 된다.

그러나 해적선에서는 사정이 달랐다. 해적들은 노예의 노동을 공동으로 소유했다. 이것은 제3장에서 논의했던 해적의 급여 제도 때문이었다. 이 제도는 전체 해적들의 노동에서 얻어지는 수익을 공동으로 모아 놓고 (약간 더 받는 소수의 해적 간부들을 제외하면) 대체로 균등한 몫으로 나누었다. 따라서 어떤 해적선에서 한 명의 흑인 선원 또는 다른 사람을 노예로 만들었을 때 그의 노동이 창출한 해적의 추가 수입은 다른 모든 사람의 노동에서 창출된 소득과 합해져서 모든 선원이 나누어 갖는다. 물론 약탈품은 자유로운 해적들 사이에서만 분배되었고, 그로 인해 노예에게서 이득을 얻을 수 있었다. 선원들이 노예에게 약탈품의 몫을 지급하지 않는다는 점에서 노예의 노동은 선원들에게 비용이 들지 않았지만, 노예의 노동이 더 많은 약탈품을 얻는 데 기여했고 그 결과 더 많은 공동 수입이 동일한 수의 해적들 사이에 배분될 수 있었다. 조금 단순화해서 n명의 자유로운 선원이 있는 해적선에서 흑인 선원 1명을 노예로 만들었을 때 그가 없었던 상황에서보다 1,000달러 더 많은 약탈품을 얻을 수 있다면 그 흑인 선원을 노예로 만든 결과로 자유로운 해적 1인당 $1,000/n$달러를 추가로 벌 수 있다. 이러한 상황이 노예의 노동이 추가로 창출한 1,000달러의 수입 모두를 가져가는 농장주와는 달리 노예로 인한 해적의 편익은 '분산'되었다.

앞의 예에 구체적인 숫자를 추가하면 한 명의 흑인 선원을 노예로 만들었을 때 해적의 편익이 어떻게 분산되는지 이해할 수 있다. 제2장에서 설명했듯이 평균적으로 해적선은 대략 80명의 선원으로 구성되었다. 그러나 이 숫자는 자유로운 해적과 노예 신분의 해적을 (노예 신분의 해적이 있다고 할 때) 모두 포함한 것이다. 킨코의 자료가 제시하는 것처럼 평균적으로 해적 선원 중 25%가 흑인이었고, 논의를 위해서 모든 흑인 선원들이 노예라고 가정하면 약탈품을 균등한 몫으로 나누어 갖게 되는 나머지 선원은 60명이 된다. 앞의 예에서와 같이 한 명의 흑인 선원을 노예로 만들었을 때 해적선이 1,000달러만큼의 약탈품을 추가로 얻을 수 있다고 하면 자유로운 해적 1인당 단지 16.67달러를 추가로 벌게 되고, 이것은 노예의 노동이 추가로 창출한 총수입의 약 1.67%에 불과하다. 따라서 해적의 급여 제도 하에서 해적 개인별로 받게 되는 노예의 이득은 농장 주인처럼 노예 노동의 독점적인 소유주가 얻을 수 있는 것의 2%도 안 된다. 이것은 참으로 적은 것이다.

이와 대조적으로 흑인 선원을 노예로 만들 때 해적이 개인별로 부담해야 하는 비용은 상당히 '집중'되었다. 각각의 해적은 노예 제도의 중요한 부정적인 측면을 개인적으로 떠맡았다. 흑인 선원을 노예로 만드는 비용은 제6장에서 논의했던 백인 선원을 징집하는 비용과 비슷했다. 해적 개개인이 부담해야 하는 이러한 비용의 일부는 자유로운 해적들 사이에 분산되기도 했지만, 한 징집자에 수반되는 가장 중대한 비용(그가 정부 당국이 시도하는 해적의 체포와 따라서 해적의 사형 집행에 도움을 주는 태도를 보일 가능성)은 각각의 해적에게 개인적으로 집중되었다. 돈과 물건과 같이 분배해서 나누어 가질 수 있는 노예의 노동에 따른 해적의 개인별 이득과 달리 죽음이라는 노예의 노동에 따른 해적의 개인별 비용은 나누어 가질 수 없다. 앞에서 살펴본 것처럼 해적의 급여 제도하에서 해적 개개인은 원칙적으로 그가 누릴 수 있는 노예의 편익 중 1.67%만 누릴 수 있었지만, 발생할 수 있는 노예 비용의 100%를 떠안았다.

해적들의 사형 집행을 유도해 내는 노예 한 명의 비용은 전체적으로 해적 60명의 목숨이다. 그러나 한 개인의 관점에서 보면 이기적인 해적의 비용 – 편익 분석에 그의 동료 59명의 목숨은 방정식에 들어가지 않는다. 그에게 값 비싼 단 하나의 죽음은 자신의 죽음이고, 그 하나는 항상 전적으로 그가 책임져야 한다. 대조적으로 노예 한 명의 전체적인 편익은 원칙적으로 한 해적이 독점적으로 누릴 수도 있다. 만약 농장 소유주처럼 한 해적이 노예의 노동을 혼자 소유한다면 그는 노예와 관련된 편익의 100%를 차지할 것이다. 해적이 그렇게 할 수 없는 유일한 이유는 자유로운 해적 모두가 노예 노동에 대한 동일한 소유권을 갖는 해적선의 노예 노동의 소유 제도(해적의 급여 제도의 결과) 때문이다.

백인 징집자들처럼 노예들도 여러 가지 방법으로 해적들의 체포에 도움을 주었다. 한 가지 방법은 당국이 노예가 탄 배에 다가와서 검문을 할 때 노예들은 시늉만 내서 해적들이 전투에서 패하도록 하고 당국이 노예를 데리고 있는 해적들을 진압하도록 도와주는 것이었다. 보다 중요한 것은 백인은 물론 흑인 징집자들이 자신들을 노예로 삼은 해적들에 대항하여 반란을 일으킬 수 있었고, 해적들을 법의 심판대에 보낼 수 있었다는 것이다. 우리는 이미 강제 징집자들이 이런 일을 했던 몇 가지 사례를 살펴보았다. 그러나 흑인 포로(노예)들도 역시 그러한 일을 했다. 예를 들어 한 인디언 포로가 존 필립스의 해적선을 제압하도록 도와주었다. 필립스의 백인 포로 중 한 명에 의하면 그 인디언은 단순히 반란의 참여자가 아니었다. 그는 반란이 성공한 이유였다. 그 백인 포로가 이야기했듯이 그가 없었더면 계획은 실행 단계에서 틀림없이 실패했을 것이다. 비슷하게 그린어웨이(Grinnaway) 선장의 해적선에 승선했던 흑인 포로들은 그들을 납치했던 해적들을 제압하도록 도와주었다. 앞에서 언급한 것처럼 그러한 반란이 성공한다면 각각의 자유로운 해적은 그 결과에 따르는 모든 최악의 비용을 부담해야 했다. 즉, 해적 생활의 종말과 때에 따라서는 생명의 종말과 같은 개인적으로 결정적인 비용을 부담했다. 해적 노예의 분산된 편익과 함께 이러한 집중된 비용은 많은 해적들이 흑인 선원들을 노예가 아닌 자유인으로 대우해 주도록 하는 유인으로 작용했다.

해적선에서 노동을 목적으로 노예를 만들 때 관련된 분산된 편익과 집중된 비용의 논리를 상선에서의 상황과 비교해 보면 흥미롭다. 상선은 합법적이기 때문에 해적들이 부담하는 중요한 노예 비용(해적들의 체포와 사형 집행에 대한 노예의 기여)이 집중되지 않았을 뿐 아니라 전혀 발생하지 않았다. 또한 중요한 것은 해적선에서는 흑인 선원들을 노예로 만드는 데 따르는 편익이 분산된 데 반해서 상선에서는 노예화의 편익이 집중되었다. 앞에서 설명한 것처럼 상선에도 흑인 선원이 있었고, 그중 일부는 자유인이었지만 대부분은 노예였다. 상선에 승선한 흑인 노예들은 육지에 있는 주인이나 흑인 선원들이 일하는 배의 선장이 소유했다. 이 때문에 노예와 관련된 모든 추가 수입은 그의 소유주에게 귀속되었다. 이러한 노예의 편익이 분산되지 않고 주인에게 집중되었고, 따라서 주인에게는 그의 노예를 노예로 유지할 충분한 인센티브가 있었다. 합법적인 선박에서 항해하는 흑인들을 계속 노예로 붙잡아 두려는 강한 인센티브는 왜 합법적인 선박의 흑인 노예들이 항상 노예로 남아 있고 해적선으로 발길을 돌린 흑인 노예들이 때때로 자유를 얻게 되는지 그 이유를 설명해 준다.

흑인 선원들의 노예화와 관련된 분산된 편익과 크게 집중된 비용을 인정한다고 할 때 일부 해적선에서 흑인 해적들을 노예로 삼는 대신 백인과 동등한 지위를 주었다는 것은 놀라운 일이 아니다. 그러나 그렇게 하지 않는 해적들은 어떻게 된 것일까? 앞에서 지적한 것과 같이 일부 해적들은 노예로 남아 있었다. 노예화에 따르는 편익은 분산되지만 비용은 집중된다는 사실에는 변함이 없지만 어떤 경우에는 흑인 선원들을 노예로 만드는 데 따르는 해적의 편익이 여전히 그 비용을 초과한 것이 틀림없다. 그렇다면 왜 어떤 경우에는 노예제도가 이익이 되고 어떤 경우에는 그렇지 않을까?

해적에게 있어서 노예제도의 수익성은 여러 요인에 의해 결정될 수 있다. 앞의 논의는 해적선에서 노예로서 노동을 강요당했던 흑인 선원들에게 초점을 맞추었다. 그러나 해적들은 노예를 팔 수도 있었다. 이 경우에 노예로 만들 때 발생하는 편익은 자유로운 노예의 노동에서 얻어지는 추가 수입은 물론이고 노예를 팔 때 부를 수 있는 가격의 $1/n$도 포함되었다. 노예의 가격이 높으면 이에 따르는 편익은 비록 분산된다고 하더라도 무시 못할 수준이 될 수 있었다. 보다 중요한 것은 해적들이 납치한 노예들을 위한 상설시장을 찾을 수 있을 것으로 기대하면 노예의 집중된 비용이 매우 줄어들 수 있다는 것이다. 이 경우에 해적들은 노예들을 팔기 전에 짧은 시간 동안만 데리고 있으면 되었고, 따라서 노예들이 반란을 꾀할 기회가 줄어들었다. 이러한 상황에서는 노예들이 해적들의 체포를 도와줄 수 있는 확률, 즉 해적의 노예 비용이 크게 작아졌다.

또한 분산된 편익과 집중된 비용이라는 조건을 넘어서는 2가지 다른 요인이 해적 노예의 수익성에 기여할 수 있었다. 제6장에서 논의한 것처럼 모든 배와 마찬가지로 해적선도 특정한 기술을 갖고 있는 선원들이 필요했다. 특별한 기술이 없는 선원들과 비교할 때 다양한 기술직 선원들은 구하기가 어려웠다. 해적들이 필요한 직책을 담당할 지원자를 찾을 수 없는 상황에서, 납치한 흑인 선원이 이 역할을 수행할 수 있다면 그 흑인 선원의 필요성으로 인해서 그를 노예로 만들 때의 편익이 크게 증가했다.

이와 비슷하게 해적들이 배를 운항하는 데 필요한 전문적인 항해 기술을 가지지 못한 흑인 노예를 붙잡았다면 이것도 노예를 이용하는 해적의 비용-편익 계산에 영향을 미칠 수 있었다. 노예들이 자신들을 박해하는 해적들에 대항해서 반란을 일으켰지만, 해적선을 정부 당국으로 끌고 갈 수 없다면 그러한 노예들은 해적들에게 큰 위협이 될 수 없었다. 이런 경우에 흑인 포로를 노예로 만드는 해적의 비용은 여전히 집중되기는 했지만 훨씬 작아졌다. 뒤집어 말하면 해적들이 노예를 이용하려는 인센티브가 더 커졌다.

그러나 아마도 흑인 선원들을 노예로 만들려는 해적의 인센티브에 영향을 줄 수 있는 가장 중요한 요인은 포로들이 배의 통제권을 빼앗아 배를 당국에 인도했을 때 해적들이 법정에 서게 될 확률이었다. 제6장에서 해적 행위를 이전보다 위험하게 만들었던 18세기의 법률 개혁을 논의했다. 특히 '해적 행위를 보다 효과적으로 진압하기 위한 법'은 이런 점에서 중요했다. 그러나 의회에서 이 법이 영구화된 것은 1719년이었다. 따라서 1719년이 되어서야 정부의 반해적법이라는 기계가 모든 실린더에서 불을 내뿜게 되었다. 의회가 1719년 법을 영구화하기로 결정한 몇 년 후에 영국계 미국인 해적의 수가 급격히 감소하기 시작한 것은 우연이 아니었다. 결과적으로 1719년은 해적을 상대로 한 정부의 전쟁에서 중대한 순간으로 기록되었다.

이러한 법적인 발전에 비추어 볼 때 정부가 해적을 재판하고 유죄 판결을 내릴 확률이 1719년 이후에 크게 높아졌다. 해적 노예의 집중된 비용이 해적들을 법정에 세우도록 노예들이 도와줄 수 있는 가능성을 의미했기 때문에 해적들이 노예들을 데리고 있을 인센티브가 1719년 이후보다 1719년 이전에 훨씬 컸다. 이것은 1719년 이전에 활동했던 해적들이 흑인 선원들을 노예로 만들었을 가능성이 컸고, 1719년 이후에 활동했던 해적들은 앞에서 논의한 집중된 비용의 논리에 따라 흑인 선원들을 자유인으로 대우해야 할 강력한 인센티브를 갖고 있었다는 것을 말해 준다. 앞에서 언급한 것처럼 해적선에서 노예 신분의 흑인 해적과 자유인 신분의 흑인 해적의 숫자에 관한 종합적인 자료가 없어서 이 문제를 직접적으로 살펴볼 수는 없다. 그러나 앞서 살펴본 <표 7–1>의 자료를 통해 이 문제를 간접적으로 검토해 볼 수 있다. 그리고 이 자료는 1719년과 1726년 사이에 활동했던 해적들보다 1719년 이전에 활동했던 해적들이 노예 신분의 흑인 선원들을 데리고 다녔을 가능성이 컸다는 주장을 뒷받침해 준다.

<표 7–1>에서 보면 1719년 이전에는 해적선의 선원 중 흑인 비율이 평균 46.6%였던 데 비해 1719~1726년 기간에는 평균 34.2%였음을 알 수 있다. 의회에서 '해적 행위를 보다 효과적으로 진압하기 위한 법'을 영구화하기 이전과 이후에 해적선의 흑인 선원 비율 사이에 12.4%의 차이가 있다. 이것은 1719년 이전에 덜 엄격한 법적 환경에서 활동했던 해적들이 1719년 이후에 더욱 엄격해진 법적 환경에서 활동했던 해적들보다 더 많은 흑인 노예들을 데리고 다녔다는 것을 암시해 준다. 1719년 이전과 1719년 이후를 비교해볼 때 해적들이 법정에 끌려 나갈 가능성이 높아졌기 때문에 줄어든 흑인 노예들이 12.4%의 차이 중에서 몇 퍼센트나 될지는 확실하지 않다. 그러나 앞에서 논의했던 해적 노예의 집중된 비용의 측면에서 볼 때 법정에 끌려 나갈 확률이 커짐에 따라 해적들의 흑인에 대한 정책이 더욱 제한을 받았다는 점을 고려하면, 적어도 12.4%라는 차이의 일부는 1719년 이후에 사라졌지만

1719년 이전에 해적선에 존재했던 흑인 노예들 때문이었다고 추측할 만한 충분한 이유가 있는 것이다.

또 다른 이야기, 해적의 성적 취향

일부 학자들은 해적 집단이 동성애자의 사회였다고 주장한다. 역사학자인 버그(B. R. Burg)는 해적의 성(性)에 관해 연구한 『남성 동성애와 성적 죄악의 인식』(*Sodomy and the Perception of Evil*)에서 이 주장을 설득력 있게 설명했다. 지배구조, 사회복지, 인종 차별 같은 다른 분야에서 보여 주었던 해적의 진보성을 생각해 볼 때 그들이 성적으로 앞선 사고를 가졌을 것이라고 상상하는 것 또한 무리는 아니다.

버그가 지적했듯이 17~18세기에는 모든 종류의 해상 선박에서 동성애 관계가 존재했다. 버그는 아마 이런 현상을 과장해서 표현했을 것으로 보인다. 그러나 동성애가 육지 사내들에게만 국한된 일은 아니었을 것이라는 데에는 의심의 여지가 없다. 여전히 해적 사회에서 동성애가 지배적이었다는 어떤 증거도 없어 보이지만 버그는 "동성애 행위는 해적선의 구성원들이 선택할 수 있는 유일한 성적 표현의 형태였다"라고 주장했다.

그런데 적어도 일부 해적들은 동성애자가 아니었다는 증거가 존재한다. 바르톨로뮤 로버츠의 몇몇 해적들이 한 포로에게 "포르투갈 흑인 여성에게 돈을 소비했다"고 알려준 데에서 알 수 있듯이 그들은 정상적인 섹스를 좋아했던 것이 확실하다. 스테디 보닛 같은 해적들은 여성과 결혼했다. 18세기 소문에 의하면 블랙비어드는 12명 이상의 부인을 두었다고 한다. 이것이 진실인지는 알 수 없다. 그러나 블랙비어드가 여성에 깊은 관심을 갖지 않았는데도 이러한 명성을 쌓을 수 있었는지도 마찬가지로 의심스럽다. 물론 결혼했다고 해서 해적들이 때때로 동성과 성관계를 갖지 못할 이유는 없다. 그리고 해적들이 동성애에 대한 은밀한 욕구를 감추기 위해 이성애를 전면에 내세울 수도 있었다. 그러나 이에 대한 증거 없이 모든 해적들이 동성애자라고 결론 내리는 것은 타당하지 않다.

<그림 7-1>을 보면 두 명의 해적이 있다. 멋쟁이 해적 선장이었던 '캘리코' 잭 래캄과 함께 항해했던 해적인데, 그들은 황금시대에 우리가 알고 있는 4명의 영미계 여성 해적 중 두 명이었다. 그 중 한 명인 앤 보니(Anne Bonny)는 래캄의 애인이었는데 남장을 하고 그와 함께 항해했다. 놀랍지만 확인된 바에 의하면 또 다른 남장을 한 여성 해적은 메리 리드(Mary Read)였고, 그녀도 래캄의 선원이었다. 해적 선장을 위해 데려 온 소녀 해적 보니는 메리 리드의 남장한 모습에 홀딱 반했지만, 리드가 자신이 여자라고 밝혔을 때 희망을 접어야 했다. 래캄의 해적선에서 포로였던 도로시 토머스(Dorothy Thomas)가 재판에서 증언했듯이 "두 여자는 남자의 상의와 긴바지를 입었고, 머리에 두건을 둘렀으며, 각각 손에 칼과 권총을 들고 남자들에게 욕설을 퍼부었다." 또 다른 두 목격자에

그림 7-1 앤 보니와 메리 리드의 변복(變服, cross-dressing)
자료: Captain Charles Johnson, *A General History of the Robberies and Murders of the Most Notorious Pyrates*, 1724.

의하면 보니와 리드는 "배에서 매우 활동적이었고, 어떤 일도 기꺼이 해냈다." 여성 해적들도 남성 해적들처럼 잘 어울렸던 것이 확실했다. 도로시 토머스는 그들의 가슴 크기 말고는 차이를 느낄 수 없었다고 말했다.

하지만 보니와 리드의 풍만한 가슴도 정의의 수레바퀴를 세울 만큼 크지는 않았다. 법원은 두 남장 여인에게 교수형을 선고했다. 그러나 어떤 해적이 여성이라는 사실이 전혀 의미 없었던 것은 아니었다. 자메이카 총독이었던 니콜라스 로스는 영국에 있는 그의 상관에게 다음과 같이 보고했다. "프로비던스 섬의 미혼 여성들이 남성의 옷을 입고 무장하는 등 해적 행위에 적극적으로 참여한 것으로 입증되었다. 그런데 그들은 아이를 임신해서 선고가 유예되었다." 따라서 역사상 가장 악명 높은 양성(兩性) 선원들이었던 임신한 해적들은 목숨을 부지할 수 있었다.

그들이 흥미롭긴 하지만 보니와 리드의 남장 습관과 보니와 리드 그리고 래캄으로 연결된 삼각관계 스토리는 해적의 동성애에 관한 작은 증거도 제공해 주지 못한다. 해적 사회는 남성 호르몬에 의해 움직였다. 앞에서 논의했듯이 일부 해적선은 여성들이 야기할 수 있는 분쟁의 가능성 때문에 여성의 승선을 금지했다. (공정하게 말하면 로버츠의 해적선에는 소년의 승선도 금지했다.) 이 때문에 보니와 리드는 자신들을 남자처럼 위장했다. 이것은 분명히 보니에게 약간의 혼란을 안겨 주었다. 보니는 남자처럼 옷을 입고 남자라고 믿었지만 사실은 그녀 자신처럼 남장 여성이었던 리드에게 사랑을 느꼈다. 이것은 이성애에 대한 선호를 암시하며, 여기에서도 동성애에 대한 아무런 증거를 찾을 수는 없다.

이 책이 여러 가지 점에서 참고하고 있는 최초의 해적이었던 17세기의 버커니어들은 짝짓기라는 흥미로운 제도를 만들었는데, 일부 사람들은 이것이 동성애를 암시한다고 주장했다. 이 제도에서는 버커니어 한 명이 다른 사람과 짝을 맺고, 서로 재산을 공유하기로 합의했으며, 전투에서 한 사람이 죽으면 약탈품에 대한 그의 몫을 그 짝에게 이진한다는 계약서를 작성했다. 그러한 합의서에 동성애를 암시하는 무언가가 있었다면 내가 요점을 알아채지 못했다고 고백할 수밖에 없다. 엑스케멜린이 설명했던 것처럼 짝짓기 합의서는 때때로 죽은 버커니어의 부인에게 재산을 양도한다고 명시적으로 규정하기도 했다. "어떤 사람이 해적 생활을 끝내면 짝을 찾아서 그들이 소유하고 있는 모든 것을 공유한다. 어떤 경우에는 더 오래 사는 사람이 모든 것을 갖는다는 내용의 계약서를, 또 어떤 경우에는 생존자가 소유물의 일부를 죽은 사람의 친구나 그가 결혼했다면 그의 부인에게 준다는 내용의 계약서를 작성한다."

다른 해적들의 관습과 같이 이것도 위험공유(risk sharing)라는 개념을 이용하여 간단한 경제적 설명이 가능하다. 짝짓기는 보험의 한 형태다. 버커니어들은 그들의 잠재적인 이익과 손실을 한 사람 대신 두 사람에게 분산시킴으로써 그들이 선택한 거래의 위험을 다양화시킬 수 있었다. 그들이 동성 간에 성적 관계를 가졌는가는 다른 문제다. 짝짓기는 버커니어들에게 보험을 제공했고, 바다에서 약탈의 불확실성을 담보해 주는 도움을 주었다.

■

해적들과 흑인 선원들의 관계는 독특했다. 한편으로는 해적들의 흑인에 대한 태도가 같은 시대에 살았던 일반 시민들의 흑인에 대한 태도와 다르게 보이지 않는다. 해적들은 노예들을 납치했고 보유했고 팔았다. 다른 한편으로 일부 해적들은 흑인들에 대하여 매우 관대한 태도를 보였다. 해적선의 선원 중 1/4 이상이 흑인이었다. 이들 선원들 중 많은 수가 이전에 노예였고, 적어도 이들 중 일부는 해적선에서 함께 항해했던 백인 선원들과 같은 조건의 대우를 받았다. 그들은 해적의 민주주의에서 동일한 투표권을 가졌고, 해적의 약탈품 배분에서 동일한 몫을 받았던 것 같다. 이것은 특히 놀랍다. 왜냐하면 겉으로 보기에 해적들은 그들이 붙잡은 흑인 선원들이 노예든 자유인이든 그들을 마음대로 노예로 만들 수 있었기 때문이다.

해적선의 노예에 대한 '분산된 편익과 집중된 비용'이라는 단순한 논리로 해적의 관용을 설명할 수 있다. 해적선에서 한 명의 흑인 선원을 노예로 만드는 편익은 많은 자유인 신분의 선원들 사이에 나뉘어졌고, 해적선이 나포될 확률의 증가 등 노예화에 따른 잠재적인 비용의 상당 부분은 자유로운 선원 개개인이 전적으로 부담했기 때문에 해적선에서는 노예가 때때로 이득이 되지 않았다. 이것이 항상 옳지는 않았다. 그러나 때때로 '보이지 않는 손'이 작동하여 해적이 그들 마음속에 갖고 있던 인종에 대한 생각과 달리 실제로는 인종적으로 진보주의를 보이도록 만들었다.

해적 선장의 경제학 교실 06

"열린 마음은 꽉 찬 보물상자"

읽을거리: 게리 베커(Gary S. Becker)의 『차별의 경제학』(*The Economics of Discrimination*), 토머스 소웰(Thomas Sowell)의 『인종과 경제』(*Race and Economics*)

핵심주제: 편견이 더 큰 이윤에 방해가 되지 않도록 하라.

해적들은 그들 조직의 수익성을 극대화하기 위해 은과 금을 탈취하는 데 집중하려고 때때로 인종에 관한 생각을 접어두어야 했다. 이 교훈은 합법적인 현대 기업이 인정할 만한 매우 중요한 것이다. 해적의 경쟁자들은 인종차별주의자들에 의해 운행되는 다른 선박들이었다. 더욱이 해적선에 종사하는 소수 인종의 선원들은 탈출한 노예들이 많았고, 그들은 그들이 승선한 배에서 제안받은 조건보다 더 좋은 조건에 일자리를 찾을 만큼 협상력이 없었다. 따라서 노예의 '집중된 비용과 분산된 편익'이 존재하는 상황에서 이윤을 추구하기 위해 일부 해적들이 그들의 인종차별적인 신념에도 불구하고 인종적으로 관용을 보였다. 경쟁이라는 압력은 해적의 인종차별 정책에 어떤 영향도 미치지 않았다.

그러나 합법적인 현대 기업에 있어서 단순한 경쟁 압력은 그들의 손익에 중대한 영향을 미칠 수 있다. 고용주가 흑인, 여성, 장애인 혹은 해적에 대해서 편견을 갖고 있고, 그 편견을 고집하면 단지 자신의 이윤에 피해가 있을 뿐이다. 그 이유는 앞에서 논의했다. 고용주가 그 이유가 무엇이든 간에 어떤 근로자를 좋아하지 않는다는 이유로 고용하지 않는다면 그 근로자가 요구하는 보상액보다 회사에 더 많은 돈을 벌어 준다고 할 때 역효과를 낼 것이다. 편견을 가진 고용주가 이렇게 한다면 이윤 동기가 강한 그의 경쟁자가 대신 그 근로자를 고용할 것이고, 그 결과 편견을 가진 고용주는 손해를 보고 그의 경쟁자는 이득을 보게 된다. 따라서 이윤을 극대화하기 위해서 열린 마음을 갖는 것은 해적들보다 현대 기업에 훨씬 더 중요한 일이다.

에필로그

경제학의 눈으로 본 해적의 진실

　적어도 해적들은 하나의 오래된 교훈을 남겨 주었다. 그것은 바로 경제학이 어디에나 존재한다는 것이다. 제1장에서 소개했던 합리적 선택의 모형은 진실로 인간의 행동을 이해하는 보편적인 방법이다. 목표를 갖고 있고 그 목표를 이루기 위해 행동하는 모든 사람은 경제적 분석의 영향을 받는다. 여기에는 정치에서 연애, 도둑질까지 모든 경우가 해당된다. 경제학의 힘은 단지 널리 적용될 수 있다는 것만이 아니다. 경제학의 힘은 경제학의 눈을 통해서가 아니라면 인지할 수 없는 개인의 행동 중 많은 부분을 이해할 수 있게 한다는 데 있다. 예를 들어 경제학의 눈으로 보지 않는다면 해적들은 정말로 모순 덩어리라고 볼 수밖에 없다. 그들은 사디스트적인 평화주의자이고, 여자에 미친 동성애자이고, 보물을 탐하는 사회주의자이며, 계략으로 정부 당국을 이기는 미친 사람들이다. 그들은 해골과 뼈다귀 깃발로 요란하게 존재를 알리는 비밀스러운 범법자다. 그들은 거의 모든 구성원을 징집했던 자유주의자들이었고, 독재적인 선장을 둔 민주주의자였으며, 엄격한 규약을 지키며 살았던 무정부주의자였다. 또한 그들은 정직한 사람들의 존경을 받았던 잔혹한 테러리스트들이었다.

경제학이, 내 생각으로는 경제학만이 이러한 모순 가득한 해적의 진실을 풀어 낼 수 있다. 사실 이것이 이 책의 중요한 목적 중하나다. 역사는 중요하다. 그러나 역사만으로는 이러한 과제를 달성할 수 없다. 역사적 기록에 포함되어 있는 '원재료'는 때때로 헝클어진 요인들을 이해할 수 있는 이론적인 모형을 통해 '여과'될 필요가 있다. 경제학의 이론적인 도구인 합리적 선택 모형은 의도된 이기적 행동을 강조하기 때문에 이러한 목적에 적합하다. 제1장에서 나는 일단 해적들을 경제학의 필터로 보면 왜 그들이 윌리엄 골딩의 『파리대왕』에 나오는 야만스러운 학생 사회보다 「포춘」 선정 500대 기업의 내부와 더 닮아 있는지 이해할 것이라고 언급했다. 만약 내가 이 작업에 성공했다면 이제 이에 대한 이유는 명확할 것이다.

해적들의 특별한 관행이 해적들이 처해 있던 특별한 경제적 상황에서 비롯되었다는 것도 명확히 이해되어야 한다. 모든 사람들과 같이 해적들도 인센티브에 반응하는 동물이다. 해적들은 그들의 생산 활동과 관련하여 비용을 감소시키고 편익을 증가시키려 노력하며 그들이 당면하는 환경 변화에 합리적으로 반응했다. 예를 들어 해적들은 반항적인 희생자들이 약탈품을 감추거나 파괴하는 형태의 잠재적인 비용을 피할 수 없었다. 해적들은 잔인성과 광기에 대한 브랜드를 개발함으로써 이러한 비용을 줄였고, 이것은 그들이 해적 행위에서 더 많은 이득을 얻을 수 있게 해 주었다. 이와 비슷하게 18세기 초에는 해적에 대한 더욱 엄격하고 효과적인 법으로 인해 해적 행위의 법적 비용이 증가했다. 해적들은 이러한 비용을 줄이기 위해 강제징집 쇼나 징집주장광고를 이용했다. 해적기의 용도를 생각해 보자. 해적들에게는 사냥감들의 폭력적인 저항이라는 형태의 비용도 발생했다. 이러한 비용을 감소시키고, 따라서 해상에서 약탈의 이득을 증가시키기 위해 해적들은 해골과 뼈다귀의 악명 높은 깃발을 개발해 냈다. 다른 예를 계속 제시할 수도 있지만, 여러분들이 이 점을 이해했을 것으로 생각한다. 해적들이 상선의 소유주들보다 더 민주적이었기 때문에 민주주의를 이용했던 것이 아니다. 또한 그들이 원래 사디스트적이었기 때문에 포로들을 고문했던 것이 아니다. 그리고 그들이 같은 시대 사람들보다 진보적이어서 일부 흑인 선원들을 동등하게 대우해 주었던 것도 아니다. 해적들은 그들이 처해 있는 독특하고 다소 비정상적인 경제 상황에서 단지 이윤 극대화를 위해 행동했을 뿐이다. 해적 자체가 이상한 것이 아니라 이러한 상황이 이상하기 때문에 해적들의 관행도 이상하게 보이는 것이다.

동시에 나는 여러분들이 처음에 우리들을 매혹했던 해적들의 모험과 신비로움을 해적들이 잃었다고 느끼지 않기를 바란다. 만약 나의 과제가 적절하게 수행되었다면 그 반대가 옳다. 17~18세기 해적들에 관해서 존경심, 놀라움, 그리고 경이로움까지 새롭게 발견했기를 바란다. 앞에서 언급했던 것처럼 그들은 그럴 만한 충분한 자격이 있다고 확신한다. 해적들을 분석적으로 상세히 따져 보는 대상으로 삼는 것을 두려워할 필요는 없다.

경제학으로 분석할 수 있을지 의문스러운 해적에 관한 설화는 여전히 많이 남아 있다. 하나의 예로 1718년 영국 해군의 메이너드 대위는 블랙비어드와 전투를 벌여 이 악명 높은 해적의 목을 땄고, 수염이 더부룩한 괴물을 전승 기념물로 간직하다 바다로 던져버렸다. 목이 날아간 블랙비어드의 시체가 바다 밑으로 가라앉기 전에 배 주위를 세 바퀴 헤엄쳤다는 전설이 있다. 물론 이 전설은 지나치게 과장된 이야기일 뿐이다. 진실은 두 바퀴였다는 것을 우리는 모두 알고 있다.

부록 1
해적의 흥망성쇠

17세기 말이 다가오면서 홍해의 해적들은 인도양에서 영국 정부가 깜짝 놀랄 정도로 바쁘게 약탈하며 돌아다녔다. 영국 정부는 18세기 초에 바다의 불한당들을 소탕하기 위한 작업에 대담하게 착수함으로써 이러한 상황에 대응했다. 이러한 노력의 핵심이 '해적 행위의 더욱 효과적인 진압을 위한 법'이었다. 이 법은 1700년에 도입되어 1719년에 영구화되었고, 그 후 후속 입법을 통하여 지원을 받았다. 그러나 영국은 새로운 반해적법의 집행을 시험해 볼 많은 기회를 갖지 못했다. 영국은 1702년 경솔하게 스페인 왕위계승 전쟁에 개입했다. 그 전쟁 중에 영국은 직접적으로 또는 간접적으로 많은 잠재적인 해적들을 사략선의 선원으로 고용했고, 일시적으로 해적 문제를 미결로 남겨 두었다. 그러나 그러한 미봉책은 오래가지 않았다. 몇 년 동안의 전쟁이 끝나가면서 해적의 수가 다시한 번 크게 늘었다. 이번에는 효과적인 반해적법이 실행되고 있었다는 점에서 결정적으로 차이가 있었다. 그러나 법 자체만으로는 제대로 효과를 발휘할 수 없었다. 정부 당국은 최선의 노력을 기울여 해적들을 잡아야 했고, 그렇지 않으면 감언이설로 사기를 치는 해적들이 포악한 생활 방식에 빠져들었다.

1717년에 정부 규칙에 따라 이전에 사략선의 선장이었던 우즈 로저스를 해적들의 가장 크고 유명한 바하마의 육상 기지로 보내기로 한 영국의 결정은 이러한 방향에서 하나의 중요한 조치였다. 콜린 우다드(Colin Woodard)가 지적했듯이 1721년에 로저스가 임기를 마치고 영국으로 되돌아왔을 때 그는 중요한 공적을 쌓았다. 뉴프로비던스의 해적 공화국이 사라졌고, 많은 수의 해적들이 남아 있기는 했지만 이리저리 흩어졌고 숨어 지낼 수 있는 본부 기지 없이 해적 생활을 해야 했다.

17세기 말부터 옛 해적들의 은신처였던 마다가스카르 섬은 로저스가 뉴프로비던스에서 영국으로 떠난 비슷한 시기에 더 이상 제2의 육상 기지 역할을 하지 못했다. 홍해 해적 시기 이후로 해적 문제로 고통을 받았던 동인도회사의 요청으로 1721년에 영국 정부는 마다가스카르 섬과 그 주위에 거주하는 해적들을 소탕하기 위해 토머스 매튜스(Thomas Mathews) 제독을 네 척의 군함과 함께 동쪽 바다로 파견했다. 매튜스는 결과적으로 많은 일을 할 필요가 없었다. 마다가스카르 섬에 근거를 둔 해적 선장 존 테일러와 올리버라 부쉬는 해군 함대의 계획에 대한 소문을 듣고 아프리카 해안으로 도망쳤다. 그 직후 동쪽 바다의 해적들은 자취를 감췄다.

영국은 1720년대 초에 해적들의 포획을 전담하는 해군 병력을 강화시킴으로써 해적들을 능가하는 우월한 지위를 확보했다. 1721년에 영국 정부는 수동적이고 무능한 해군 지휘관들을 보다 능동적이고 효과적으로 식민지 바다를 지킬 수 있는 지휘관으로 대체하기 시작했다. 또한 해적들을 다루기 위해 식민지에 더 많은 군함을 주둔시켰다. 그러나 피터 얼(Peter Earle)이 지적했듯이 해적들을 상대로 한 영국의 해전은 첫해에 실패를 거듭했다. 이것은 정부가 해적을 포획하는 해군 선박에게 금지 규칙을 강요한 결과였다. 예를 들어 어떤 규제는 서인도제도에서 해군 선박에게 식량을 재보급하는 것을 금지했다. 이 때문에 해군 선박들이 음식이나 물이 떨어지면 영국으로 되돌아 와야 했고, 따라서 그들이 해적으로 오염된 바다를 너무 먼 곳까지 순시하지 못하도록 방해하는 효과를 가져다주었다. 또 배를 기울여 청소하는 것을 금지하는 규제도 있었다. 결과적으로 해적선에 비해서 상대적으로 조작성이 떨어지는 해군 선박들은 속도에서도 뒤지게 되었다. 이러한 규제에 더하여 해적들을 상대하기 위해 파견된 해군 선박에 훌륭한 선원들이 승선해 있는 경우가 드물었다.

해군이 왜 규제적인 정책을 채택했을까? 물론 비용을 줄이기 위해서다. 식량은 본국보다 서인도제도에서 더 비쌌다. 배를 기울여 청소하는 것은 비용이 많이 들었고, 훌륭한 선원들의 확보도 마찬가지였다. 해적을 포획하는 데 소요되는 막대한 비용이 영국이 해적들을 소탕하지 못했던 중요한 하나의 이유다. 간단히 말하면, 바다에서 오랫동안 본격적으로 반해적 활동을 벌이는 데 필요한 자금을 조달할 준비가 되어 있지 않았던 것이다.

다른 사람들과 마찬가지로 정치 지도자들도 자원이 희소한 세계에 살고 있고, 따라서 교환이 수반되는 선택을 해야 한다. 당신이 새 차를 사려면 새 차를 살 충분한 돈을 모을 때까지 시내에서 밤에 보내는 시간을 줄여야 한다. 당신이 가진 자원이 희소하기 때문에 술을 더 마시고 차를 덜 가질 것인지, 아니면 차를 더 많이 갖고 술을 덜 마실 것인지 선택해야 한다. 어떤 것을 선택하든 당신이 좋아하는 어떤 것을 더 갖는 대신 좋아하는 다른 것을 일부 포기해야 한다. 이와 비슷하게 정부가 지난 전쟁에서 자금을 빌려준 채권자에게 돈을 상환하려면 해적을 소탕하기 위한 배를 적게 보내거나, 아니면 해적을 포획하는 해군의 효율성을 떨어뜨리지만 비용을 줄여주는 규칙을 부과해야 한다. 영국 정부가 반해적 활동에 투입한 자원은 전쟁 비용과 같은 다른 중요한 목적에 사용할 수 없는 것이다.

스페인 왕위계승전쟁이 끝난 이후까지도 영국에서는 해군 자원에 대하여 경쟁적인 수요가 나타났다. 1714년에 앤 여왕이 죽었을 때 재커바이트(Jacobite)의 반란 위협이 (아마도 시민혁명의 위협까지도) 다가오고 있었다. 재커바이트가 1714년에 영국에서 계획했던 반란은 실패로 끝났다. 그러나 실제로 반란은 1715년에 스코틀랜드에서 일어났다. 재커바이트의 반란은 스코틀랜드 왕가의 지지자들이 자신을 왕위에서 쫓아내려 한다는 조지(George) 왕의 두려움에 정당성을 부여했고, 정부에 대한 미래의 반란을 진압하기 위해 해군을 이용할 수 있도록 보장해 주는 것이 중요하다는 인식을 갖도록 했다. 이것은 해군 선박을 틈틈이 본국 가까이에 유지하는 것을 의미했다.

그러나 재커바이트의 반란에 대한 위협만이 해군 자원에 대한 수요를 놓고 경쟁한 것은 아니었다. 1718년에 영국은 시칠리아 섬(스페인이 이전 전쟁에서 잃었던 스페인 소유령)을 재탈환하기 위한 스페인의 공격에 대항하려고 해군 자원을 재배치했다. 4국동맹 전쟁이 공식적으로 발발한 직후, 영국 해군 자원에 대한 수요가 또 다시 나타났다. 스페인 왕위계승전쟁이 끝난 1714년부터 1721년까지 발트해 연안의 나라와 무역을 했던 영국 상선들도 해군의 보호를 놓고 경쟁했다. 러시아와 스웨덴 사이에 전쟁이 벌어졌던 동안에도 발트해 연안을 항해하던 영국의 상선들이 보호를 요청했다. 이와 같이 1714년 이후에 해적이 다시 출몰했을 때 해군 자원에 대한 많은 수요가 경쟁적으로 나타났다. 그리고 이러한 수요와 비교할 때 해적을 진압하는 일은 우선순위에서 밀렸다.

1720년대 초에 이르면서 해군 자원을 이용하려는 이러한 경쟁이 줄어들고, 1720년에 해적의 수가 역사상 최고치를 기록하면서 정부가 해적들을 상대로 전투에 나서야 할 인센티브가 커졌다. 서인도제도에서의 식량 재배급을 금지하고, 배를 기울여 청소하지 못하도록 했던 금지 규정이 무효화되었다. 해적을 포획하려는 해군 선박에 더 많은 선원들을 승선하도록 했고, 반해적 활동에 전념하는 해군 선박의 수가 많아지고 군함의 성능도 개선되었다. 요약하면, 바다에서 해적과 전투를 벌이는 데 따르는 편익이 증가하고 비용이 감소함에 따라 영국은 이러한 목적을 위해 더 많은 자원을 쏟아 부었다.

반해적법의 개정과 함께 해적들에 대한 해상 공격의 강화는 효과적인 것으로 드러났다. 1722년에 영국의 반해적 개혁 운동은 챌로너 오글(Chaloner Ogle) 함장이 이끌었던 영국 군함 제비(Swallow)호가 가장 성공적인 해적 선장이었던 바르톨로뮤 로버츠를 죽이고 남아 있는 선원들을 포획하는 등 획기적인 성과를 거두었다. 로버츠의 해적 166명이 아프리카 가나의 케이프코스트(Cape Coast)에서 교수형을 당했다. 아마도 우즈 로저스가 뉴프로비던스에서 수행했던 임무 다음으로 두 번째 전과라고 할 수 있는 오글의 기념비적인 포획은 해적의 역사에서 분수령이 된 순간이었고, 1721년 이후에 대규모로 남아 있던 해적들을 법정에 보냈던 가장 중요한 승리로 기록되었다.

조지 로더와 에드워드 로우 등 이 책에서 논의했던 악명 높은 몇몇 해적들은 로버츠가 죽은 뒤에도 그들의 사업을 부지런히 계속했다. 그러나 그들도 오랫동안 고삐를 당긴 정부에서 벗어날 수 없었다. 다음 해에 사략선 선장 월터 무어(Walter Mooer)가 로더의 해적들이 베네수엘라 해변에서 배를 기울이고 청소하는 동안 그들을 체포했다. 로더의 귀신같은 탈출 솜씨도 그의 생명을 그렇게 많이 연장시키지는 못했다. 로더는 무어의 공격을 받고 섬에서 빠져나가지 못했으며 결국에는 자살을 선택했다.

로우의 해적들도 비슷한 운명에 처했다. 1723년에 솔가드(Solgard) 함장이 이끄는 영국 군함 그레이하운드호가 뉴잉글랜드 가까이에서 로우와 그의 동료 찰스 해리스를 공격했다. 로우는 가까스로 솔가드에게서 도망쳤고, 해적 행위를 재개했다가 1725년 프랑스 정부에 붙잡혔다. 해리스는 조금 빨리 비슷한 운명을 맞았다. 솔가드의 노력 덕분에 1723년 여름에 해리스와 35명의 해적들은 로드아일랜드의 뉴포트에서 법정에 섰고, 법원은 그들 중 28명에게 유죄를 선고했다. 그리고 7월 19일 26명의 해적들이 바다의 밀물과 썰물이 넘나드는 곳에서 교수형을 당했다.

　마커스 레디커는 해적의 황금시대가 1726년에 끝났다고 말했다. 이것으로 볼 때 같은 해에 교수형에 처해졌던 해적 선장 윌리엄 플라이와 필립 라인(Philip Lyne)이 해적의 황금시대에 마지막까지 생존했던 해적들이었을 것으로 추측된다. 플라이와 라인보다 오래 활동했던 해적들도 일부 있었다. 해적 존 브리(John Brie)는 1727년까지 사형당하지 않고 살아남아 약탈을 했다. 이와 비슷하게 정부 당국은 존 업튼(John Upton)을 1729년에야 법정에 세웠다. 올리버 라 부쉬도 1730년이 되어서야 레농에서 교수형을 당했다. 그러나 이러한 해적들은 예외였다. 해적의 수는 1720년에 최고 수준인 약 2,000명에서 1723년에 반으로 줄었고, 1726년에는 단지 몇 백 명선까지 줄었다. 이 시기에도 해적들의 수입원은 마르지 않았다. 옛날만큼 상선들은 많았고 따라서 해적 행위에 따른 이득의 기회는 종전보다 줄어들지 않았다. 그러나 해적 행위의 비용적인 측면은 크게 바뀌었다. 이 시기에 정부의 엄중한 단속으로 인해 해적의 비용이 급격하게 높아졌고, 그 결과 해적의 수가 줄어들었다. 데이비드 코딩리가 지적했듯이, 1716년과 1726년 사이에 400여 명의 해적들이, 즉 매년 평균 40명의 해적들이 교수형을 당했다. 이러한 사형 집행 중에서 82건은 1723년, 한 해에 이루어졌다. 이것은 1720년대 초까지 반해적 활동에 대한 정부의 전폭적인 지원이 기대했던 효과를 가져다주었다는 것을 확실하게 보여준다. 18세기에 해적들이 소멸하게 된 원인은 이득 감소보다는 비용 증가인 것으로 보인다.

해적 역사가들은 해적의 황금시대가 갑자기 끝났다는 것을 강조하는 경향이 있다. 그것은 사실이다. 가장 극성했던 시기에서 해적들은 단지 5년 만에 말 그대로 소멸되었다. 그러나 갑작스러운 소멸에도 불구하고 해적의 쇠퇴가 특별히 중대한 사건은 아니었다. 챌러너 오글과 바르톨로뮤 로버츠 사이의 마지막 전투는 대단히 극적이었다. 그 전투는 강력한 벼락이 치는 가운데 벌어졌다. 일부 다른 해적들의 마지막 순간도 '전세계를 상대로 전쟁을 선포한' 자들에게서 기대할 수 있는 인상적인 것이었다. 블랙비어드의 마지막 전투가 이에 대한 가장 좋은 예다. 그러나 그의 마지막 전투는 해적의 황금시대가 기울기 이전인 1718년의 일이었다. 이와 반대로 해적의 황금시대는 남아 있는 해적들의 연합 세력과 영국 해군 사이에 서사시적인 전투가 이루어지지 않은 채 대단원의 장면 없이 끝났다. 예를 들어 윌리엄 플라이는 근시안적이고 어설픈 계획 때문에 희생자가 되었다. 그는 너무 많은 선원들을 힘들게 다그쳤고, 그 결과 선원들이 반란을 일으켜 그를 몰아냈다. 해적은 엘리어트(T. S. Eliot)가 「텅 빈 사람들」(Hollow Men)에서 묘사했던 세계와 같이 '크게 울부짖기보다는 훌쩍훌쩍 울며' 종말을 맞았다.

해적의 황금시대가 종말을 맞고 난 뒤에는 다른 양상이 나타났다. 19세기에는 남중국해에서 해적들이 득세했다. 영미계 해적들과 달리 이들 중국계 해적들은 몇 천 명이 아니라 10만 명 단위(아마도 15만 명 정도)나 되었다.

지금도 해적들이 있다. 특히 지난 10여 년에 걸쳐 아프리카의 삼각주와 말라카(Malacca) 해협 주변에서 해적들이 다시 출몰하고 있다. 17~18세기 해적들과 마찬가지로 현대의 해적들도 소말리아와 인도네시아 주변처럼 정부의 통제가 약하고 상선들이 많이 다니는 바다에서 선박들을 약탈하고 있다. 그러나 단지 약탈 행위 외에는 현대 해적들과 그들 선배들 사이에 공통점이 거의 없다. 17~18세기 해적들은 오랜 기간을 바다에서 함께 살았다. 그들은 원정 사이 사이에 육지에 머물기는 했지만, 먹잇감을 찾아다니며 대부분의 시간을 바다에서 함께 보냈다. 이 때문에 그들의 선박은 다른 모든 사회처럼 사회적 규칙과 조직을 움직이는 지배구조가 필요한 축소판 '표류사회'를 형성했다.

이와 대조적으로 대부분의 현대 해적들은 배에서 함께 보내는 시간이 거의 없다. 현대 해적의 주요 형태는 세 가지이다. 첫 번째로 가장 흔한 형태는 단순한 해상 강도다. 두 명에서 여섯 명의 해적 선원들이 작은 보트를 타고 다니며, 해안선에 가까운 지역에서 배 옆으로 다가가 총으로 먹잇감을 위협해서 시계와 보석 그리고 그들이 갖고 있는 돈을 빼앗는다. 이러한 해적들은 시간제로 일한다. 그들은 강도질을 마치고 나면 자신들이 살고 있는 해안의 마을로 돌아와서 일상적인 일을 계속한다.

현대 해적의 두 번째 형태는 흔하지는 않지만 다소 독특하다. 선원들은 5~15명 사이로 여전히 많지 않고, 바다에서 함께 보내는 시간이 거의 없다. 육지에 근거를 둔 전문적인 범죄자들이 그들을 고용해서 배를 훔치게 한 뒤 무적 선박으로 탈바꿈시켜 다시 판다. 육지에 근거지를 둔 범죄자들은 이러한 현대 해적들에게 일시불로 돈을 지급하고, 그들과 건별로 계약한다. 이처럼 고용된 해적들도 주로 습격하여 배를 강탈하는 방법에 의존한다. 규모가 큰 배에 대해서는 그 배 안에서 배를 빼앗는 내부 침입자(일자리를 찾는 합법적인 선원으로 가장한 선원)를 침투시키는 것으로 알려져 있다.

현대 해적의 세 번째 형태도 역시 육지에 근거를 둔 범죄자들에게 고용되는 것이다. 이 경우의 전형적인 방법은 무장을 한 소수의 선원들이 상선을 강탈하고, 승객들을 인질로 삼는다. 그 다음에 그들은 배와 화물, 그리고 승객들에 대한 보상금과 몸값을 요구한다. 이 방법은 블랙비어드 선장이나 윌리엄 플라이 선장이 했던 방법과 다르지만, 돈벌이는 괜찮다. 예를 들어 2008년 7월에 아덴 만(Gulf of Aden)에서 독일 선박을 강탈했던 해적들은 보상금 75만 달러를 받아냈다.

현대 해적들은 매우 작은 단위로 항해하는 경향이 있고, 배에서 몇 개월, 몇 주 또는 며칠조차도 함께 생활을 하거나 잠을 자거나 교류하지 않기 때문에 사회를 구성하지 않으며, 그 결과 그들에게는 그들 선배들이 직면했던 문제들이 거의 발생하지 않는다. 이 때문에 대부분의 현대 해적들은 눈에 띌 만한 조직 체제를 갖추지 않는다. 작업 방식이 불규칙적이고 선원의 수가 매우 적다는 사실은 그들에게 질서를 유지하기 위한 정교한 규칙이 필요하지 않다는 것을 의미한다. 대부분의 현대 해적들은 일반적인 의미의 선장조차도 필요하지 않다. 물론 배를 조종하고, 여섯 명 정도의 해적들 사이에서 지도자로 행동하는 사람이 있기는 하다. 그러나 그는 18세기 해적선의 선장과 같은 성격은 아니다.

일부 현대 해적들에게는 사정이 다른 경우도 있다. 그들은 대규모의 선원들이 함께 항해하고, 바다에서 더 많은 시간을 함께 보냄에 따라 현대적인 해적 사회를 구성하기도 한다. 그리고 이것은, 이 책에서 강조했듯이, 그들 사이에 사회제도의 도입을 유도했을 것이라고 예상할 수 있다. 예를 들어, 2008년 4월에 프랑스 선박 르 포낭(Le Ponant)호를 납치했던 소말리아 해적들은 그들의 약탈품을 18세기 해적들과 비슷한 방법으로 분배했다. 또한 이 해적들은 추억 속에 남아 있는 그들 선배들의 제도인 사회보험제도를 채택했다. 즉, 해적이 임무 중에 사망하면 그의 가족이 15,000달러를 받았다. 이러한 현대 해적들은 부분적으로 해적 규약, 즉 구성원이 어떻게 포로를 다루어야 하는지를 규정한 규칙을 글로 작성한 지침서를 만들기도 했다.

그러나 이러한 현대판 해적들도 아직은 그들 선배들을 대체하기에 부족하다. 그들은 사회조직에 관하여 우리의 가장 신성한 아이디어의 선구자가 아니다. 그들은 선구적이고 진보적인 관습을 갖지 못했다. 그들은 해골과 뼈다귀가 그려진 깃발을 날리지도 않는다. 애석하게도 현대 해적들은 해적의 황금시대에 활약했던 선배들만큼 흥미를 끌지 못한다. 그렇다면 이러한 비교는 아마도 공정하지 않을 것이다. 블랙비어드나 캘리코 잭 같은 해적들은 사실 너무 높은 기준을 만들었는지도 모른다.

해적의 경제학, 더 깊은 이야기를 찾아서

　해적들이 우리가 좋아할 만큼 부지런히 메모를 작성하지 않았다고 말하는 것은 점잖은 표현이다. 역사학자 필립 구스(Philip Goose)는 이것을 해적들이 '스스로의 행위를 기록하는 데 자신이 없었던' 탓으로 돌렸다. 그러나 양피지에 깃털 펜으로 기록한 해적이 거의 없었다는 데 대한 더욱 분명한 이유가 있다. 읽고 쓰는 능력의 한계가 한 가지 이유다. 역사학자 피터 얼에 의하면 상선의 일반 선원 중 2/3는 적어도 그들의 이름을 쓸 수 있었다. 해적들이 구성원을 상선 선원들에서 뽑았기 때문에 많은 해적들도 이름은 쓸 수 있었다고 생각할 수 있다. 그러나 그들이 그들의 경험담을 완벽하게 글로 쓸 수 있었는지는 의심스럽다. 다음으로는 해적들이 범죄자였고, 따라서 그들이 가능하면 레이더망을 피해 항해하기를 바랐을 것이라는 골치 아픈 문제가 있다. 한 사람의 살인과 큰 도적질에 관한 연대기를 출판하는 일은 의심을 불러일으킬 수 있다. 이런 사정 속에서도 우리에게는 해적이 쓴 몇 권의 회고록이 남아 있다. 이들 모두는 버커니어에 의해서 씌어졌는데, 이것은 그들이 의심할 여지없이 준합법적인 지위를 갖고 있었기 때문이다. 예를 들어 윌리엄 댐피어는 그의 일부 공적에 대한 일지를 보유했다. 존 콕스(John Cox), 베이실 링로즈(Basil Ringrose), 윌리엄 딕 (William Dick), 바르톨로뮤 샤프, 라이오넬 와퍼(Lionel Wafer)도 그 렇게 했다. 아래에서 논의하겠지만, 알렉산더 엑스케멜린의「버커 니어 연대기」는 가장 중요하고 유명한 해적일지다. 그러나 우리가 가장 관심을 가지는 1716년에서 1726년 사이의 해적들은 그러 한 일지를 남기지 않았다.

다행스럽게도 해적의 경제학을 조명할 수 있는 몇 건의 다른 문 서가 존재한다. 해적과 관계된 역사 기록의 중요한 자료 중 논쟁의 여지가 없는 명저 두 권이 있다. 첫 번째는 찰스 존슨 선장의 『해적 의 일반 역사』(*A General History of the Pirates*)로서 1724년과 1728년 에 두 권으로 출판되었다. 두 번째는 알렉산더 엑스케멜린의 『미 국의 버커니어』(*Buccaneers of America*)로서 1678년에 네덜란드어로 처음 출판되었고, 1684년에 영어로 번역되었다. 나의 논의가 이 두 책에 크게 의존하고 있기 때문에 이들 책에 관해 좀 더 이야기 하는 것이 적절하다.

해적에게는 통상적인 일이지만 내가 아는 한 엑스케멜린의 생애 는 보잘 것이 없다. 그는 20세 무렵 프랑스 서인도회사에서 기한 부 도제로 일하기 시작했고, 3년 후에 그곳을 떠나 토르투가 (Tortuga)에서 버커니어에 합류했다. 엑스케멜린은 외과의사라는 중요한 직책을 맡아 10년 동안 버커니어 동료들과 함께 항해했다. 엑스케멜린을 연구한 잭 비칭(Jack Beeching)에 의하면 그는 1674년 에 잠시 해적 생활에서 은퇴하여 유럽에 머물렀고, 1697년에 버커 니어가 사라지기 전 그들과 함께 항해하기 위해 다시 나타났다. 유럽으로 돌아온 직후, 엑스케멜린은 버커니어의 습격, 규칙 체계, 사회 조직에 관해 직접 경험한 구체적인 이야기를 다룬 책을 썼다. 그것은 버커니어에 관한 지식의 가장 중요한 원천으로 남아 있다.

20세기 초에 엑스케멜린이 실제로는 17세기 네덜란드의 연애소설가였던 헨드릭 바렌트준 스미크(Hendrick Barentzoon Smeeks)라는 소문이 떠돌았다. 그러나 1934년의 새로운 연구로 인해 이 잘못된 이론은 폐기되었다. 비칭이 지적했듯이 1934년에 브리즈먼(M. Vriejman)이 네덜란드 외과의사 조합에 관한 서적에서 엑스케멜린과 스미크의 두 이름을 찾아냈고, 그들 모두 자격시험에 합격했다는 것을 알아냈다. 따라서 엑스케멜린은 서인도제도에서 돌아와서 외과의사 자격을 얻기 위해 암스테르담으로 갔고, 그의 이름을 널리 알려준 역사책을 쓰고 출판하는 동안 그곳에서 살았음이 분명하다. '필명'에 관한 이야기는 근거가 없는 것으로 보인다. 오늘날 엑스케멜린은 엑스케멜린으로 널리 인정되고 있다.

찰스 존슨 선장의 이야기도 비슷하다. 베스트셀러 저자였던 존슨에 관해서 확실하게 알려진 것은 거의 없다. 어떤 사람들은 그가 해상의 노동자였다고 추측하고, 어떤 사람들은 언론인이었다고, 또 어떤 사람들은 해적이었다고 생각한다. 데이비드 코딩리에 의하면 "확실한 것은 존슨 선장이 런던에서 여러 번 해적 법정에 참석했고, 그가 함께 항해했던 해적들과 선원들을 인터뷰했다"는 것이다. 원인이 무엇이든 해적의 역사적 기록에서 존슨의 저서 중 많은 부분이 다른 주요 자료와 일치한다.

학계에서 엑스케멜린이 『미국의 버커니어』의 진짜 저자로 밝혀

지던 시기에 존슨의 실체에 대한 의문이 제기되었다. 1932년에 존 로버트 무어(John Robert Moore)는 존슨 선장은 『로빈슨 크루소』 (*Robinson Crusoe*)의 저자인 대니얼 디포(Daniel Defoe)와 동일인이라고 주장했다. 무어는 그 근거로 디포의 책과 존슨의 『해적의 일반 역사』의 문체가 매우 비슷하고 잘 알려진 대로 해적에 심취했다는 사실을 들고 있다.

이 견해는 퍼뱅크(P. N. Furbank)와 오웬스(W. R. Owens), 두 학자가 『대니얼 디포의 시성식』(The *Canonisation of Daniel Defoe*)에서 무어의 이론을 뒤집었다고 코딩리가 주장했던 1988년까지 널리 인정받았다. 그들은 『해적의 일반 역사』를 디포와 연결시킬 문서상의 증거가 한 가지도 없다는 것을 보여 주었고, 이 책의 이야기와 디포가 저술한 해적에 관한 다른 작품 사이에 너무나 많은 차이점이 있다는 것을 지적했다. 그들의 주장이 너무 확신에 차서 디포가 『해적의 일반 역사』를 썼다는 매혹적인 이론을 포기하고, 이 작품의 저자가 신비로운 존슨 선장이라는 결론으로 되돌아올 수밖에 없을 것 같다. 오늘날 전부는 아니지만 많은 해적 역사학자들은 코딩리의 추정에 동의한다.

존슨의 실체는 확실하지 않은 상태로 남아 있지만 그가 해적에 관하여 직접 경험한 광범위한 지식을 갖고 있다는 사실에는 의심의 여지가 없다. 그리고 마커스 레디커가 지적했듯이 '존슨은 해적에 관한 매우 믿을 만한 사실적인 정보의 원천'으로 널리 인정받고 있다. 존슨의 책에는 몇 가지 오류가 있으며, 제임스 미션(James Mission) 선장이 이끄는 해적들이 17세기에 마다가스카르에 건설

했다고 알려져 있는 리베르탈리아(Libertalia)라는 해적 식민지 등 확인하기 어려운 이야기들도 포함되어 있다. 그러나 그 책의 상세하고 일반적인 정확성은 '이른바 해적의 황금시대에 활동했던 해적들의 생활에 대한 가장 중요한 자료'로서의 지위를 유지시켜 주고 있다.

이 책에서 활용했던 나머지 역사 자료에 대해서도 간단히 언급해 보자. 윌리엄 스넬그레이브와 필립 애쉬튼과 같이 해적들에게서 결국 풀려났던 일부 해적의 포로들은 괴로웠던 포로 생활을 묘사한 작품들을 출판했다. 이러한 자료들, 특히 해적의 생활과 조직에 관한 귀중한 정보를 포함하고 있는 스넬그레이브의 작품을 이 책에 적절하게 이용했다. 최근에는 조엘 베어가 희귀하고 구하기 어려운 해적 역사에 관한 많은 소중한 자료를 포함한 훌륭한 4권의 전집을 편집했다. 나는 이 책도 광범위하게 이용했다. 이 책에는 무엇보다도 해적의 희생자들과 해적 자신들의 환상적인 증언이 실려 있는 해적 재판에 관한 출판 자료, 해적과 관련된 당시의 신문 기사, 그리고 교수대에서 형이 집행되기 직전에 해적들이 했던 여러 가지 최후의 연설 등이 포함되어 있다. 프랭클린 제임슨(J. Franklin Jameson)도 포괄적이지는 않지만 해적과 사략선에 관한 17~18세기 서류들을 수집한 훌륭한 전집을 편집했다. 여기에는 해적들, 해적의 희생자들, 그리고 해적들과 접촉했던 사람들의 증언과 심문 내용이 포함되어 있다. 이러한 자료에 추가하여 식민지 총독과 해적과 관계가 있는 사람들과의 교신 내용이 들어 있는 『북미와 서인도 식민지의 공문서 일람표』(*Calendar of State Papers*,

Colonial : North America and West Indies) 시리즈를 비롯해서 정부 기록 보관소의 식민부 문서, 해군 고등법원 문서 등을 참고했다. 이러한 자료들은 해적과 관련하여 정부 관리, 해적의 희생자 등에게서 소중하게 발견된 진짜 보물과 같은 문서들이다. 또한 코튼 매더 목사 등 여러 종교인들의 마지막 설교, 그리고 처형의 날을 기다리는 해적들과 종교인들의 대화도 참고했다.

마지막으로 해적을 탐구한 역사학자들이 저술한 방대하고 탁월한 문헌에도 큰 빚을 졌다. 마커스 레디커, 조엘 베어, 데이비드 코딩리, 필립 고스, 휴 랜킨, 패트릭 프링글, 앵거스 컨스텀, 케네스 킨코, 얀 로고진스키 등이 그들이다. 이 책에 제시된 역사적 자료들은 많은 사람들이 오랫동안 논의했던 연구 결과다. 이 문헌들에는 경제학적인 시각은 결여되었거나 암시해 주는 정도에 그치고 있지만, 여기에서 논의된 것들을 포함해서 해적의 모든 측면을 보여 주는 소중한 자료다.